# ハイブリッド戦争
## ロシアの新しい国家戦略

廣瀬陽子



講談社現代新書

2607

# プロローグ

## 「大統領の料理長」

エブゲニー・プリゴジン（Yevgeny Viktorovich Prigozhin）、ロシアの「ウラジーミル・プーチン大統領の料理長」と呼ばれる男であり、米国から多くの罪状で起訴されている被告でもある。そう、プリゴジンは単なる料理長ではない。米国の民主主義に影響を与え、破壊するために努力を続けてきた人物という評価もあれば、プーチンの側でありとあらゆる組織犯罪に手を染めながら私腹を肥やしてきた人物とも言われている。そして、まちがいなく、本書のテーマであるロシアのハイブリッド戦争の根幹を支えてきた。プリゴジンは、いったいどんな人間なのだろうか。

プリゴジンは、一九六一年にプーチンの出身地でもあるレニングラード（現・サンクトペテルブルク）で生まれた。七七年に陸上競技寄宿学校を卒業し、クロスカントリースキーに従事した。七九年に窃盗で逮捕された時には執行猶予となったものの、八一年には強

**写真序-1　エブゲニー・プリゴジン（©getty Images）**

盗、詐欺、未成年者を含む売春などの罪で、一二年間の禁固刑を宣告され、九年間刑務所で過ごした。

釈放後、プリゴジンと彼の継父はホットドッグの販売ネットワークを設立し、大成功を収めた。加えて、プリゴジンは寄宿学校の同級生だったボリス・スペクトルが創始したサンクトペテルブルク初の食料品チェーン「コントラスト」の一五パーセントの株主兼マネージャーとなった。九五年には、「コントラスト」の支配人だったキリル・ジミノフを説得し、翌年二人でサンクトペテルブルクにレストラン「スタラヤ・タモジュニャ」（古い税関の意）をオープン。さらに九七年、二人はパリ・セーヌ川のウォーターフロントのレストランに触発されて、四〇万ドルをかけて錆びた古い船を改修し、サンクトペテルブルクに「ニュー・アイランド」と呼ばれる海上レストランをオープンした。同店はサンクトペテルブルクのセレブ層を惹きつけ、あっという間に人気店となった。そして、プリゴジンはプーチンとの距離も縮めていき、プーチンの信頼を獲得した。プリゴジンはプーチンの周辺の人物とのコネクションも強化し、かなりの重要人物にも接近していった。

二〇〇一年、プーチン大統領はフランスのジャック・シラク大統領（当時）との会食の場を「ニュー・アイランド」に決め、プリゴジンは両大統領に食事を提供した。以来、プーチンの重要ゲストに頻繁に給仕するようになったという。〇二年のプーチンとジョージ・W・ブッシュ米国大統領（当時）の食事会も、〇三年のプーチンの誕生会も「ニュー・アイランド」でおこなわれた。後に、プリゴジン本人がレストラン産業に参入した時、ワインのスペシャリストが「ソムリエ」と呼ばれることすら知らなかったと白状しているように、まったくの素人がレストラン産業で大成功を収めたのである。

そして、この頃までに、プリゴジンはビジネスパートナーとの関係を断ち、「コンコルド・マネージメント&コンサルティング」および「コンコルド・ケータリング」というレストランおよび仕出しビジネスという二本柱を打ち立て独立する。〇八年五月のメドヴェージェフ大統領の就任式の際の食事関連のすべても担当し、この頃まではクレムリンのトップリーダーたちとの緊密な関係はすっかり確立されていたのである。

## ハイブリッド戦争のキーパーソン

その後、プリゴジンは活動の場をさらに広げ、子どもや軍人への給食サービスにも乗り出してゆく。一〇年の秋には、プリゴジンが、学校用の給食製造工場である「コンコルド調理ライン」工場をサンクトペテルブルク郊外にオープンし、その開所式にはプーチンも出席した。同工場の建設に際しては、五三〇〇万ドルの建設費用がかかったが、そのうち四三〇〇万ドルは、ロシアの政府系金融機関であるロシア開発対外経済銀行（Vnesheconombank、略称：VEB）から借り入れた。なお、VEBはロシアの新興財閥・オリガルヒにとって重要な金融手段となっており、ロシアの海外諜報活動もカバーしていることが知られている。しかし、同工場の給食に異常なレベルの防腐剤が使われていることなど、さまざまな問題が一一年までに表面化し、サンクトペテルブルクの子どもの親たちが「コンコルド」に激しく抗議した結果、同工場は一年で閉鎖されることとなってしまった。それでも、プリゴジンはモスクワでの学校の仕出し契約を勝ち取り、また、モスクワ市長事務所との一〇〇億ルーブル（一億五四〇〇万ドル）以上の三年契約締結にも成功して、モスクワでの活動を活発化させてゆくこととなった。

つづく、さらなるステップが軍事部門への参入であった。二〇一〇年まで、軍事ユニットは食料を自分たちで準備しなければならなかったが、アナトリー・セルジュコフ国防相（当時）は、軍の食事および清掃サービスを民間企業に外注するというアイデアを生み出した。そして、仕出し業者と年間五〇〇億ルーブル（七億六八〇〇万ドル）に相当する産業を生み出すことにしたが、この仕事を最初に受注したのがプリゴジンだった。そして、プリゴジンは軍の将軍と国防省のためのフードコート運営を担当した。

二〇一二年までに、ロシア兵に食料提供をする仕出し業者と契約している代理店であるヴォエントルグ（Voentorg）のトップであったウラジーミル・パブロフは、プリゴジンと兵士用食料の仕出しの九〇パーセント以上を任せる契約を締結した。契約は二年間で、九二〇億ルーブル相当の内容となった。この頃がプリゴジンの華やかな経歴のピークであり、公の肩書きはないものの、「大統領の顧問」と自らを称していたと伝えられる。そして、プリゴジンはバスケットボールのコートとヘリコプター発着場を備えた大邸宅に引っ越し、プライベートジェットと大型ヨットも入手して、贅沢な生活を送っていたという。

だが、二〇一三年にセルゲイ・ショイグがロシアの国防大臣に就任すると流れが変わった。ショイグは軍の食料サービスのアウトソーシングに終止符を打ち、政府はプリゴジンとの契約を更新しなかったのである。

そして、それ以後、プリゴジンは本書が扱う「ハイブリッド戦争」、すなわち正規戦・非正規戦が組み合わされた戦争をロシアが遂行してゆくうえで、鍵を握る仕事をしてゆくこととなる。具体的に言えば、二〇一六年の米国大統領選挙で注目されるようになったロシアの「トロール」攻撃（後述）を主に組織した「インターネット・リサーチ・エージェンシー（Internet Research Agency: IRA）」を運営し、ロシアのハイブリッド戦争を現場で支えた民間軍事会社（Private Military Company: PMC）のなかでも特に規模が大きい「ワグネル

（Wagner）」にも出資してきたのである。

このようなドラマティックな人生を送ってきたプリゴジンが、ロシアのハイブリッド戦争でどのような役割を果たして、米国から多くの制裁を受けるような「大物」になっていったのかは、この後の章で、じっくりと見てゆこう。主に第一章、第二章、第五章で彼の暗躍を垣間見ることができるはずだ。

## 「冷戦」の再来

ここからは本書の背景を簡単に説明したい。

一九九一年一二月のソヴィエト連邦解体により、第二次世界大戦後の世界秩序であった冷戦が終結した。しかし、冷戦終結後も、「冷戦的」な雰囲気は続き、冷戦時代に生まれた北大西洋条約機構（NATO）は、NATOに対峙してきたソ連率いるワルシャワ条約機構が廃止された後も、ロシアを事実上の仮想敵国として存続し、拡大しつづけてきた（冷戦終結後の「冷戦的」な状況については、拙著『ロシア　苦悩する大国、多極化する世界』〈アスキー新書、二〇一一年〉を参照されたい）。また、ロシアは中国やイランと並んで世界の秩序を脅かす存在とされ、特に二〇一四年のウクライナ危機以降は、欧米諸国がロシアに対して制裁措置を取るなどし、ロシアの脅威は国際的によりいっそう強く認識されるようになった。

制裁などでロシアが国際的に孤立を深めると、ロシアは中国との関係を強化するようになる。だが、ロシアと中国の関係は単純ではなく、「離婚なき便宜的結婚」と言うべきものである。米国の一極的支配に対抗し、「多極的世界」をめざすなど、国際戦略では一致しているものの、地域における覇権をめぐっては対抗関係にあり、また、両国間に信頼関係は存在しない。それでも、中露が両国のメガプロジェクト、すなわち中国の「一帯一路」構想とロシアの「ユーラシア連合」構想ないし「ユーラシア経済同盟」構想の連携は地域に大きな影響を与え、両国の軍事協力などは国際平和に不気味な影を落としてきた（近年の中露関係の展開については、拙著『ロシアと中国　反米の戦略』〈ちくま新書、二〇一八年〉を参照されたい）。

そのようななかで、二〇一九年八月には、冷戦終結プロセスを象徴してきたＩＮＦ（中距離核戦力）全廃条約が米国の離脱宣言を契機に失効し、米露双方がＩＮＦの開発を再度めざすようになった。そして、現存する唯一の核軍縮条約である新戦略兵器削減条約（新ＳＴＡＲＴ）も二一年二月五日に有効期限を迎えようとしていたなか、ドナルド・トランプ前米大統領は延長を拒否していたため、歯止めなき軍拡が懸念されていた。しかし、新たに就任したジョー・バイデン米大統領が二一年一月二一日に新ＳＴＡＲＴ延長を提案し、一月二六日に両首脳が初の電話会談で原則合意したことは朗報といえるだろう。他方、中国の核武装もきわめて懸念される状況であるが、中国は軍縮をめざす交渉のテーブルにつく用意はない。本来であれば米露中が、核軍縮に向けて一致した動きを取ることが望ましいが、それは現状では考えづらく、核なき世界の実現は遠のくばかりである。かくして、冷戦的な雰囲気はますます高まり、冷戦期のような歯止めなき軍拡競争の時代が再来しつつあるように思われる。

## ハイブリッド戦争という脅威

その一方で、世界が深刻な安全保障上の脅威と感じているのが、本書のテーマであるハイブリッド戦争である。ハイブリッド戦争は、ロシアがウクライナ危機の際に用いて国際的に注目されるようになり、二一世紀型の戦争と言われるが、じつはそれが用いられるようになったのは最近のことではない。また、二〇一六年の米国大統領選挙でフォーカスされるようになったロシアのサイバー攻撃やトロール攻撃も、もっとずっと前からおこなわれていたものである。また、ソフトパワーの「悪質版」とも言うべきシャープパワーも、中露が行使しているとして警戒されている。さらに、サイバー空間を利用した攻撃は、ロシアや中国のみならず、多くの国々が利用するようになってきている。

そして、新型コロナウイルス問題に世界が揺れた二〇二〇年にも世界はハイブリッド戦争の脅威を感じざるを得なかった。同年に予定されていた東京五輪・パラリンピックは同問題により延期となったが、一〇月一九日に英外務省がロシアの情報機関であるロシア連邦軍参謀本部情報総局（GRU）が、東京五輪・パラリンピックを狙う目的で、関係各所にサイバー攻撃をおこなっていたと発表したのだ。その事実、そしてそれを日本が気づけなかったことに大きな衝撃が走った。ドーピング問題によりロシア選手の参加が拒否されたことへの報復ともみられた。なお、ロシアは一八年の韓国・平昌五輪でもサイバー攻撃をおこなっていた。

また、同年九月二七日には、一九九四年から停戦状態にありながらも、しばしば衝突が起きていたアゼルバイジャン国内のナゴルノ・カラバフをめぐるアゼルバイジャンとアルメニアの紛争が再燃した。紙幅の関係から詳細は割愛するが、世界を驚かせたのが約二五年ぶりの紛争が「現代戦」に様変わりしていたことだ。最新の無人航空機（UAV・通称「ドローン」）を効果的に利用して、兄弟国・トルコの支援も得ていたアゼルバイジャンがアルメニアを追い詰めた。また、政府メディアやSNSなどを用いたプロパガンダに塗《まみ》れた情報戦やサイバー攻撃なども同時並行的におこなわれた。そして、最終的に一一月一〇日に完全な停戦が実現したが、アゼルバイジャンは占拠されていた土地の約三分の二に相当する領土を奪還し、アルメニア領内に飛地・ナヒチェバンと本土を結ぶ輸送路までも確保した。他方、ロシアは、本来憲法上の制約から外国軍・基地を国内に置けないはずのアゼルバイジャンに「停戦監視団」の名目で、ロシア兵一九六〇名を最低五年間駐留させられることになった。ナゴルノ・カラバフの地位問題は先送りされ、じつに中途半端な結末ではあったが、これはアゼルバイジャンのナショナリスティックな勝利であり、ロシアの地政学的勝利であった一方、アルメニアの敗北を意味した。だが、アゼルバイジャンもロシアもそれぞれ大きな「負」があったなか、全面勝利をしたのは、アゼルバイジャンを支援し、自国のUAVの威力を世界に示し、アゼルバイジャンから（カスピ海経由で）中央アジアまでの陸路でのコネクションを入手し、影響力拡大の土壌を得たトルコかもしれない。ともあれ、この結果は同紛争が「ハイブリッド戦争」ないし「現代戦」に変化したことを証明し、それを実践できたものが勝利したことを意味したのであった。

## 戦い方が変わった

このように、世界が対抗してゆくべき脅威は深刻化するばかりなのが実情であり、各国は目まぐるしく変わる安全保障のリスクに対応することを余儀なくされている。

そして、日本も例に漏れず、新たなリスクに対応している。日本政府は、二〇一八年一二月に、「防衛計画の大綱（防衛大綱）」と「中期防衛力整備計画（中期防）」を改定した。それは、筆者が国家安全保障局顧問を拝命していた時期と重なる。新たな防衛大綱では、従来の陸・海・空に加え宇宙・サイバー領域での対応強化が明記された他、政府与党内にも異論のあった護衛艦「いずも」の事実上の空母化や、空母に垂直着陸できる戦闘機「F35B」の導入も事実上明記した。本改定は、前回の改定から五年での改定となったが、中期防は五年毎の改定が通例である一方、防衛大綱は通常は一〇年に一度、改定がなされてきた。なぜ、防衛大綱は改定のペースが突然五年も早められたのだろうか。それはやはり、世界の安全保障状況が短期間で顕著に変化したからに他ならない。新防衛大綱は「中国等のさらなる国力の伸長等によるパワーバランスの変化が加速化・複雑化し、既存の秩序をめぐる不確実性が増している」と強調しており、中国の軍備増強や米国の相対的地位低下という地政学的変化が懸念されていることがわかる。また、技術面で特に危惧する変化として、ハイブリッド戦争が指摘され、宇宙やサイバー、電磁波への対応、戦術面では戦時・平時とも判別の難しい状況での防衛を確実にする「ハイブリッド戦」への対応を重視することが示された。改定に着手した小野寺《おのでら》五典《いつのり》元防衛大臣も改定の背景として、北朝鮮が核ミサイルの能力を顕著に増強させたこと、またロシアのクリミア併合以後、戦い方が変わったことを挙げている。[1] 戦い方が変わった、ということは、つまり「ハイブリッド戦争」の脅威が高まったことを意味する。また、不安定な状況が続いているウクライナやシリアの平和と安定のカギを握っているのもロシアであり、米露中の軍拡状況は世界が懸念しているところである。このように考えると、ロシアが世界の深刻な安全保障の脅威になっていることに、異論はないと思われる。

## 外交としてのハイブリッド戦争

現代のロシアは軍事大国の一角を占めていることは間違いないとはいえ、軍事予算は世界で第四位であり、しかも米国からは大きく水をあけられている（第一章参照）。また、核兵器や戦略兵器については世界の先端をゆくものの、通常兵器のレベルについてはあまり高くないと評価されているなど（ちなみに、プーチン大統領が二〇二〇年六月二日に署名した核戦略文書「核抑止の国家政策の基本」では、通常兵器に対しても核兵器で反撃しうることが記されている）、ロシアの軍事力は決して盤石《ばんじゃく》とはいえない状況がある。そのような背景もあり、ロシアは「何か火種がなければ、火を起こせない」国だと言われている。つまり、ロシアは平時には諸外国の政治に介入したり、影響力を行使したりすることができず、選挙時や政権に対する抗議運動が起きた際に、力を発揮できるというのである。そして、そのような際に効果的なのが「ハイブリッド戦争」であり、もはや、ロシアの対外行動、とりわけロシアが、戦略的意義が大きいと考えている国々に対する動きをとる際に、ハイブリッド戦争は不可欠な要素となっているのである。

つまり、ハイブリッド戦争は現代ロシアの外交と軍事を支える戦略であるといえ、ロシアを理解するうえでとても重要な鍵となっていると考える。ロシアの外交の要素は多様であるが、クラウゼヴィッツが戦争は他の手段をもってする政治の延長だと述べるように、軍事、安全保障状況を検討することは、ロシアの外交を分析する近道であり、また本書をお読みいただければ、ハイブリッド戦争が軍事のみならず、政治的にもきわめて大きな意味を持っていることがおわかりになるはずである。

つまり、ハイブリッド戦争を理解することは、日本の安全保障を考えるうえでも、ロシアとつきあっていくうえでも必須だと言えるだろう。

そこで、本書ではハイブリッド戦争にフォーカスを当て、ハイブリッド戦争の現状や脅威を浮き彫りにしつつ、ロシアの現在の外交政策の全体像に迫ってゆく。なお、本書は、筆者の力不足の面が大きいが、ハイブリッド戦争を外交のなかで位置づけることを主眼においているため、ハイブリッド戦争の重要な一端を占める核戦略に代表される伝統的な戦闘面や宇宙戦略、AI技術などを多用した近代兵器など、軍事面についてはあまり言及をしていない。そのような軍事面については、小泉悠氏や佐々木孝博氏がすでに優れた論考や著書を多く出されているので、それらをご参照いただきたい。

本書では、以下、第一章では、ハイブリッド戦争について論じ、ハイブリッド戦争がいかなるものなのかを、理論と実態から理解してゆく。第二章では、ハイブリッド戦争のなかでも大きな比重を占めているサイバー攻撃や宣伝戦・情報戦など、インターネットを主に用いた手法について検討する。第三章では、ロシアのハイブリッド戦争がおこなわれている背景を理解するために、ロシアの外交のバックボーンとなっている地政学的な外交戦略について考える。第四章ではロシアがハイブリッド戦争を仕掛けていくうえで重視している重点領域を概観してから、第五章で特に近年ロシアが重視しはじめたアフリカの事例からロシアの民間軍事会社を利用したハイブリッド戦争の実像に迫る。そして、最後にエピローグでロシアが二〇二〇年のコロナ禍でどのような動きをしていたのかに簡単に触れつつ、ハイブリッド戦争にどのように対抗してゆくべきなのかを論じて、本書を締め括りたい。

# 目次

# 第二章　ロシアのサイバー攻撃と情報戦・宣伝戦

戦争や紛争から切り離せないサイバー攻撃／攻撃者の多様化、低年齢化／サイバー攻撃への対応の難しさ／サイバー攻撃の種類・手段は多様／「標的型攻撃」と「ばらまき型攻撃」／圧倒的に多い国家レベルの関与――ロシアのサイバー攻撃／侵入からシステムダウンまで一八分／把握しにくい政府系と愛国者たち／ロシアのサイバー攻撃の変化／各組織が個別に動く／一〇〇〇人のサイバー軍要員／「ＡＰＴ28」――フィッシングメッセージとなりすましウェブサイト／ハッキング実行部隊の身元／「ＡＰＴ29」――セキュリティを巧妙にすり抜ける／旧ソ連諸国を対象にする「ブードゥー・ベア」／ベノモウス・ベアの巧妙な指令メカニズム／全容は把握できないＡＰＴ攻撃／攻撃元ＩＰアドレスの国別比較／ＩＴ大国エストニア／一七〇ヵ国八万台からの大規模なサイバー攻撃／「サイバー衛生」――エストニアの対策／ハイブリッド戦争の「実験場」ジョージア／ジョージア側のサイバートラップ／フェイクニュースと情報戦／四〇〇人二四時間態勢で投稿――ＩＲＡ＝トロール工場／プリゴジンの幅広い仕事／プリゴジンへの疑惑の数々／ロシアの二〇一六年米国大統領選挙介入プロジェクト／米国の選挙区をまわる――翻訳者プロジェクト／つくられた「世論のリーダー」／一億二六〇〇万人の米国人が見たＩＲＡのプロパガンダ／ＧＲＵのハッキングの手法——二〇一六年米国大統領選挙／サイバー空間での中露の結束／コロナワクチン開発をめぐるサイバー攻撃／長期にわたるドイツへのサイバー攻撃／「二〇〇万件の陰謀論」——コロナ禍のフェイクニュース／ロシアは自国ではフェイクニュース対策を怠らない／新しい手法のサイバー攻撃——二〇二〇年米国大統領選挙／二〇二〇年年末に米国を襲った衝撃——ロシアによる大規模サイバー攻撃の事実

# 第三章　ロシア外交のバックボーン——地政学

脚光を浴びる地政学／ユーラシア主義と大西洋主義／ドゥーギンの地政学／全欧州のフィンランド化という目的／ユーラシア大国のための構想／モスクワ・ベルリン枢軸／モスクワ・テヘラン枢軸／モスクワ・東京枢軸／プーチンの領土の判断基準／「勢力圏」の維持——プーチンのグランド・ストラテジー／「勢力圏」に対する外交の戦術・手段／ユーラシア連合構想／「狭間の政治学」／ロシアの地政学的外交の現実／ロシアのほんとうの狙い

## エピローグ



## 註

# 第一章　ロシアのハイブリッド戦争とは

本章では、ロシアのハイブリッド戦争を理論と実態の両方から明らかにする。ハイブリッド戦争の一般的な位置づけ、そしてロシアにおけるハイブリッド戦争のとらえられ方、さらにロシアがどのようにハイブリッド戦争を用いてきたかについてウクライナ危機の事例を通じて考えてゆく。ただし、ハイブリッド戦争において重要な位置を占めるサイバー攻撃および情報戦・宣伝戦については次章で論じ、その事例として、二〇一六年の米国大統領選挙を取り上げる。

## 正規戦と非正規戦

ハイブリッド戦争とは、政治的目的を達成するために軍事的脅迫とそれ以外のさまざまな手段、つまり、正規戦・非正規戦が組み合わされた戦争の手法である。いわゆる軍事的な戦闘に加え、政治、経済、外交、プロパガンダを含む情報、心理戦などのツールの他、テロや犯罪行為なども公式・非公式に組み合わされて展開される。

ハイブリッド戦争は、二〇一三年一一月の抗議行動に端を発するウクライナ危機でロシアが行使したものとして注目されるようになった。非線形戦（非対称戦）などと言われることもある。ウクライナ危機においてハイブリッド戦争という言葉が使われるようになったのは、二〇一四年四月二六日に、ＮＡＴＯの前安全保障アドバイザーであったオランダ少将フランク・ヴァン・カッペンが「プーチンはウクライナでハイブリッド戦争をおこなっている」と述べたことが契機となっている。

ウクライナ危機を例にとれば、ロシアはかなり前から政治技術者などをクリミアやウクライナ東部に送り込んでいた。さまざまな政治的なプロパガンダを浸透させたり、親露的な人物がより政治の中枢を占めるように工作した状態で、標識をつけない特殊部隊（Little Green Men）や民間軍事会社（PMC: Private Military Company）などの民兵をクリミアやウクライナ東部に送り込んで展開させた。そして、官庁など要所を占拠し、大規模な正規軍を国境付近に集積して圧力をかけながら、フェイクニュースの多用などの宣伝戦やサイバー攻撃、経済的脅迫、時に融和的な外交などありとあらゆる手段を組み合わせ、住民投票や一方的独立をバックアップし、それにより領土併合や地域の不安定化を実現したのである。

フェイクニュースを用いた宣伝戦・情報戦やインフルエンス・オペレーション、サイバー攻撃などは、二〇一六年の米国大統領選挙はじめ、欧米の多くの選挙への介入や政治の揺さぶりの手段としても多用されてきた。

## 二一世紀の新しい戦争

ロシアは影響圏（第三章参照）を維持する手段として、また、旧ソ連などのいわゆる影響圏以外の世界、例えば米国などに対してもハイブリッド戦争を展開してきた。
とはいえ、ハイブリッド戦争はロシアだけが用いてきたものではない。近年、さまざまな兵器が新たに開発され、世界中で展開される一方、ハイブリッド戦争に代表される新たな戦闘の仕方が世界を震撼させるようになった。戦い方は近年、明らかに変化しているのである。そして、最近の戦争のあり方は、「現代型戦争」、「新しい戦争」、「現代戦」、「二一世紀型の戦争」、「新世代戦争」などと呼ばれるようになった。
例えば、松本太は戦争の変質を、①軍事技術の発展、②国際法の変遷（戦争の非合法化、不戦条約）、③非国家主体の台頭（ヒズボラ、ＩＳＩＳ〈イスラーム国〉など）の三点で説明し、新しい戦争を「人々の間の戦争」だとしたうえで、以下の六つのポイントで説明している。「①戦いの目的が、敵国家に対する勝利ではなく、むしろ自らにとってより望ましい条件を作り出すことに変わり、②戦場に出て戦うのではなく、一般市民のなかに入り混じって戦うようになり、③紛争は終わることがなく、果てしのないものとなり、④戦いでは当事者はすべてを賭けず、兵力を温存するように戦い、⑤古い兵器や組織が新しい用法で用いられ、⑥交戦している双方が国家ではないという傾向を有するようになる」という六点である。[2]
他方、ロシアの亡命白軍軍人で戦略家であったエフゲニー・メスネルは、ロシアの「新世代戦争」の目的が五段階のヒエラルキーで構成されていると主張していた。

第一段階は、敵対国のモラルをくじき、連帯を打ち砕くことである。モラルをくじくことの意義はきわめて大きく、それにより、相手国の対抗力を著しく低下させることができる。

第二段階は、武力戦争に寄与しうるもの、すなわち軍、ゲリラ、国家組織などを掌握することである。武力戦争に寄与するものを掌握することにより、相手の戦力を削ぎ、戦闘を優位に展開できる。

第三段階は、心理的な観点から価値あるものを掌握するか破壊することである。それにより敵国や敵陣営に心理的なダメージを与えることができ、混乱や戦意喪失などを引き起こすことができるため、戦争遂行のうえでは好条件を生み出すことができる。

第四段階は、物質的に価値あるものを掌握するか破壊することである。心理的にダメージを受けているところに、さらに物質的に価値があるものを掌握されたり破壊されたりすると、心理的ダメージも倍増するだけでなく、物理的な損失も大きく、相手に大きな打撃を与えることができる。

第五段階は、「外部性の達成」である。外部性の達成とは、新たな同盟における勝利、すなわち、自身の同盟を生み出したり、メンバー国を増やしたり、同盟を増強したりというような自身の同盟の強化、および敵の同盟を弱体化する、すなわち、敵の同盟の連帯を弱めたり、メンバー国を脱退させたり、武装力を弱めたりするようなことを意味する。

これらの国外での動きと並び、自国への対応として、同時に三つの「努力」がおこなわれる。それらの努力とは、第一に自国の連帯強化、第二に自国軍の保護、第三に中立国におけるネガティブな反応を避ける、というものだ。[3]

メスネルの著書は、ソ連時代は発禁だったが、ソ連解体後、ロシアの軍事専門家たちに広く受け入れられた。実際、現代のロシアの戦争を考えるうえで、この主張は、かなり説得力が強いもののように思われる。近年のロシア外交は領土拡大をめざしておらず、相手国の精神的なダメージや同盟への打撃という目標に重心を置いている傾向が見て取れるからだ。それは後述の通り、対日外交においても見られると筆者は考えている。

これらのことから、ロシアの現代戦の目的は、「同盟の弱体化・自身の同盟の拡充」であるといえよう。

なお、ハイブリッド戦争はロシア特有の戦略ではなく、二〇一四年にやはり世界を震撼させたイスラーム教スンニ派の過激派組織ISISもハイブリッド戦争を展開していると言われている。[4]二〇一四年六月末にイラク北西部からシリア東部にかけての一帯でイスラーム国家の樹立を一方的に宣言したことで存在感を増したISISは、拉致や虐殺などの残虐行為を広範囲に展開してきたことが世界からの非難を呼び起こした。その一方で、ISISが一定の支持を集め、世界からも戦闘員が集まっている要因には、ハイブリッド戦争の成功があると言ってよいだろう。そのため、ハイブリッド戦争は二一世紀型の戦闘とも言われるのだ。

## 低コストで大きな効果が得られる

そして、ウクライナ危機以後、国際社会、特にロシアの近隣諸国やロシア系住民を抱える国々はそれを大きな脅威としてとらえるようになった。だが、ロシアがハイブリッド戦争を用いたのは、ウクライナが最初ではなく、かねてよりロシアはそれを多用してきた。特に、二〇〇八年のロシア・ジョージア戦争におけるハイブリッド戦争の経験は、ロシアにとっては大きな実験であり、そのスキルをウクライナで花咲かせたと言われている。さらに、シリアへの介入もハイブリッド戦争の一環であるとされているが、その介入についてはかなりの部分がPMC（民間軍事会社）に担われている。

前述の通り、ロシアの現代型戦争の目的は、「同盟の弱体化・自身の同盟の拡充」であり、領土獲得は重視しておらず（クリミア併合は例外）、それは世界がロシアによるハイブリッド戦争だと考えているロシアの諸行動にも適用可能である。そのうえで、ハイブリッド

| ランク | 国 | 支出（US ＄Bn.） | 対 GDP 比（%） |
|---|---|---|---|
| | 世界総計 | 1,917 | 2.1 |
| 1 | 米国 | 731.8 | 3.4 |
| 2 | 中国 | 261.1 | 1.9 |
| 3 | インド | 71.1 | 2.4 |
| 4 | ロシア | 65.1 | 3.9 |
| 5 | サウジアラビア | 61.9 | 8.0 |
| 6 | フランス | 50.1 | 1.9 |
| 7 | ドイツ | 49.3 | 1.3 |
| 8 | 英国 | 48.7 | 1.7 |
| 9 | 日本 | 47.6 | 0.9 |
| 10 | 韓国 | 43.9 | 2.7 |

**表1－1　軍事支出が高い国トップ10（2019）**

出所：SIPRI Military Expenditure Database 2020

戦争は、第一に低コスト、第二に効果が大きい、第三に介入に関して言い逃れができる、という多くのメリットを持っている。

低コストで、大きな効果が得られるというのは現在のロシアにとってきわめて重要である。表1－1のように、ロシアの軍事予算は世界第四位であるものの、一、二位の米中と比して、大きな差がある。つまり、ロシアの軍事予算は国家規模と国家的な野心に対しては、きわめて少なく、限定されていることがわかる。そのため、少ない費用で最大限の効果を得る必要があるのだ。また、そのような状況では当然ながら、欧米と戦争をする余裕もないので、戦争を仕掛けられないよう、ロシアがおこなっている悪事に関して言い逃れができる状況を確保することもまた、ロシアの安全保障にとってきわめて重要といえる。

なお、介入の際には、当然、西側からの逆介入を招く可能性がある。それに対し、ロシアは以下のような手段で西側の介入を阻止する準備をしている。第一に、潜水艦、水上艦、地対艦ミサイル、防空システム、航空機、電子妨害システムなどを組み合わせた接近阻止・領域拒否（A2/AD）能力である。特に、それはウクライナも接し、NATO諸国とも接する黒海で特に集中的に整備されているという。そして、第二に核兵器であり、ロシアの軍事ドクトリンにおいて、核使用についてもその条件を徐々に緩めてきた。[5] 直近では、二〇二〇年六月二日に、プーチン大統領が核兵器使用の指針を定めた文書「核抑止の国家政策の基本」の更新を承認し、核先制使用の条件を緩和した。

## ハイブリッド戦争の国家戦略化

それでは、ロシアではハイブリッド戦争はどのように定式化されているのだろうか。ハイブリッド戦争はかなり古くから存在していたものであり、またその議論はロシア発でもない。

例えば、ムライとマンスールは、ウクライナ危機より前に出版された『ハイブリッド戦争』において、ハイブリッド戦争の歴史を詳細に記しているが、それによれば、少なくとも、紀元前五世紀のペロポネソス戦争にまで遡るという。[6] それ以来、ハイブリッド戦争は重要戦略として、さまざまなスタイルで、世界で用いられていたことがわかる。

現代的な意味でのハイブリッド戦争という概念は米国の軍事専門家（フランク・ホフマンなど）によって作られたものであり、ロシアのハイブリッド戦争の理論は、米国の理論を再概念化し、軍事戦略とオペレーションにフォーカスしたものだ。[7]

しかも、ロシアではハイブリッド戦争は欧米が展開しているもので、「ロシアは欧米によるハイブリッド戦争の被害者」だという意識が持たれている。つまりロシアでは、ロシアが「ハイブリッド戦争」の実行者だという認識はなく、欧米の由々しい軍事戦略として嫌悪されているのである。そもそもハイブリッド戦争を示す「Гибридная война」という単語は存在するものの、あまり使われていない。

だが、ハイブリッド戦争こそがロシア・ソ連の伝統的な戦略だと論じるロシア人論者もいる。

例えば、アルジール・テルネルは同戦略が何世紀にもわたって成功してきたもので、プーチンは先制攻撃を避け、むしろ欧米の先制攻撃を待っていると主張する。歴史的にはロシア帝政時代に、ポーランドやスウェーデン、フランス、日本などに対して同戦略が用いられたという。加えて、ハイブリッド戦争は一九一七年の一連のロシア革命でもその威力を発揮し、特にバルト三国の併合は同戦略の成果だという。[8]

また、ハイブリッド戦争を生み出したのはウラジーミル・プーチンではなく、ヨシフ・スターリンであり、プーチンは既存戦略を組み合わせたに過ぎないという主張もある。ウラジーミル・ヴォロノフによれば、プーチンがクリミアとウクライナ東部で展開した戦法は、スターリンが一九二五年にポーランドで展開した戦略、二九年に中国とのあいだで勃発した満州での利権闘争、三二年の朝鮮半島での工作で用いた戦法の焼き直しであるという。なお、これらスターリン時代の動きは、すべて現在もアクセス可能なアーカイブで確認することが可能となっている。[9]

これらの議論を考慮すると、もちろん、実際に起こった事象を詳細に比較する必要はあるとは言え、ハイブリッド戦争が完全に新しい戦略であると断定することは不適切であると思われる。

他方、ロシアでは「現代戦」、「新世代戦争」などが最近の戦争のかたちとして理解されているが、その形態はハイブリッド戦争とほぼ同じものである。そして、ロシアにおける「ハイブリッド戦争」はそれ自体が戦略というわけではなく、作戦であり、クリミア併合を経て、軍事コンセプトから「外交政策の理論に準じるもの」に変容した。[10]

さらに、ハイブリッド戦争は、ロシアの国家戦略としても位置づけられている。プーチン大統領は、二〇一四年一二月二五日にロシアの新軍事ドクトリンに署名した。それは一〇年二月版を改定したものである。ドクトリンとは、政治、外交、軍事などにおける基本原則を意味する。

新ドクトリンでは、現代の軍事紛争の特徴として、「軍事力と政治、経済、情報、その他の非軍事的手法が統合的に使用される」ことや、非正規の武装グループや民間軍事会社の参加、間接的・非対称的な手法の使用などが書かれており、ハイブリッド戦争が明らかに意識されている。なお、同ドクトリンの草案は、二〇一三年七月、すなわちウクライナ危機の前に提出されており、ウクライナ危機が始まる前から、ハイブリッド戦争はロシアの軍事戦略においても重視されていたことがわかる。[11]

ロシアにおけるハイブリッド戦争ないし「新世代戦争」として認識されているものは、ウクライナ危機でロシアが用いた手法であることにはまず異論はないだろう。ロシアは前述のような手段を用い、第一に、ウクライナと欧米の関係をパニックに陥れて機が熟すのを待ち、第二に、ウクライナが欧米から距離を置くように誘導し、第三に、ウクライナと欧米の関係がバランスを失ったときに侵攻するという三つのプロセスをくりかえして徐々にウクライナを手中に収めようとしたという。[12]

## ゲラシモフ・ドクトリン？

このようにハイブリッド戦争という議論はロシアで生まれたわけではないのだが、クリミア併合後に、その約一年前にロシアで発表されていた論文が注目されるようになった。その論文とは、ロシア軍のバレリー・ゲラシモフ参謀総長が『軍産新報』二〇一三年二月二六日号に掲載したものである。新しい戦争の形態や方法を再考すべきだとしたうえで、二一世紀の戦争のルールは大幅に変更され、政治的、戦略的目標の達成のためには、非軍事的手段は、特定の場合には軍事力行使と比較してはるかに有効であることが証明されていると主張している。[13]

このゲラシモフの主張は「ゲラシモフ・ドクトリン」などと称され、ロシアのハイブリッド戦争を説明するものだという見方もされている。とはいうものの、内容は欧米の議論や近年の紛争・戦争事例研究の焼き直しであり、決して新しいものではなく、ドクトリンと呼ぶには程遠い代物だ。さらに、ゲラシモフの定式化は、「ロシアがおこなうハイブリッド戦争」ではなく、一般的な概念であり、ロシアにとっての「ハイブリッド戦争」は諸外国がおこなうものであるということには留保する必要がある。とはいえ、その内容は、ロシアが実践しているものと合致しているのもまた興味深いところである。

ともあれ、ゲラシモフは、当該論文のなかで新しい戦争の形態や方法を再考すべきだとしたうえで、二一世紀の戦争のルールは大幅に変更され、政治的、戦略的目標の達成のためには、特定の場合には、非軍事的手段は軍事力行使と比較してはるかに有効であることが証明されていると主張している。また、「二一世紀に入ってから、戦争と平時の境界線がぼやける傾向が見られる、もはや宣戦布告はなされず、戦争というものは気づいた頃には始まっていて、よくわからない様式に従って進むものになっている」とも主張しており[14]、現代の戦争を把握することの難しさも指摘している。

ここで、以下に、筆者がゲラシモフの主張の要点だと思う部分をまとめていきたい。同論文の背景にあるのは「アラブの春」であり、ゲラシモフは、「アラブの春」は戦争ではないため、軍人にとっての教訓がないことは明白だが、その逆も真であり、これらの出来事こそが二一世紀の戦争の典型的なスタイルなのだと述べる。

さらに氏は、そのような伝統的な手段に加え、標準的ではなかった手段を交えて戦闘をくりひろげる戦法は米国も一九九一年のイラクでの砂漠の嵐作戦以降用いてきたとする。ソ連も大祖国戦争（第二次世界大戦）、アフガニスタン侵攻、ソ連解体後のロシアも国内のチェチェン紛争の際には正規軍だけでなく別働隊が利用されるなど、多面的な軍事戦略が必要なのは明白であった。それでも二〇〇八年のロシア・ジョージア戦争の際にロシア国外での軍隊編成の使用に関し、統一されたアプローチがないことを露呈してしまった。

それを受けて、〇九年に採択された「防衛に関する連邦法」への追加条項によりロシア軍の国外での作戦利用が可能になったが、その活動の方式と手段は明確にされておらず、また関係閣僚レベルでも軍隊の作戦に関する諸問題が解決されていないという。このような問題を解決するためには、関連省庁の研究機関との合同会議をおこなうことが必要だとしたうえで、外国の経験を模倣するのではなく、自らが主導的地位に立つために、軍事科学が重大な役割を持つとしている。だが、軍事理論が予測という機能に支えられていなければ、軍事科学のどんな学問的意見も役に立たないとも論じており、総合的かつ多くの側面からのアプローチが必要だとしているのである。そして、その非軍事的手段として掲げているのは、政治・情報・心理操作や反対派の利用、経済的影響力の行使など、ロシアがウクライナで行使してきた戦略と合致する。

ただし、ゲラシモフが戦車部隊出身ということもあり、さまざまな手段がいくら使われようとも、最後は古典的な陸軍メインの戦闘が勝敗を決すると考えているのも事実であることは付記しておきたい。プロローグで触れた二〇二〇年のナゴルノ・カラバフ紛争も、現代戦において、アルメニアにとどめを刺したのはアゼルバイジャンの陸軍であった。

## 「非接触型」「非線形戦争」……

だが、ゲラシモフ論文以外にもロシアでは新世代戦争に関するさまざまな議論があった。例えば、一九九〇年代に、マフムト・ガレエフ大将は湾岸戦争を事例に、技術発展、特にサイバーや情報戦争が今後の戦争のカギになることを予言していたし、ウラジーミル・スリプチェンコ少将は第六世代の戦争がハイテク型の「非接触型」の戦争になると予言していた。

また、二〇一三年一二月の論文で、セルゲイ・チェキノフとセルゲイ・ボグダノフは「新世代戦争」を理論的に論じ、非軍事的ツールの重要さを強調していた。[15] そして、彼らが論じた内容が、ウクライナ危機におけるロシアの介入の実態に最も近いとされている。

加えて、元ロシア大統領補佐官のウラジスラフ・スルコフは、ナタン・ドゥボヴィツキーのペンネームで発表した論文で、これからの戦争を「非線形戦争」と呼んだ。非線形戦争では、個々の地域や都市が一時的に同盟を組むが、戦闘中に同盟を解消して新しい相手と同盟を組む、といった様相を呈する。[16] スルコフは、プーチン政権の「灰色の枢機卿」つまり、裏方として、主要なイデオローグの役割を果たしてきた。「主権民主主義」を提唱したことで知られ、一九九九年に大統領府副長官になったのを皮切りに内政に関わってきた。二〇一三年九月に大統領補佐官に任命され、二〇年二月に退任するまで、ハイブリッド戦争の最も顕著な事例であるウクライナ問題を中心となって担当してきたのがまさにスルコフだった。なお、一四年三月一七日に米国がロシアのクリミア併合に関し、最初に制裁を発動した際の制裁対象者リストのトップに据えられていたのもスルコフであった。

ちなみに、英国のジャーナリストであるピーター・ポマランツェフ（ウクライナ人）は、二〇一四年五月に発表した論考で、クリミアでのロシアのオペレーションを「非線形戦争」と称した。[17]

なお、ウクライナの研究者であるミハイロ・ゴンチャールは、ロシアの外交担当者がロシアの石油・天然ガス戦略はロシア外交の最も重要な手段の一つだと述べていることなども根拠に、二〇〇六年、〇九年にロシアがウクライナの天然ガス料金の未払いに対し、ウクライナ分の天然ガス供給停止に踏み切った、いわゆる「ロシア・ウクライナガス紛争」もハイブリッド戦争の一部をなしていたと主張する。[18]

ロシアが否定しているとはいえ、ロシアがウクライナに対してハイブリッド戦争を展開してきたということについては、多くの研究者の論文のみならず、NATOや欧州のいくつかの政府や議会のレポートなどでも書かれており、そのことについての反論はまずみられない。

ただ、ロシアのウクライナに対するハイブリッド戦争が成功したのか、失敗したのかという評価については、議論が分かれるところだ。ウクライナ東部の問題がいまだにくすぶっていることから、ハイブリッド戦争は失敗したという持論を展開する研究者がいる一方、ロシアの最大の目的であるウクライナの国家としての体裁を汚し、NATO加盟を阻止することは成功していることに鑑みれば、失敗とは言えないのではないだろうか。

また、後述のように二〇一六年の米国大統領選挙に介入した際にも、ロシアの期待を大きく上回り、ドナルド・トランプが当選することとなった。ロシアは当初、当選するのはヒラリー・クリントンであろうが、当選したヒラリーに最初から疑惑の目が向けられたり、不正選挙がおこなわれたことが疑われたりして、最初から政権運営に苦しむ状況を生み出そうとしていたと言われる。しかし、期せずしてトランプが当選し、「ロシアゲート」疑惑で米国の国内政治が不信で渦巻き、混乱しただけでなく、トランプの「米国ファースト」の動きが、「覇権国」としての米国の国際的な立場を揺るがし、NATOをはじめとした米国の同盟関係や経済協力システムが大きく揺らいでいる。このことも、ロシアのハイブリッド戦争の成功事例と言えるのではないだろうか。

## ハイブリッド戦争と北方領土問題

ロシアの軍事専門家やアナリストは、自国の戦略を説明する際に、「ハイブリッド戦争」という言葉を使いたがらない。[19] 諸外国が特にロシアに対して「ハイブリッド戦争」を実践しているというスタンスを取るが、ロシアの専門家が言うところの「新世代の戦争」は、諸外国が見るロシアの「ハイブリッド戦争」に該当すると思われる。つまり、ロシアの「ハイブリッド戦争」の最終目的は、ロシアと敵対する同盟の弱体化や解体、他方で、ロシアに連帯する同盟ないしそれに準ずるものを強化してゆくことだと言えよう。

そのように考えると、完全に筆者の私見となるが、二〇一九年初め頃からのロシアの北方領土問題に関する対日姿勢は、単なる対日政策にとどまらず、「対米ハイブリッド戦争」の一部に思えてならないのである。

日本は、ソ連およびロシアに対し、一八年秋までは北方領土問題に対し、「四島返還」を要求してきた。だが、二〇一八年一一月一四日に安倍晋三総理（当時）がシンガポールでプーチン大統領と通算二三回目の会談をおこなった際に、日本側が北方領土問題を「二島返還」で解決しようとする姿勢に転じてから、ロシアの対日姿勢は厳しさを増しているように思われる。

プーチン大統領は、一九五六年の「日ソ共同宣言」を尊重する姿勢を示してきたが、そのことは、ロシアに二島返還の用意があることを意味しない。筆者は、ロシア側が日ソ共同宣言をベースに交渉しうるという態度を取ってきた背景には、ロシアが、日本は「四島一括返還」の姿勢を絶対に崩さないと睨んでいたからだと考える。

　ロシアはそもそも一ミリたりとも領土を返還する気がなかったと思われるが、日本が「四島一括返還」を主張しつづける以上、日露で交渉の前提がかみ合わないことから、交渉を無駄に引き伸ばせると考えていたと思われる。しかし、日本が二島返還でも受け入れるという姿勢を示してしまうと、ロシア側も二島返還を前提にした対応を求められる。だが、二島も返還する気がないことから、交渉がまったく成立しないようにするために、ロシア側は突然、仮に二島を引き渡しても「主権」は渡さないという主張、日米安保や在日米軍の問題、第二次世界大戦に関する歴史認識問題など、日本が決して受け入れられない条件を突きつけるようになった。

　とりわけ「主権」の問題は深刻であり、主権なき領土は仮に返還されても日本にとって何も意味がない。また、日米同盟は日本外交の最も重要な根幹を成しており、容易に脱退などできるはずがない。そこをついてくるというのは、まさしく日本の国家性のみならず、「敵」である米国が形成する同盟、すなわちNATOと米国がアジアに形成している同盟に揺さぶりをかけているとも考えられるだろう。日本もロシアのハイブリッド戦争の対象国の一部となっているのかもしれない。

　他方、くりかえしになるが、ロシアの専門家は「ハイブリッド戦争」という言葉を使いたがらない一方、外国からのロシアへの攻撃には「ハイブリッド戦争」という用語を使う。つまり、ロシアは外国から「ハイブリッド戦争」を仕掛けられていて、ウクライナ危機もその一環であると考えるのである。[20]

二〇一九年九月八日におこなわれたモスクワ市議会選挙（定数四五）に際し、当局がプーチン政権に批判的な野党候補を排除すると、それに抗議するデモが、七月半ばから大規模に展開されるようになったが、それについても、ロシア当局は米国とその同盟国（特にドイツ）がプーチン政権の崩壊を狙って「ハイブリッド戦争」を仕掛けていると主張していた。具体的には、欧米勢力がモスクワ市議選で危機を煽《あお》り、反体制派に資金提供をしたり、組織化を支援したりしていると批判していたのである。警察、国家警備隊、検察当局、裁判官、軍、連邦捜査委員会、情報機関は、反政府派の指導者や候補者、活動家、同調者を「交戦地域での敵戦闘員」として扱うよう明確な命令を受けているという。連邦保安庁（FSB）の防諜部門である第二局は、ロシアの反政府活動に資金援助をしようとする外国の企みの「証拠」を集める任務を遂行中だと言われている。

ロシアは本件について、米国とドイツに対して明確な非難をおこなっている。例えば、米国についてては、ロシア外務省のマリア・ザハロワ報道官が、在モスクワ・米国大使館がロシアの内政に干渉し、秘密活動をおこない、同年八月三日には米国民に地図で危険な場所を示し、モスクワ中心部を避けるよう警告したと言及し、それは抗議行動参加者に対する事実上の秘密指令であったと批判をしたのである。[21]

## ジョージア、ウクライナ、バルト海――探りとハイブリッド戦争

米国には、ロシアによる事実上の「ハイブリッド戦争」を「探り（probing）」としてみる議論がある。ヤクブ・グリギエルとA・ウェス・ミッチェルは、米国のライバル国である中国・ロシア・イランを「台頭国」としたうえで、台頭国には低コストの現状変更策、すなわち「最小の戦略的代価で最大の地政学的利益を得られる限界利得」を探り出そうとする誘引が働くという。これら台頭国を含む現状変更国家は、歴史のなかで「探り」をおこなってきたという。グリギエルらは、「探り」を「敵対国のパワーと、当該地域における安全と影響力を維持する意志を測定することを狙いとした、低強度かつ低リスクの試験的な行動」と定義する。それはいわば、チャンスをうかがって、相手につけこもうとする行為であり、派遣国の戦略的な立場に対し、外縁部で低強度のテストをしかけ、その反応を探るものだという。

それら「探り」はかなり大胆におこなわれており、近年のロシアについていえば、ロシア・ジョージア戦争（二〇〇八年）、クリミア併合およびウクライナ東部の危機（一四年から

現在）、バルト海における海空域での緊張（一五年）が「探り」の例としてあげられる。それにより、米国の強さとグローバルな安全保障秩序を守るコミットメントの覚悟を評価するための現状変更勢力における戦略行動に分類される事例だという。そして、低コストで利得を得ることを狙いつつ、米国と米国の辺境に位置する同盟国に対して「探り」を加速しつつおこなっているという。

### 敵対国の同盟関係に揺さぶりをかける

「探り」の目的は三つあるという。すなわち、第一に、ライバル国がほんとうに弱体化しているのか、探りを入れて反応を見ることで、その真偽を確かめることである。第二に、ライバル国の決意や能力を見誤った時のリスクは大きいため、探りを入れることで、既存の大国の直接的な軍事対決を回避するという目的がある。第三に、挑戦を受けている大国やその同盟国からの対抗圧力を極力受けることなく、既存の地域秩序の変更や勢力地図の描き直しをできるかぎり低コストで実現することである。

そのため、「探り」では以下のような行動が取られる。

第一に、低強度の行動で、ライバル大国との戦争は注意深く回避される。例えば、二〇一四年のロシアのクリミア併合の際に、国籍標章のない特殊部隊が投入されたことは、

「欺騙」と「偽装（Maskirovka）」[22]という、ロシアが歴史的におこなってきた戦術の実践だったという。このような部隊ならば、ロシアは関与を否定することができるが、公然たる軍事侵攻であれば、ライバル国が介入してくる可能性が高くなるからだ。他方、〇八年のジョージアへの軍の侵攻は、欧米、特に米国から大きな反応はないという予測に基づいておこなわれたものだったという。

第二に、現状変更国は、少ないリスクで大きな見返りを得られる行動として「探り」をおこなうという。このリスクの低さは、低強度の行動という特徴の故に成立するものである。そして、「探り」が最高レベルで成功すれば、遠方に位置する安全を請け負うパトロンのコミットメントのレベルと信憑性を試せ、ライバル国が維持する同盟体制を弱体化させることができるという。つまり、「探り」の最終目的は、同盟国が（戦闘に）「巻き込まれる」恐怖と（大国から）「見捨てられる」恐怖という、いわゆる「同盟のジレンマ」を利用することによって、敵対国の同盟関係に揺さぶりをかけることなのである。

「探り」の成功は、「観衆」を対象とした達成度に基づいて評価される。「観衆」とは、直接標的とされる隣接する小国、遠く離れた安全保障パトロン、地政学的な状況の観察者たち、である。これら「観衆」のわずか一部でも、現状の変更を認めれば、それはすなわち「探り」の成功を意味する。

その点でいえば、ロシアのウクライナ危機に関する「探り」はまちがいなく成功であるという。それは欧米諸国がウクライナにはロシアと戦争をしてまで得られるほどの価値はないとみなしたことにより、西側に流されそうになっていたウクライナを中立的なものに戻すことができたからである（一方で、過去二〇年間続いていた地政学的な安定に危機感を覚えたバルト諸国、ポーランドなどの中欧諸国をはじめとした欧州諸国が、ロシアに対する拡大抑止を確保するため自国の国防の近代化を進めるようにもなったが）[23]。さらに米国のドナルド・トランプ前大統領の政策への不信も重なってNATOの同盟関係は揺らぎ、フランスのエマニュエル・マクロン大統領が欧州軍創設計画を打ち出すなど、明らかに米国を中心とした同盟関係には楔《くさび》が打ち込まれた。

このような「探り」の実態や目標を見ると、ロシアの「現代戦」に関する議論と欧米のハイブリッド戦争に関する議論との間にはきわめて重複する性格が多いことがわかる。

## 特殊任務部隊、インテリジェンス、政治技術者——ハイブリッド戦争の担い手

ハイブリッド戦争の担い手はじつに多様であるが、ハイブリッド戦争の全容を明らかにすることがきわめて困難である以上、すべての担い手を把握することは不可能に近いと思われる。それでも、だいたいのイメージを摑むため、以下では把握できている主なハイブ

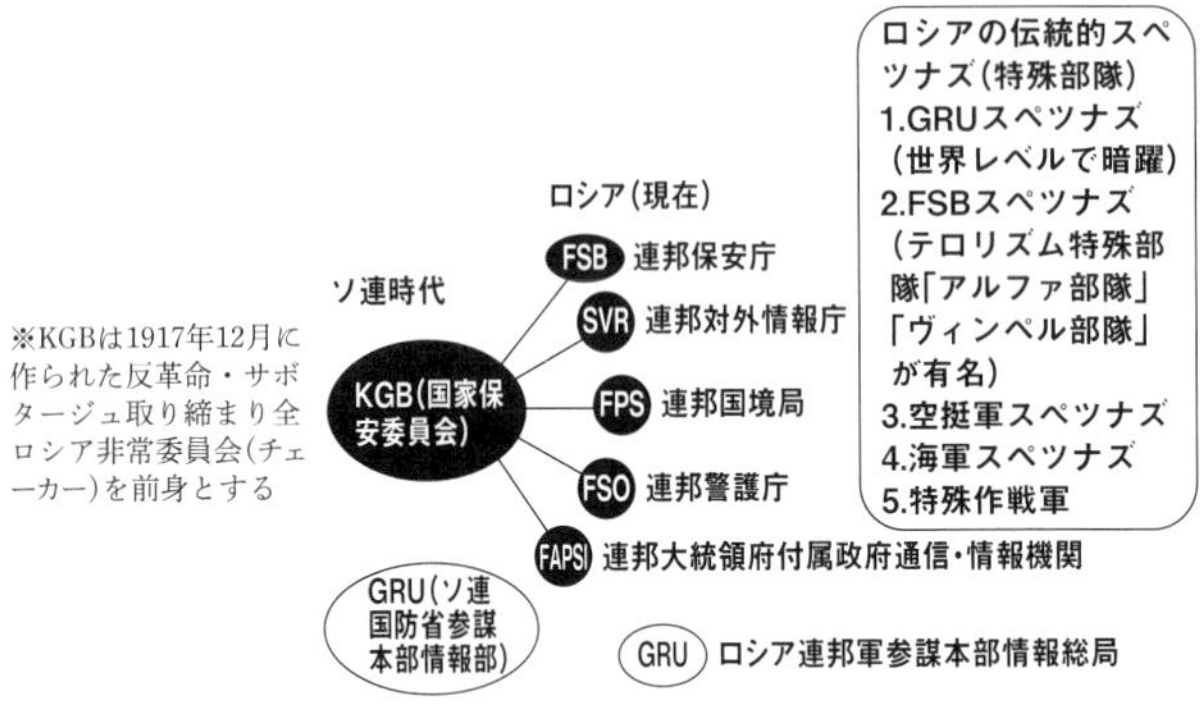


**図1−1　ソ連からロシアへ――インテリジェンス**
(筆者作成)

リッド戦争の担い手について論じてゆきたい。

まず、特殊任務部隊(スペツナズ)である。特殊任務部隊は、特殊任務を遂行する部隊で、きわめて多様な任務をこなす能力(身体、知力、語学力、精神力、技能などを含む)が求められるため、通常はエリート兵士がその任務を担うが、ロシアのスペツナズは徴兵から構成される軽歩兵部隊であって、西側の特殊部隊とは基本的に性格が異なる(小泉悠氏談)。ロシアの特殊任務部隊はさまざまな組織に存在している。ロシア連邦軍参謀本部情報総局(GRU)・ロシア連邦軍・ロシア連邦保安庁(FSB)・ロシア内務省・ロシア国内軍・ロシア連邦対外情報庁(SVR)・ロシア連邦麻薬流通監督庁・ロシア連邦刑執行庁などがそれぞれ所属部隊を持っているのである。特に強力だとされているのがGRU

の特殊任務部隊だとされる。なお、ロシアが二〇一四年にクリミア奪還をした際に暗躍した Little Green Men（リトル・グリーンメン）は、特殊任務部隊であったとされている（当初、プーチンは地元の自警団だと言っていたが、翌年にプーチン自身も特殊任務部隊の存在を認めており、また、退役したロシア提督イーゴリ・カサトノフもヘリコプター六機とⅡ-76三機で送り込まれた約五〇〇人の特殊任務部隊であったと明かしている）。

インテリジェンスも当然関わる。GRUやFSBに属しているインテリジェンスが特に大きな役割を果たしてきた。

そして、インテリジェンスと近い存在だが、ソ連時代から旧ソ連地域で暗躍してきた「政治技術者」も大きな役割を果たしてきた。政治技術者は、ある目的を達成するために、目的の地域に入り込み、さまざまな政治工作をおこなう。例えば、都合の悪い指導者の悪評を浸透させたり、親露的な意識を植えつけて強化したり、親露的な指導者を生み出させたりして、ロシアに都合の良い政治土壌を作り上げてゆく。また、専門家としてメディアに露出し、人びとを攪乱するような情報を浸透させたりもする。クリミア併合やウクライナ東部の分離独立運動の下準備も、政治技術者がかなり早くから進めていたとされている。

アンドリュー・ウイルソンは、政治技術はロシア発の地政学、情報戦と並び、ウクライナへの三大輸出品の一つになったと論じている。また、ロシアの政治技術者であるセルゲイ・マルコフは、ウイルソンに、ジョージアやウクライナを独立国と考えていないとしつつ、ロシアは政治技術を国際的にジョージアやウクライナでも使うべきで、ロシアは米国がこれらの国々でおこなっているのと同じことをやればよく、ロシアは米国の努力の一〇分の一くらいの努力でもともと親露的な国民が多いウクライナに親露政府を誕生させられると語っていた。[24] ハイブリッド戦争においては、民心の掌握がきわめて重要な意味を持つ。情報戦と並び、政治技術者たちによる人びとの心の揺さぶりはハイブリッド戦争の核の一つとなっている。なお、政治技術者は、近年では、旧ソ連地域のみならず、欧州やアフリカ（第五章参照）にも多く派遣されるようになっているのである。[25]

また、サイバー攻撃をおこなう人びともハイブリッド戦争をバックで支えるきわめて重要なアクターであると言える。第二章で後述するように、トロール部隊やサイバーアタッカーなどがそれに当たるが、やはり存在が摑みにくいアクターだ。プリゴジンの「インターネット・リサーチ・エージェンシー（Internet Research Agency: IRA）」がトロール部隊においては特に有名だが、ＧＲＵ、ＦＳＢが主体となっている国家がバックにいるグループや、愛国者による個人攻撃もあり、全容は摑みにくい。

### コサック

また、特にウクライナ危機では、北コーカサス出身兵やコサックなども暗躍した。北コーカサス出身兵は、強いだけでなく、ロシアのなかで「命が軽い」存在なので、ハイブリッド戦争においてはかなり使われてきた。ソ連解体後、旧ソ連空間の紛争で一〇〇〇人以上のコサックが亡くなったと言われている。

コサックもウクライナ危機で、特にクリミア併合の際に、大きな役割を果たしたとされる。コサックとは、ロシア南部からウクライナにかけて、逃亡した農奴やさまざまな遊牧民をルーツに構成された軍事的共同体である。優れた乗馬能力を持つコサックは、牧畜・狩猟・交易のほか、略奪行為で生計を立てながら、周辺諸国の傭兵にもなった。コサックの語源は、トルコ語で「自由な民」「群れを離れたもの」を意味する「カザーク」である。

コサックはアタマンと呼ばれる指導者を中心とした軍事共同体であり、河川流域に定住して牧畜・狩猟以外にも漁業や海賊行為をおこなっていた。一五世紀後半ごろまでには、こうしたコサックの集団が当時ポーランドの領地だったウクライナのドニエプル川中流域に形成され(ウクライナ・コサック)、一六世紀にはその一部が現在のロシア南部のアゾフ海に注ぐドン川下流域に移住した(ドン・コサック)。コサックは主にオスマン帝国やモンゴル系ハン国の勢力圏であった黒海やアゾフ海の北岸地域で略奪行為をおこなってきたが、ウクライナ・コサックの一部は神聖ローマ帝国やフランスの傭兵としても重宝された。

一六世紀後半以降、ポーランドやロシアの周辺国は、コサックの自治権を抑えつつ、優れた乗馬能力を備えたコサックの軍事力を利用するようになる。一六世紀後半、ポーランドはオスマン帝国やクリミア・ハン国からウクライナを守るために、コサック部隊を編成するようになる。ポーランド軍に編入されたコサックは、特別な登録書に登録されたため、「登録コサック」と呼ばれた。登録コサックは、一生の兵役と引き換えに、多種多様な優遇措置を与えられ、盗賊集団とみなされていた他のコサックとは完全に違うものとして扱われるようになった。そして、ポーランドは登録コサックを分割統治し、ポーランドへの蜂起を鎮圧する役割をも負わせた。

だが、一六四八年、ウクライナ・コサックのフメリニツキーの反乱に際しては、ポーランド貴族による権利の侵害や給料不払いなどが原因で、登録コサックの全軍が反乱に加担した。結果、ウクライナでコサックは自治権を回復し、ヘーチマンと呼ばれる指導者のもとにコサックが支配する国家が成立した。ポーランドはウクライナの支配権を喪失して衰退し、代わりに反乱に介入したロシアの勢力が拡大していった。結局、一七二二年にヘーチマンの政府はロシアによって廃止され、二〇世紀末に独立を果たすまでウクライナはロシアの支配下に置かれることとなった。

他方、ドン川流域を基盤とするドン・コサックは自治権を維持するため、ロシアの保護を受けて、ポーランドやオスマン帝国、クリミア・ハン国との戦争にその軍事力を提供して、ロシアの大国化に貢献した。

しかし、専制化を進めるロシアに対する反乱も頻発した。一六七〇年のステンカ・ラージンの乱、一七〇七年のブラヴィンの乱、一七七三年のプガチョフの乱はすべてドン・コサックによる蜂起であったが、すべて失敗に終わった。そして、ロシア帝国の体制下に取り込まれることを嫌悪し、オスマン帝国へ逃れる者も少なくなかったとされる。とはいえ、ロシア皇帝に忠誠を誓い、軍務に就いたドン・コサックに対しては、一定の自治が認められ、ある意味、特権階級の座を獲得したといえた。だが、ウクライナ・コサックのようにロシアに刃向かえば滅亡させられることが自明だった状況のなかで、生き残るためにはロシアに忠誠を誓うしか選択肢はなかったのも事実だ。つまり、彼らがロシアに対し、心から忠誠を誓っていたかは疑わしい。

少なくとも表面上は、ロシア皇帝に忠実な部隊となったドン・コサック軍は、近代にはロシア軍最大の非正規軍となり、農民反乱や社会主義運動などを抑える反革命勢力の中心となった。一九一七年のロシア革命で帝政が打倒され、その後に起きた革命およびロシア内戦でも、ドン・コサック軍は反革命軍である白軍の主戦力となって、赤軍と戦った

（当時のコサックに、現代のＰＭＣ〈後述〉の源流を見る研究者もいる）。そのため、ソ連時代のコサックは、長く弾圧の対象となった[26]。それでも、ソ連末期になると、各地で起こった内戦や紛争での活躍がめだちはじめ、最近ではロシアのハイブリッド戦争でも重要な役割を果たすようになったのだ。

## 民間軍事会社とは

サイバー攻撃、特殊部隊と並んで、特にハイブリッド戦争において重要な役割を果たしているのが、民間軍事会社（PMC: Private Military Company）である[27]。現代版「傭兵」とも言えるＰＭＣは冷戦終結後の世界秩序の変化のなかで、欧米を中心に世界で短期間のうちに急速に成長を遂げた。冷戦後の世界においては、欧米諸国が軍事力の削減を進めていったが、その一方で域外介入への志向性も高まるという矛盾が生まれた。そして、その矛盾によって生まれた真空を埋めたのがＰＭＣだったのである。

だが、ＰＭＣは単なる傭兵ではなく、戦闘のみならず、ロジスティクスやインテリジェンスに至るまで、非常に幅広い分野をカバーしながら、国家や民間の需要に応えつつ、軍事的な活動を総合的に支える役割を担っている。エルケ・クラフマンは、現代のＰＭＣの役割を主に七つにまとめる。すなわち、⑴戦闘、⑵紛争地域で活動する政府、国際機関および非国家主体（ＮＧＯ）の人員および基地に関連する人質・施設保護、⑶軍事訓練およびアドバイス、⑷軍用装備の運用及び保守に関する支援、⑸軍用装備の調達、流通、仲介、⑹爆発物の解体、⑺捕虜の選別を含む情報収集および分析、である。このように、ＰＭＣの守備範囲はかなり広く、多様化した新しい戦争に対処してゆくためにも不可欠な存在となりつつあるのである。

## アウトソーシングの理由

だが、軍事を民間にアウトソーシングすることにどれだけのメリットがあるのだろうか。以下に、ＰＭＣを利用するメリットを提示する。

① 人件費の節約

軍隊で最もお金がかかるのが人件費である。前線で兵士一人を戦わせるためには、まず前線に立つ前の訓練費用、そして武器など戦闘装備の供給、弾薬から被服までの補給・補修、食事、宿舎、兵士が負傷した際の医療費、死亡した場合の弔慰金、退役後の年金など、とてつもない費用が必要となる。

とりわけ、米軍のように高度に技術化された軍隊では、最前線で戦う兵士とそれを支える人員の比率は一対一〇〇であるとされ、そのことは戦闘をおこなっている兵士一人

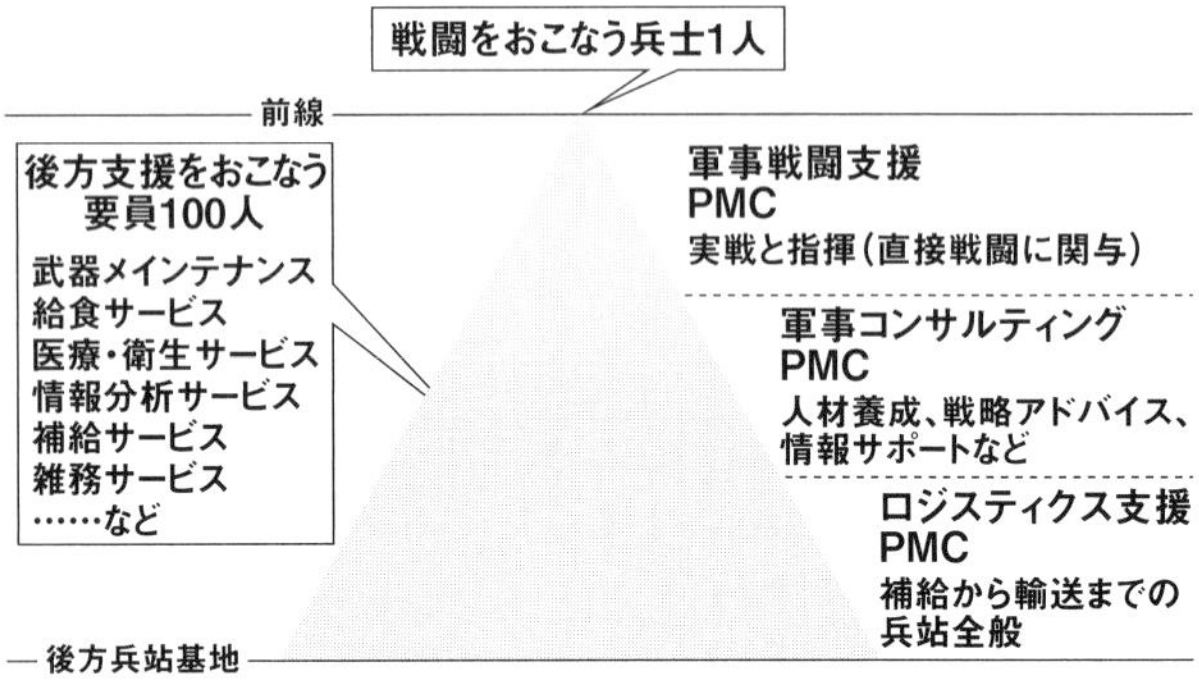


図1−2　PMCに置き換えられる軍隊の業務

出所：坂本明他『［図解］民間軍事会社と傭兵』、コスミック出版、2016年。

を支える後方要員が一〇〇人必要となることを意味する（図1−2参照）。米軍の一般部隊の兵士の平均年収を三万五〇〇〇ドルとすると、兵士一人につき後方要員の給与として三五〇万ドルが必要となり、一〇〇〇名の兵士を戦わせるとなれば、最低でも後方要員の給与だけで三五億ドルがかかり、実際には給与以外の諸々の費用がかかるわけであるから、想定できないほどの費用がかかることがわかる。

特に高額の費用がかかるのが、ロジスティクスや管理部門であるが、こうした分野を外部にアウトソーシングすることで、経費を大幅に削減しようとするニーズがPMCの誕生と成長に繋がったとされる。戦闘訓練以外の部分を軍人が担わなくて済めば、軍隊は本来の主要任務に集中できるし、外注によって人件費を半分くらいに削減できるようになる。実際、米軍や英軍などはロジスティクスをほぼPMCに外注しているのである。

② サービスのきめ細かさ

次に、民間企業だからこそできるPMCのサービスのきめ細かさがある。民間企業であるが故に、PMCは政府に限らず、会社組織、団体、個人などからも依頼を引き受けることができる。政情不安な地域に工場を置く企業、治安の悪い地域で活動するNGO（非政府組織）、戦地を取材するジャーナリストなども警護や警備を依頼できるし、費用さえ支払えば、クライアントの要望に応じて、かなり困難な依頼も引き受けてくれる。つまりPMCは、正規軍にはできないような依頼にも対応してくれるという強みを持つ（ボランティアとして扱われながらも犯罪行為をさせられたとして、二〇一八年末に数人のワグネル戦闘員が国際刑事裁判所に訴えた事実もあるが、本件の結論は不明）。

③ 質の高いサービス

また、質の高いサービスを必要な期間だけ利用できるというのもクライアントにとっては大きなメリットだ。PMCに所属する人員は、素人から元軍人や退役軍人まで、また階層も無関係でピンキリであるが、きわめて優秀な人材も集められている。プロ意識も技術も人によりけりであるが、多額な費用を出せば、正規軍よりも優秀な人材に任務を遂行してもらうこともできるのである。

④　効率性・迅速性

人員の提供がきわめて効率的かつ迅速におこなえる。正規軍から人員を補充することになれば、厄介な政治的・官僚的手続きを要するが、ＰＭＣからはそのような煩雑な手続きなしに人員の補給が可能である。そのため、クライアントが軍隊であることも多いという。軍隊にもＰＭＣを利用する費用以外の大きなメリットがある。例えば、前線で急な増員が必要となった場合に、兵士を新たに訓練したり、予備兵を現役に戻したりするよりも、素早く柔軟に増員することが可能となる。また、現代兵器はハイテク化があまりに進みすぎていて、昔ながらの小火器をのぞく兵器は、電子システムとＩＴを連動させることなくしては運用が難しくなっている。このような最新兵器の操作、保守、整備は高度に専門化した技術者にしかできない。軍隊も当初、専門家を育成しようとしたが、それにはあまりに費用と時間がかかるということで、兵器システムと技術者をともにアウトソーシングしたほうが手早く、費用も抑えられるということになった。これもＰＭＣを利用するメリットとなっている。

同様のことが情報サービス分野においても言える。ＩＴへの依存度が近年、飛躍的に増大し、また技術の発達がきわめて早いなかで、政府機関だけで最新の技術に対応してゆくのはもはや不可能となっている。ハードウェア、ソフトウェアともに、技術の革新は民間で生まれているのであるから、軍隊や情報機関も優秀な民間企業や専門家に業務委託をしたほうが安上がりでかつ、最新かつハイレベルのサービスを期待できることとなる。ただし、政府と民間の癒着が生まれやすくなるというデメリットもあることは忘れるべきではない。

⑤　死の保障をしなくてよい

軍人が死亡すれば、膨大な見舞金、補償金などの費用がかかり、また、遺族から批判を受けることも少なくないが、PMCの戦闘員はあくまでも自己責任で参加しているため、PMCの戦闘員がどうなろうと、政府の責任ではない。つまり、政治コストがきわめて安くなる。なお、ロシアのPMCの戦闘員は戦地で死亡したとしても、ほとんどが遺族の元に帰れないという。戦地で身元不明の遺体として埋葬されるケースがほとんどであるらしい。

⑥　国際的な批判を受けづらい

正規軍であれば、その活動の責任は、当該軍が属する国家に帰せられるが、あくまでも民間であるPMCの活動については、仮に当該国家が活動を依頼していたとしても、当該国家は「知らぬ存ぜぬ」を貫き通すことができる可能性が高い。つまり、ある国家が望む軍事行動をＰＭＣにおこなわせれば、国際的な批判を受けづらいというメリットがあり、実際、諸外国に対する軍事行動は、国際的な批判や制裁の対象になることがほとんどであるため、この意義はきわめて大きい。

⑦　軍事力の補塡

ＰＭＣに頼りたいのは、大国だけではない。内戦状況のなかで、弱小な軍事力しか持たないような国にとっても、ＰＭＣは重要な意味を持ちうる。ＰＭＣを雇うことによって、国内のゲリラ、武装勢力、テロリストなどに対抗する術を得ることができるのである。だが、このような国内の問題にＰＭＣを使うことに対しては国際的な批判も多く、最近ではあまり用いられなくなっているとも聞く。

## 暗躍するロシアのＰＭＣ

近年、ロシアのＰＭＣの暗躍がめだつようになってきたが、じつは、ロシアのＰＭＣは、世界で見ればきわめて小さい規模である。世界のＰＭＣトップ二〇にもロシアのＰＭＣは入らず、米国、英国などのＰＭＣがやはり大きな影響力を持ってきた。

それでも、ロシアのハイブリッド戦争には、やはりＰＭＣの活動が不可欠である。ＰＭＣのロシアにおける発展は、戦争のあり方が変化するなかでの必然であったという見方もされている。[28]

それではロシアはどのようにPMCを利用してきたのだろうか。一九九〇年代前半のボスニアにロシアの民間警備会社「ルビコン」に所属する義勇兵が展開していたことが明らかになっているなど、その利用は決して新しいものではなさそうだ。[29] 一九九〇年代初頭のアルメニアとアゼルバイジャンのナゴルノ・カラバフ紛争、沿ドニエストル、アブハジアやボスニア紛争などでPMCが展開していたと言われているが、当時は、一九九五年に連邦保安庁（FSB）を設立した連邦防諜局（FSK）の管轄下にあったことを強調したい。なお、筆者は一九八八〜九四年の第一次ナゴルノ・カラバフ紛争にアフガニスタンからの傭兵が使われていたという情報を得ているものの、PMCについては情報を得ていない。そもそも、PMCと傭兵の区別が難しいという問題もあるが、その判断も今後のPMC研究の論点になってゆくだろう。他方、この時期には、西側のPMCに勤務し、各地で活躍したロシア人も出てきていたようである。クレムリンとは無関係に、アフリカ（特に、エチオピア、アンゴラ、スーダン、ザイール）で勤務した旧ソ連の元軍人も少なくなかったと言われる。

プーチン政権下では、PMCは二〇〇〇年代半ばから暗躍をはじめたと見られている。例えば、〇四年二月にカタールでチェチェンのゼリムハン・ヤンダルビエフ大統領代行を暗殺したとする二人のロシア人は、プーチンの息がかかったPMCメンバーだとみなされている。また、一〇年には、アラブの春などに危機感を覚えた当時のニコライ・マカロフ参謀総長が、海外におけるデリケートな任務にPMCを使うことを公に提案した。アラブの春は、ロシアの戦略家に、戦争の性格が変化したことと、ロシアの軍事戦略においてPMCを重視しなければならないということを認識させたのである。そして、一二年にはプーチンもPMCを利用するという考えを公に支持したが、その発言を発表したロシアの国営国際通信社である「RIAノーボスチ」は米国、英国、フランスがPMCを海外で使っていることを付記することも忘れなかった。

そして、ウクライナ危機にも、さらにシリアへの公式の介入（二〇一五年九月）にも先立ち、一三年には、PMCのスラブ軍団（Slavonic Corps）がシリアでの活動をはじめていた。なお、スラブ軍団は、ロシアの退役軍人が創設し、海賊対策を専門として世界で活躍していた「モラン・セキュリティ・グループ」のシニア・マネージャーたちが一三年に香港を基盤として形成したPMCである。

ハイブリッド戦争においては、PMCはシリア、ウクライナ東部、アフリカ、ベネズエラなどに展開してきた（六六頁の図1－3も参照のこと）。

## PMCという外交の有用なツール

ロシア政府とPMCのあいだには明確な関係があり、ロシア政府は、最初の頃はPMCを都合よく利用してきたが、最近では、制御不能になっているPMCの活動も多いとされる。

他方、ロシアの法律、特に憲法では傭兵が認められていない。例えば、憲法一三条五項は武装部隊の設立を目的とする公共機関を禁じており、刑法三五九条は傭兵活動を禁じているほか、刑法二〇八条は不法な武装勢力の組織を禁じている。

とはいえ、PMCを合法化する動きもあった。まず二〇〇七年七月四日にはトランスネフチ、ルクオイル、ガスプロムなどの国営エネルギー会社が施設の安全を確保するために兵器を用いることが法案可決により合法化された。そのため、PMCはそれらの安全確保に使われるようになり、アフリカ、ラテンアメリカ、中東では、それら国営企業の利益を守るためのPMCがかなり展開してきたのである。

そして、一一年以降、マスコミがPMCの合法化について議論を活発化させるようになった。その後、一三年に下院議員のミトロファノフが「民間軍事会社の設立と運営に関する州の規制について」という法案を提出したが、合法化には至らなかった。そして、一六年三月には、「公正ロシア」党のゲンナジー・ノソブコとオレグ・ミヘエフ両下院議員が国外のロシアの利益を守り、ロシアのPMCを世界で活躍させるべきだとして合法化するための法案を下院に提出したが、撤回されるに至った。さらに、一七年後半にロシアの一部の高官がＰＭＣ合法化の必要性を問うたのをきっかけに、合法化の議論が一時活発化し、一八年にはセルゲイ・ラブロフ外相が海外でＰＭＣを利用する慣行が広まっていることを指摘しつつ、法的枠組みが必要であるということを提起した。その直後に、当時、ロシア下院の国防委員会議長であったウラジーミル・シャマノフは、同委員会が合法化の議論を始める用意ができているという発言もしていた。

さらに、二〇一八年には合法化のための草案文書もすでに存在しているという報道が出た他、軍事専門家のなかには法制化に賛同するものも出てきていた。他方で、ＰＭＣの合法化は、ロシア国内の危機が起きた場合に、状況を悪化させる可能性が高く、また、その合法化はロシア国家がその行動に対する責任を回避することを確実にするだけで、大きな危険を孕むというロシアの著名な軍事専門家であるアレクサンドル・ゴルツのような意見もあった。

だが、結局、法制化には至らず、現状では、ロシアにおいてＰＭＣは非合法事業に他ならず、実際、スラブ軍団（Slavonic Corps）は違法にシリアで活動をおこなったとして、その代表が逮捕されている。そのため、ロシアのＰＭＣは外国に登記して、法の穴を潜り抜け、そしてプーチンはじめ政権中枢部が、それを黙認しているのである。また、本来は

ＰＭＣであるのに、通常の企業としてロシアに登記されている場合もあると言う。

ロシアのＰＭＣは約二〇社あるとされているが、このように登記も正確ではないため、謎に包まれている部分が多い。また、どこで活動しているのかもすべてが詳《つまび》らかにされているわけではないが、少なくとも、シリア、ウクライナ、リビア、ベネズエラ、キューバ、中央アフリカ共和国、スーダン、その他のアフリカ諸国など、一二ヵ国以上で展開されていることが確認されている（ただし、それらのケースの多くの場合、特にまちがいなくアフリカについては、つねに旧ソ連ないしロシアの軍人も常駐していたことをＰＭＣの専門家であるセルゲイ・エレディノフが証言している）。

米国に対する挑発にもなっているベネズエラへの展開については、二〇一八年五月の大統領選挙に先立ち、ワグネルのアドバイザーなどがベネズエラ入りし、二〇一九年一月には、ワグネルの戦闘員四〇〇人ほどが兵器などとともにベネズエラ入りしたとされる。ベネズエラは産油国であり、ロシアは石油の存在にも魅力を感じている。また、二〇二〇年になって、ロシアのＰＭＣとりわけワグネルがリビアで軍事活動を活発化させており、またロシア政府は関与しないふりをしながら物資提供などをおこなっているということが米国のアメリカアフリカ軍（USAFRICOM）から指摘されており、そのあたりも気になるところである。

| | RSB-Group | Anti-terror | MAP | MS Group | Centre R | ATK Group | スラブ軍団 | ワグネル | E.N.O.T. Corp | コサック |
|---|---|---|---|---|---|---|---|---|---|---|
| 戦争等への参加 | | | | | | | | | | |
| ウクライナ(ドネツク・ルガンスク) | ○ | ? | ○ | ? | ? | ○ | ○ | ○ | ○ | ○ |
| シリア | ? | ○ | ? | ○ | ○ | ○ | ○ | ○ | ○ | ○ |
| その他の紛争 | ? | イラク | ? | 海運・陸運の保護 | イラク、ユーゴスラヴィア、コーカサス、アフガニスタン | ? | ? | アフリカ、ベネズエラの他、さまざまな関与があるが詳細は不明 | タジキスタン、ナゴルノ・カラバフ(第1次) | イラク、ユーゴスラヴィア、コーカサス、アフガニスタン、クリミア、チェチェン |

**図1−3　ロシアのPMCの展開**

出所：http://informnapalm.rocks/private-military-companies-in-russia-carrying-out-criminal-orders-of-the-kremlin に、筆者が加筆。

クレムリンは、PMCをグレーゾーンに置きつづけながら、外交の有用なツールとして用いており、PMCが展開されている場所は、ロシアの外交の重要拠点となっていると見てよいだろう。とはいえ、モスクワの統制下に収まらなくなるケースが少ないのも事実のようである。

図1−3はロシアの主なPMCの展開をまとめたものである。

## ロシア最大のPMC「ワグネル」

図1−3でもわかるように、ロシアには多数のPMCがあるが、そのなかでも最大の規模を誇り、政府ときわめて緊密な関係にあるのが、プロローグで紹介したプリゴジンが出資する「ワグネル」で

ある。

ワグネルは、複数の紛争でロシア軍や親ロシア系武装勢力とともに戦う準軍事組織であるが、特に、二〇一四年以降のウクライナ危機やシリア内戦などでの暗躍はよく知られている。ウクライナ危機の際には、実際にはロシア軍も動いていたものの、ロシア軍が活動している事実を隠蔽するためにワグネルが戦いに投入された。ウクライナ危機の死者のなかで、身元の特定がなされずにウクライナに葬られている身元不明戦士はワグネルないし他のPMCの戦闘要員の氷山の一角であり[30]（PMCでは死に関する保障が一切ないからである）、相当数のPMC戦闘員が亡くなっているのはまちがいない。

また、シリアにも、ロシア正規軍が送り込まれる前からワグネルの戦闘員がかなりの役割を果たしていたと言われている。例えば、シリアでは二〇一八年二月七日の衝突で、五〜二〇〇人のロシア兵が殺害されたと報じられているが、ロシア外務省のザハロワ情報局長が「ロシア市民五人が犠牲になった可能性がある」と述べただけで、ロシア当局はシリアにおけるPMC戦闘員の活動を確認することを拒否している。だが、このことは、実際には二〇〇人近いPMC戦闘員が犠牲になったことを意味しており、遺族の怒りを買っているという[31]。

ワグネルは、二〇一四年に創設されたPMCであり、ロシアのPMCのなかでは最大規模を誇る。ワグネルは、ロシア・クラスノダール州のモリキノ村に訓練施設も持っており、明らかにロシア基盤のPMCだが、前述のようにロシアではPMCは非合法であるため、一六年にアルゼンチン、一八年には香港で登記をおこなっている。

| | ロシアの戦略的ゴール | ロシアの経済的利益 | プリゴジンの商業的利益 |
|---|---|---|---|
| ウクライナ | クリミア併合、不凍港へのアクセス、ウクライナの不安定化、ドネツク・ルガンスクの親露派支援 | 黒海の港と基地へのアクセス、ウクライナのルーブル化と統合 | ワグネルの契約 |
| ベネズエラ | 同盟者・マドゥロ政権の存続、国際的影響力 | 軍事設備・装備の輸出、エネルギー部門への投資 | ワグネルの契約 |
| 中央アフリカ | 中央アフリカにおける指導の展開と影響力の拡大 | 金、ダイアモンド、ウラニウムへのアクセス、インフラ建設 | 金、ダイアモンド採掘（ロバイエ）での利権、ワグネルの契約 |
| リビア | パートナーであるハフタルの保護、北アフリカにおける影響力拡大 | 原油の長期供給契約、エネルギー及びインフラ投資での利益 | ワグネルの契約 |
| シリア | 地中海の不凍港へのアクセス、地域のA2/AD能力の拡大、同盟者・アサド政権の存続、地域における権益・影響力の確保 | エネルギープロジェクトの契約、再建契約 | 奪還した油田（エヴロ・ポリス）からの25%の利権、ワグネルの契約 |
| マダガスカル | 親ロシア派の現職及び将来有望な政治家に対する政治的支援と選挙における影響力行使 | バニラ、ニッケル、コバルト、ウラニウムへのアクセス | クロム鉄鉱と金の採掘権の獲得、ワグネルの契約 |
| スーダン | 武装化支援、親露派政権の維持、紅海へのアクセス、軍港建設、影響力拡大 | 原発契約、軍事設備・装備の輸出、石油開発 | 金の採掘権獲得、ワグネルの契約 |

**図1−4　ワグネルの主たる展開**

出所：Alexander Rabin, “Diplomacy and Dividends: Who Really Controls the Wagner Group?,” *Foreign Policy Research Institute*, October 4, 2019をもとに筆者が加筆修正して作成。

ワグネル設立の契機となったのは二〇一〇年のサンクトペテルブルク経済フォーラムであったという。同フォーラムで講演した一人であった南アフリカの退役軍人、イーベン・バーロウは、アンゴラ内戦やシエラレオネ内戦で素晴らしい成果をあげたPMCであるエグゼクティブ・アウトカム社の設立者として有名な人物で、フォーラム参加の真の目的は、ロシア軍参謀本部との接触であったと言われる。バーロウはロシア版PMCの設立に関するアイデアを説明し、ロシア側の賛同を受けたようだ。[32]

ワグネルの前身は、ロシアのPMCのなかでは先駆的な位置づけとなる二〇一三年に創設された香港を拠点とする「スラブ軍団（Slavonic Corps）」という組織である。同組織は、ロシアの総合警備会社「モラン・セキュリティ・グループ」が母体となっており、戦時下シリアで活動するために創設されたものである。そして、ワグネルを創設したのが「スラブ軍団」に所属していたドミトリー・ウトキン（ロシア連邦軍参謀本部情報総局、通称GRUに属するスペツナズの元中佐だった人物）である。ウトキンは、退役後にプリゴジンの護衛を務め、そのまま側近となった。[33] ウトキン自身は退役後に、早い時期からシリアで活躍していたことも知られている。

ワグネルの詳細は明らかになっていないものの、社員は五〇〇〇人以上と言われ、そのうち二〇〇〇～三〇〇〇人ほどが戦闘要員だと言われる。戦闘要員には、ロシア軍や警察出身者のほか、北コーカサス地方の元親露派民兵、単に金銭目当てで軍事的バックグラウンドなしに志願する者なども含まれる。かなりハードな訓練により、エリート部隊を育て上げている。ウクライナ、シリア、アフリカでの活動が特に顕著だとされており、最近では、リビアやベネズエラでの活動も報告されている（図1－4参照）。

## 実態は国営の軍事会社

ワグネルは、ロシア連邦軍参謀本部情報総局（GRU）と緊密な関係にあるとされている。小泉悠は、GRUが民間企業を装って設立した事実上の「ロシア軍別働隊」であるとし、コントラクターの募集、訓練、実際の軍事作戦に至るまで、すべて、GRUの指揮下でおこなわれていると見られると述べる。ワグネルの訓練キャンプはロシア南部クラスノダール州のモリキノに設置されているといわれるが、そのキャンプもGRU第一〇特殊作戦旅団のすぐ隣にあり、射撃訓練場などは共有されているという。元コントラクターの話によれば、戦地に派遣されるワグネルの部隊はGRUの特殊作戦部隊にほぼ準拠した編制を採用し、シリアでは戦車や火砲さえ与えられていたという。つまり、実態としては、ほとんど「国営」軍事会社であり、「民間」に偽装した軍隊ともいえるのである。

そして、オーナーのプリゴジンもクレムリンから支持を得ていることから、ワグネルがロシア政府ときわめて緊密な関係を維持しているのはまちがいない。なお、ウトキンもクレムリンのレセプションに招待されており、プーチンとの直接の関係もあるという見方が有力だ。また、ロシア連邦軍の総参謀本部の一般情報機関（GIA）の特別任務旅団に指定されているとも言われている。
プリゴジンは、前述のようにプーチンや軍からの信頼もあり、ロシア版PMCの設立を任されたが、彼は当初、その役目を積極的に引き受けたわけではなく、その危険性やどれだけの儲けがあるのかについて、かなり真剣に悩んでいたという。しかし、プーチンの意向には逆らえず、出資を引き受けたと言われている。
だが、プリゴジンはボランティア的に資金提供をしているわけではなく、それ以上の大きな見返りを受けているという。例えば、ISISから奪還したシリア東部の油田開発の権利やアフリカの資源開発の権利などを得ているとされる。特にシリアの油田開発権はきわめて魅力的なものだったと言われており、プリゴジンにとってワグネルは美味しいドル箱なのが実情だ。なお、ワグネル創設者のウトキンもプリゴジンのコンコルド・マネジメントのディレクターであり、また、二〇一六年一一月には、ウトキンがプリゴジンのケータリングビジネスのCEOに就任していることも明らかになっている。[34]
さらに、ワグネルの海外での活動については、GRUからの支援や調整を受けているとも言われる。そのため、ワグネルはGRUの傭兵部隊だという理解もなされている。なお、プリゴジンの活動には、ロシア企業のみならず、香港の企業も融資をおこなっているとされ、ワグネルのバックグラウンドは相当複雑であると言ってよい。

ワグネルの活動は闇に包まれており、その詳細を確かめようとすれば「消される」可能性も高い。二〇一八年七月三〇日に中央アフリカ共和国で三人のジャーナリストが移動中に殺害されたが、その三人は、反プーチン派の元実業家であるミハイル・ホドルコフスキーが創設した調査機関「調査管理センター」（ＩＣＣ）の依頼で、ワグネルの調査をおこなっていたという。そのため、彼らはワグネルないし、ロシア軍当局関係者によって暗殺されたと考えられている（ただし、ロシアメディアはプーチンに配慮し、強盗説や地元ゲリラ説を主張。ロシア外務省も死亡したジャーナリストが公的な認可なしに現地に赴いていたことを強調）。じつは、ロシアは一七年一〇月に中央アフリカ共和国大統領との協力を開始し、一八年二月には中央アフリカ共和国の国軍に軍事顧問や大統領警備要員など一八〇人を派遣していたが、それに関連してワグネルの人員も投入されていたという疑惑があるのだ。[35] 暗殺には、ワグネルのことを調べるなという警告の意味もあるのかもしれない。ワグネルを調べていた記者が奇妙な死に方をしている他の事例もある。

そういうわけで、ワグネルの本質というのはなかなか見えてこないのであるが、現状で、ワグネルが確実に関わっている事案は最低でも、①ウクライナ紛争における親露派への支援、②シリア内戦におけるバッシャール・アサド政権への支援、③スーダンにおけるオマル・アル＝バシール政権への支援、④二〇一四年リビア内戦におけるハリファ・ハフタルへの支援、⑤中央アフリカ共和国の内戦における政府支援、⑥ベネズエラにおけるニコラス・マドゥロ政権への支援、という六事案があるとされている。

## E.N.O.T. CorpとMAR

PMCで有名なのはまちがいなくワグネルであるが、E.N.O.T. CorpとMARの活動も活発である。

E.N.O.T. Corpはモスクワを拠点としており、PMCであることを否定して、合法的なロシア正教会団体であると主張し、実際に二〇一六年五月にロシア法務省から公認も受けているが、その実態は紛れもなくPMCであり、特に、ロシアの愛国的活動とウクライナ東部（ドネツク、ルガンスク。合わせてノヴォロシア）の独立運動への関与で知られている。同社は、武器の使用、フィールドエンジニアリング、諜報、軍事計画策定などの訓練施設を所有して、それらの訓練をおこない、また、武器と装備を提供していると言われる。

特にウクライナ東部のドネツクとルガンスク（ドンバス）で親露派を支援した活動で知られる。二〇一四年九月の攻撃での大量殺害は激しく批判されているが、遺体の耳を切り落としたり、捕虜に対しても非人道的扱いをするなど、彼らはその残虐性でも際立っていた。そのため、ウクライナの軍事検察庁は、戦争犯罪を理由に、E.N.O.T. Corp指導者のアレクセイ・ミルチャコフに対して令状を発行した。E.N.O.T. Corp は二〇一六年以降、ロシア、ベラルーシ、セルビア、モンテネグロの正教会の若者向けの軍事ユースキャンプを組織し、銃の使用、軍事技術、戦闘方法などの訓練を施しており、ハイブリッド戦争が世界で広がる危険性を孕むと危惧されている。そして、E.N.O.T. Corp は、ノヴォロシアでの活動が評価され、ルガンスク「当局」からも、ロシア当局からも感謝状を得ている。だが一八年一一月にロシア連邦警護庁（ＦＳＯ）は警察と協力し、E.N.O.T. Corp メンバーを数人逮捕した。その背景には、クレムリンが武力の行使に関する独占権の喪失を恐れたことや潜在的な国際問題化を防ぐという思惑があったとされている。[36] そして、現在はE.N.O.T. Corp の関心はウクライナよりシリアにあり、シリア向けの新たな人材募集をしているという。

　また、ＭＡＲも民間軍事活動に従事するＰＭＣだが、自身のウェブサイトをもち、民間軍事サービスの提供を公言している。ＭＡＲが重視するのは、近隣諸国におけるロシア系住民の保護である。ドンバスでの活動で特に有名である。さらに、ＭＡＲはプーチンの政策を支持し、近隣諸国および国外のロシア語話者の利益を保護しているとも主張しているのである。

　だが、ＰＭＣは、やはり政権にとっては知られたくない問題であり、前述したように、ＰＭＣを追ったジャーナリストがかなり不審な死を遂げているという現実もあるのである。

そして、ＰＭＣのなかで最も有力なワグネル、そして次章で取り上げるインターネット・リサーチ・エージェンシーは本書の冒頭で述べたとおり、プリゴジンの資金で成り立ってきたわけであり、それらの役割の大きさを考えれば考えるほど、ロシアのハイブリッド戦争をかなりの割合で支えているのがプリゴジンだということがよくわかるのである。

## シャープパワー戦略

ハイブリッド戦争と切り離せない「シャープパワー」についても触れておこう。

シャープパワーとは、米国の「全米民主主義基金（ＮＥＤ）」が二〇一七年一二月に公表したリポートではじめて使った造語であるが、テレビやＳＮＳなどさまざまな方法で偽情報の流布をおこない、調略、恫喝、嫌がらせなどの手段を組み合わせて、自分たちに都合の良い方向に転向させる手段であり、主に、中国、ロシアがそれを近年多用しているという。そして、それは諸外国の政治への介入や妨害の際に効果的に用いられている。

シャープパワーは、ソフトパワーの「悪質版」とでも考えるとイメージが湧きやすいだろう。中国については、孔子学院の展開などが顕著な事例とされるが、ロシアは資金もないため、中国のような大規模なシャープパワー戦略は取れない。だが、ロシアは偽ニュースの拡散や宣伝キャンペーンを自国メディア（例えばRT〔ロシア・トゥデイ〕など）やSNSを利用し、世界各地で展開してきた。SNSによる拡散には既述の「トロール部隊」が特に暗躍してきた。また、対スペイン語圏での作戦ではスペイン語が使用されているベネズエラなどの協力が、また最近の英語による作戦では英語を公用語とするアフリカ諸国の協力（第五章参照）も確認されるなど、より安価でより効果的な作戦がとられてきた。

他方、シャープパワー的な手法は判定されづらい傾向があり、実際の攻撃からかなり時間が経ってから認定されることが多く、実際にロシアからの攻撃があったとしても認定されていないケースも多々あるとされる。また、シャープパワーの実施においては、さまざまな手段が複合的に展開され、またサイバー攻撃が中心的役割を果たすケースが多いため、サイバー攻撃の成果とみなされることも多いのが実情であり、実際のところ、厳密に区別することは難しい。

それでも、ロシアのシャープパワー戦略が展開されたとされる主な事件は表1‐2のとおりである（ただ、これらは氷山の一角であると見られ、その他、多くの疑惑がある）。

| | |
|---|---|
| 2016年1月 | ドイツにおける難民によるロシア人少女への暴行という偽ニュース拡散により、ロシア系住民が抗議行動を起こし、対ロ制裁を主導するメルケル首相を揺さぶる（リサ事件） |
| 2016年6月 | 英国のBREXITをめぐる国民投票 |
| 2016年10月 | NATO加盟を妨害するためにモンテネグロでロシアの情報機関が関与する当時のジュカノビッチ首相を暗殺し政府転覆を狙ったクーデター未遂 |
| 2016年11月 | 米国大統領選挙。ヒラリー・クリントンに対してネガティブな、ドナルド・トランプに対してポジティブなキャンペーンを行う「プロジェクト・ラフタ」もコンコルドが出資 |
| 2016年11月 | モルドヴァ大統領選挙（2014年4月の同国ガガウズ首長選挙も） |
| 2017年 | フランス大統領選の際のマクロン候補（当時）へのサイバー攻撃・偽ニュース攻撃 |
| 2017年10月 | スペイン・カタルーニャ州の独立問題をめぐる住民投票 |

**表1−2　ロシアのシャープパワー戦略（主な事例）**
（筆者作成）

### ウクライナ危機

以上、ハイブリッド戦争について多面的に考察してきたが、最も顕著な事例といえるのは、やはりウクライナ危機の第二段階・第三段階（図1－5参照）におけるロシアのハイブリッド戦争の展開である（ウクライナ危機へのハイブリッド紛争の展開についての研究はかなり多く、日本では小泉悠、保坂三四郎が多くの研究を出している）。だが、第三段階についてはあまりに紛争が長引いていること、ロシアが多大な制裁を発動されていることなどから失敗だったとする論者も多く、ここでは、第二段階のロシアによる「クリミア併合」にフォーカスすることで、ハイブリッド戦争の具体的なイメージを持っていただけたらと思う。

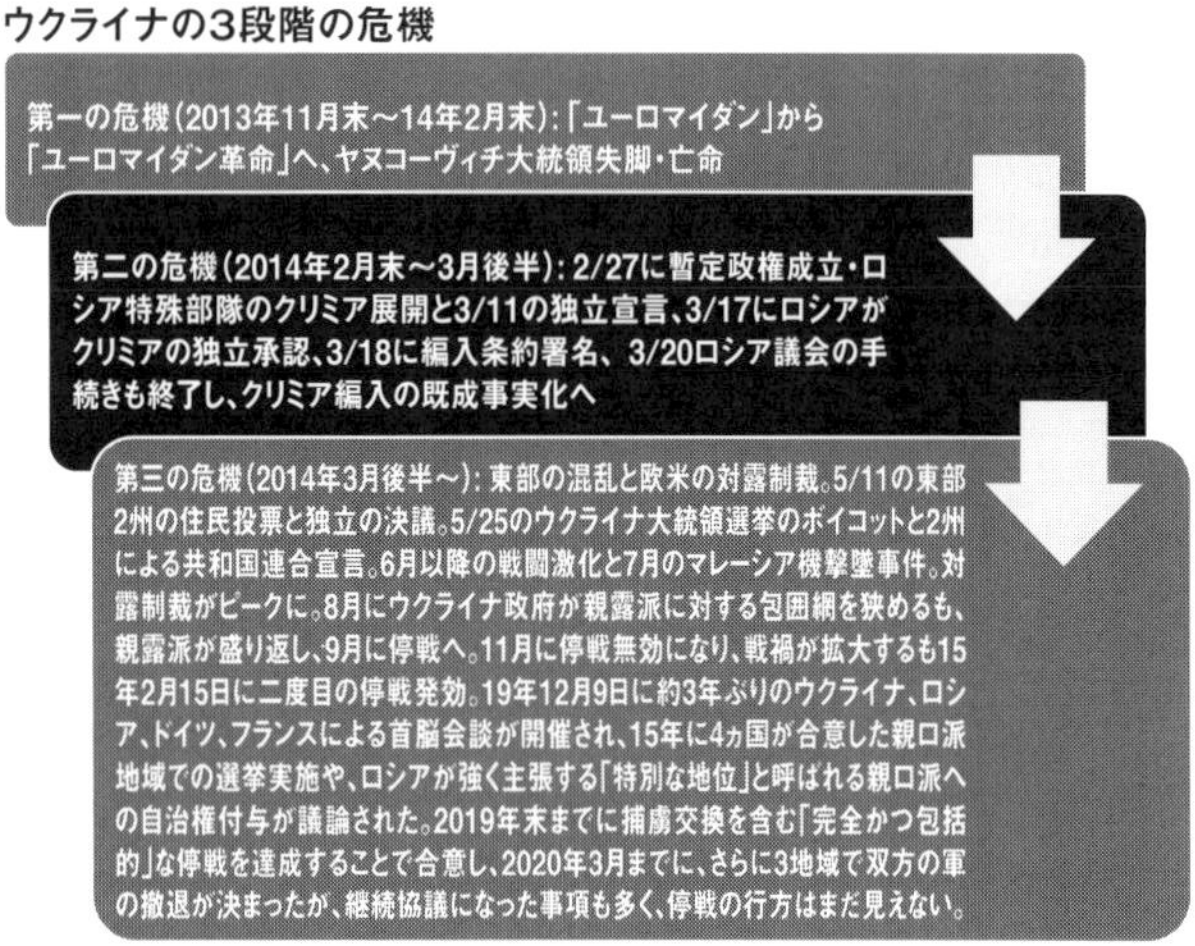
ウクライナの3段階の危機
第一の危機(2013年11月末～14年2月末):「ユーロマイダン」から「ユーロマイダン革命」へ、ヤヌコーヴィチ大統領失脚・亡命
第二の危機(2014年2月末～3月後半):2/27に暫定政権成立・ロシア特殊部隊のクリミア展開と3/11の独立宣言、3/17にロシアがクリミアの独立承認、3/18に編入条約署名、3/20ロシア議会の手続きも終了し、クリミア編入の既成事実化へ
第三の危機(2014年3月後半～):東部の混乱と欧米の対露制裁。5/11の東部2州の住民投票と独立の決議。5/25のウクライナ大統領選挙のボイコットと2州による共和国連合宣言。6月以降の戦闘激化と7月のマレーシア機撃墜事件。対露制裁がピークに。8月にウクライナ政府が親露派に対する包囲網を狭めるも、親露派が盛り返し、9月に停戦へ。11月に停戦無効になり、戦禍が拡大するも15年2月15日に二度目の停戦発効。19年12月9日に約3年ぶりのウクライナ、ロシア、ドイツ、フランスによる首脳会談が開催され、15年に4ヵ国が合意した親ロ派地域での選挙実施や、ロシアが強く主張する「特別な地位」と呼ばれる親ロ派への自治権付与が議論された。2019年末までに捕虜交換を含む「完全かつ包括的」な停戦を達成することで合意し、2020年3月までに、さらに3地域で双方の軍の撤退が決まったが、継続協議になった事項も多く、停戦の行方はまだ見えない。

図1-5　ウクライナ危機の3段階の流れ

出所：筆者作成

二〇一三年一一月からの反政府行動「ユーロマイダン」に端を発するウクライナの混乱は、翌一四年二月後半の武力化とヴィクトル・ヤヌコーヴィチ大統領の失脚および事実上の亡命でピークを迎えたかのように見えたが、その後、ウクライナ領のクリミアがロシアに編入され、つづいてウクライナ東部で分離独立運動が起こり、内戦に発展した。一五年二月以来、一応の停戦が維持されているものの、情勢はきわめて不安定であり、戦闘の再燃はつねに危惧されている状態だ。この一連の状況はしばしば「ウクライナ危機」と称されるが、それは上述のように三つの段階を経て展開されてきた。その展開をまとめたのが図1－5である。

このようにウクライナ危機は三つの危機が、まったく途切れることなく繋がって展開されてきたが、一つの流れと見ることはできない。

第一の危機はロシアによるものではなく、逆に米国の煽動が背後にある一方、ロシアはその展開に衝撃を受け、なんらかのアクションを取らざるを得なくなって、第二・第三の危機に介入したからである。欧米のメディアでは、第一の危機もロシアがおこなったという論調が主流だったが、米国の関与を思わせる多数の動きがあっただけでなく、後にバラク・オバマ米大統領（当時）本人が、CNNでのインタビューで、ユーロマイダンに米国が関与していたこと、そしてプーチン大統領は、ユーロマイダンの動きに対し、場当たり的な対応をしているに過ぎないと述べたことから、米国の関与は確実にあったと言える。

他方、第二、第三の危機の首謀者はロシアだと言えるが、第三の危機については、ロシアは最初から首謀者だったわけではなく、途中から本気で関与していったという事情があるが、第二の危機、すなわちクリミア併合は、長年の準備をしながら好機をうかがっていた様子が見て取れる。そこで、ここではクリミア併合を詳細に検討する。

## クリミア併合

ウクライナ第一の危機が終わるや、二〇一四年二月二七日から二八日にかけて、謎の武装集団（リトル・グリーンメン）がクリミアに侵攻し、空港や市庁舎などの重要拠点を占拠した。武装集団は、最新式の装備できわめて俊敏に動き、精鋭部隊のように思われたのだが、軍隊章が外されていて、所属がわからないようにされていた。ウクライナや諸外国が、最初からロシアの特殊部隊だと断定する一方、当初、プーチンは「地元の自警団」だとして、ロシアの関与を否定した。

しかし、クリミア併合後の四月一七日のテレビ番組で、プーチンはクリミアに展開していた武装集団がロシアの特殊部隊であったとし、ロシアの関与を正式に認めた。[37] ここで注意したいのは、ロシアの武装集団がクリミアに展開したのは、ソチ五輪とパラリンピックの中休み期間であり、ロシアへの編入の是非を問う住民投票が実施されたのはパラリンピックの閉会日であったということだ。プーチンが肝いりで誘致したソチ五輪を成功させたかったことを考えれば、第一の危機にロシアが関与したとは考えづらい一方、それ以後の展開は五輪日程を考慮して計画されたと言えそうだ。

ここで、ロシアにとっての歴史的、地政学的に重要なクリミアの意味を確認しておこう。同地はロシア系住民が六割を占め、また多くの国民が「歴史的な大失策」と考えている一九五四年の当時のニキータ・フルシチョフ第一書記によるクリミアのウクライナ委譲という歴史的経緯もあり、多くのロシア人がクリミアをロシアの一部だと考えてきた。

さらに、クリミア編入時にエカテリーナ二世の命により、クリミア南部のセヴァストポリには黒海艦隊が創設され、以後、当地の軍事的意義がきわめて高かったことも重要だ。一九四八年以降、セヴァストポリは、ソヴィエト社会主義共和国連邦の特別市とされたが、クリミアのウクライナへの移管後も、モスクワとソ連国防相が直轄しつづけていた。ロシアにとって、不凍港が持つ意味はきわめて大きく、冷戦期はもちろん、ソ連解体後もセヴァストポリを維持することは重要な課題でありつづけた。特にNATO拡大で、黒海沿岸国のうち三ヵ国がNATO加盟国となり、NATOの艦隊も黒海に入ってくるようになると、黒海艦隊の重要性はさらに高まり、ロシアはセヴァストポリの貸借権を死守してきた。

だが、反露・親欧米路線の指導者だったヴィクトル・ユーシチェンコ大統領（二〇〇五〜一〇年）は、ロシアのセヴァストポリ貸借権が二〇一七年に契約期限を迎えた後は契約を延長しないとしていた。それでも、ヤヌコーヴィチが一〇年に大統領に就任すると、「ハリコフ条約」が結ばれ、同条約に基づき、ロシアはセヴァストポリの貸借権を四二年まで延長してもらうのと引き換えに、海軍基地の租借代として毎年九八〇〇万ドルを支払うとともに、天然ガスを一〇〇〇立米あたり一〇〇ドル割引することとなった。そのようななかでヤヌコーヴィチが失脚し、次政権が反露になると見越したロシアは、セヴァストポリを保持するための対応に迫られたと言える。

そして、クリミアはロシアへの編入をめぐる住民投票を二度の日程前倒しにより、ソチのパラリンピック閉会日である二〇一四年三月一六日におこなった。住民投票は多くの不正に満ちたものであり、クリミア・タタール人がボイコットをしただけでなく、軍事的脅威のもとでおこなわれ、民意を反映したものとはとても言えなかったが、それでも、投票結果を受け、クリミア議会は翌一七日に独立した主権国家「クリミア共和国」としてロシアへの編入を求める決議を採択した。同領内でのウクライナの国家機関の活動停止や国有資産（軍、鉄道、ガス石油関連会社など）の接収などを盛り込んだだけでなく、標準時間もロシアの首都モスクワに合わせ、通貨もルーブルに変更することが決められ、ロシアとの一体化が進められていった。なお、軍港がある南部のセヴァストポリ市はモスクワ市やサンクトペテルブルク市と同様の特別の地位を与えられたが、セヴァストポリの議会もロシアへの編入を要請する決議を採択した。

ウクライナ暫定政権と欧米諸国は住民投票と独立宣言を批判し、本国・ウクライナの合意無しの独立およびロシアへの編入は無効だと主張しているが、ロシアとクリミア政権側は、コソヴォの先例を引き合いに出して、合法だと強気の姿勢を崩さなかった。

他方、名目的には「ウクライナの領土保全を支持する」と言いながら、実質的にはクリミア掌握を進めてきたロシアは、クリミアの独立宣言を受け、同地の実効支配を確定する動きを迅速に進めた。プーチンは、三月一七日、クリミア自治共和国と特別市のセヴァストポリを合わせた「クリミア共和国」を主権国家として承認する大統領令に署名し、一八日には同氏が「クリミア自治共和国とセヴァストポリ特別市から編入要請を受けた」とロシア上院に伝えるとともに、クリミアをロシアに編入する意向を正式に表明し、クリミアのセルゲイ・アクショーノフ首相（混乱のなかで棚ぼた的に首相になったが、多くの犯罪歴もある危険人物とも言われる。現地では「やくざ」と呼ぶものも少なくないとされる）とともに編入に関する条約に署名した。

## 大人の対話を演出

ここで注目したいのが、最終目的である「編入」の前に、あえてクリミアがウクライナから独立宣言をし、ロシアが独立を承認したという体裁がとられたことだ。そうすれば、ロシアとクリミアが対等な主権国家として編入を決定したとして、ロシアが強硬にウクライナの領土を奪い取ったのではないと主張できるからだ（クリミア併合をロシアがいかに

「合法的に」見せようとし、その実多くの違法行為が含まれているかについては、拙稿「ロシアによるクリミア編入――ロシアの論理と国際法」『法学教室』二〇一四年七月号〈№四〇六〉を参照されたい）。

クリミア編入の一連のプロセスは、一九世紀の国際政治への回帰、第二次世界大戦以後初の非合法な領土獲得などと称され、国際社会に大きな衝撃をもたらし、欧米諸国はロシアの行為が「国際法違反」であると激しく非難し、制裁も発動した。だが、プーチンはクリミアのロシアへの編入を決した住民投票は、民主的手続きと国際法に添っていると主張する一方、これまで国際法を理解してこなかったのは欧米の方だと嘲笑する。しかし、一時でも「未承認国家」化することで、主権国家と主権国家の大人の対話を演出する今回の手法は、今後の国際政治においても使われていく可能性は否定できまい。

他方、ロシアはクリミア編入で大国意識を強め、プーチン大統領の支持率も近年で最高の約八六パーセントにまで到達した。

ロシアへのクリミア編入は上述の通り、非常に短期間に、ほとんど血を流すことなくおこなわれ、住民投票や国家承認などを巧みに組み合わせて「合法性」を偽装したかたちで決行された。

それでは、クリミア併合について、ロシアはどのような立場をとっているのだろうか。ロシアが主張しているのは、「自国民保護」の立場であり、ジョージアに侵攻した時と同じ論理だ（ただし、ジョージアのケースでは、アブハジア、南オセチアの住民の約九割がロシア・パスポートを所有していたので、自国民という根拠が一応あると言えるが、クリミアの場合は、ロシア語話者というきわめて薄弱な根拠しかない）。ロシアは、ウクライナのロシア人がウクライナでずっと弾圧されてきたとしたうえで、クリミアが住民投票の結果、ロシアへの編入を決定し、ロシアに編入を要請してきたことから、ロシア系住民を守るためにクリミア編入を決行したとしている。

そして、この一連のプロセスに関し、プーチン大統領は三月一八日の演説[38]で、ウクライナ暫定政権の違法性とそれによるロシア系住民への弾圧があったことを大前提に、以下のように自己正当化を図った。

第一に平和で自由な意思表示ができる環境を整備し、クリミア住民が自らの運命を自ら決定できるよう支援する必要があったと述べる。そして、欧米がロシアに対して国際法違反だと言っていることに関し、「彼らが国際法の存在を思い出しただけまだまし」とまで述べている。これは、欧米がこれまでコソヴォなどで「例外論」を使ってきたことへの皮肉である。

第二に、ロシア大統領は軍をウクライナで使用する権利を議会上院から取りつけたが、厳正に言えば、その権利は行使されていないという主張であり、武力を用いていない以上、国際法には抵触しないとしている。

第三に、クリミアの民族自決権が保障されないのはおかしい、という議論である。特に、クリミアがコソヴォの先例に立脚していることは尊重されるべきだという。このように述べるとともに、プーチン大統領は、欧米のコソヴォにみられるダブル・スタンダードや旧ソ連への「カラー革命」（二〇〇三年のジョージアでの「バラ革命」、〇四年のウクライナでの「オレンジ革命」を指す。両方とも、国民による下からの民主化革命だと言われているが、欧米の政治的、資金的関与があったことは間違いなく、ロシアにとっては深刻な勢力圏の侵害であり、欧米に激しく反発してきた）への関与を激しく非難した。

なお、前述の通り、プーチン大統領はのちにロシアの特殊部隊であったと認めたものの、当初、クリミアの武装集団は「地元の自警団」であると主張していた。この背景には、プーチン大統領がクリミアの編入を果たすまでは、名目的にでも国際法への違反という批判を回避したかったことがあると思われる。

だが、そもそも、ロシアからしてみればフルシチョフによるクリミアのウクライナへの移管は、当時のソ連憲法における憲法違反に他ならなかった。ロシア人はクリミアの割譲をずっと歴史の大きな過ちと認識し、必ず返還されるべき土地だと考えてきた。だからこそ、欧米諸国から制裁を科されようとも、ロシア国民は編入を高く評価しているのだ。それは、かつては高い支持率を得ていたにもかかわらず、二〇一二年からの三期目の大統領任期においては、六〇パーセント程度にまで支持率が低下していたプーチンの支持率が、クリミア編入後に六年ぶりの八〇パーセント以上の高水準となったことからも明らかだ。

他方、クリミアの約六割を占めるロシア系住民もロシアとの統合を夢見ていたという事実がある。特にソ連解体後しばらくは、クリミアの独立運動が激化したため、ウクライナ政府は一九九六年の憲法で、独自の憲法、選挙、予算執行など強い権限を付与された自治共和国の地位をクリミアに付与することで安定化を図った経緯がある。クリミアの人びとは、ソ連解体の際に、「自分たちは袋に入ったジャガイモのようにあちらからこちらへと引き渡されたのだ」と話していたのを最近知り、それに同意するとプーチンもクリミア編入時の演説で述べている。[39]

なお、ロシア下院は外国の領土編入手続きを簡素化する法案をクリミアの住民投票後に可決し、そこには、実効的な統治権を持つ政府が存在しない外国については、当地の住民投票の結果などに基づき領土を編入できるという内容も含まれていた。ロシアは一貫してウクライナ暫定政権を非合法だとして承認していなかったことから、ロシアの法律に照らせば、クリミア編入はあくまでも合法なのである。

## クリミア併合は準備されていたのか？

さて、ロシアのクリミア併合はじつに巧みにおこなわれたため、ロシアがクリミア編入を前々から準備していたのではないかという議論があるが、その答えはイエスであり、ノーである。

クリミアのウクライナへの移管を歴史のまちがいだとし、奪還すべきだという気持ちがロシア人に強く共有されていたことはまちがいない。そして、実際に「いつか奪還しよう」という気持ちをプーチンが持ち、後述のハイブリッド戦争を成功させるために入念な準備をしていたのも事実だ。ウクライナ・ロシアガス紛争で両国関係が緊張した二〇〇六年からという説や、ジョージア・ロシア戦争が起き、ウクライナのＮＡＴＯ加盟が現実的になった〇八年からだという説があるが、ともあれ、かなり前からロシアが「政治技術者」などをクリミアやウクライナ東部に送り込み、さまざまな政治的なプロパガンダを浸透させたり、親ロシア的な人物がより政治の中枢を占めるように工作したりしていたのである。[40]

このように前もって「編入」の準備をし、さまざまな条件が整う時を待っていたのはまちがいない。

それでは、何故ロシアはこのタイミングでクリミアを編入したのだろうか。ロシアが、欧米が煽ったと信じている「ユーロマイダン」の結果、欧米ではなくロシアを選んだヤヌコーヴィチが失脚したことは、ロシアの負けを意味した。そこで、ウクライナが混乱に陥っている状況も好機と捉え、プーチンがクリミア奪還で、欧米に対する意趣返しを果たそうとしたと考えられるのだ。

加えて、前述のように、クリミア現地でも、もともとロシア系住民やロシア語話者が多かったことに加え、政治技術者のお膳立てもあったことから、多数派がロシアへの編入を望む展開が生まれていたのである。

なお、ウクライナ東部へのロシアの介入であるが、こちらについては、ロシアは併合を望んでいるわけではなく、強い影響力を維持したうえで、連邦などのかたちでウクライナに残すことを最善の結論だと考えていると言ってよい。そもそも、今のロシアにウクライナ東部をも併合する経済的・政治的余裕はない。だが、ウクライナ東部でも二〇一九年四月末に、プーチン大統領が大統領令を出し、人権保護を名目に簡素な手続きでロシア国籍の付与ができるようになってしまい、以後、ロシアはロシア・パスポートの配布を進めている。ロシア系住民やロシア・パスポート保有者がいるところでは、ロシアが「自国民保護」を掲げて容易に介入する傾向があり（前例としてジョージアのアブハジア・南オセチア）、ウクライナに対する大きな「脅迫」になっている。

## サイバー攻撃・電子戦を取り入れた戦法

また、ウクライナに対する「脅迫」は、軍事的アクションと同時並行的におこなわれてきたサイバー攻撃（第二章参照）によっても日々なされている。

特に、軍事領域においては、ロシアは電波などの電磁波を利用した戦いである「電子戦」と「サイバー戦」を一体化させた世界初の作戦を展開した。ロシアはウクライナ軍の無線通信や衛星利用測位システム（GPS）の利用を電子戦による電波妨害で遮断し、司令部などとの連絡に携帯電話を使わざるを得なくなったウクライナ軍兵士の携帯のメールなどで展開拠点を変更させる虚偽指令を送信した。そして虚偽指令を信じて、ある一点に誘導されたウクライナ兵を待ち伏せするように、火砲などで集中攻撃していた。このように、電子戦とサイバー戦を連動させることにより、ウクライナ軍の命令系統を混乱させ、兵隊を一点に集め、効果的に攻撃していたのである。つまり電子戦とサイバー戦に心理戦も融合させた三位一体の作戦に、火力戦闘部隊も結びつけるという新しい戦い方と旧来の戦い方を組み合わせる手法を展開したのだった。

このような、新しい戦い方と旧来の戦い方の組み合わせ、それはまさにハイブリッド戦争だと言える。

そして、ウクライナでは戦場以外でも、クリミア併合以後、毎日ロシアによるデジタル戦が展開されているという。

例えば、二〇一四年五月の大統領選挙では、ロシアが事前に選挙システムに侵入し、絶妙なタイミングで集計システムの全データを消去したうえに、集計結果を発表するレポート・システムにも侵入し、テレビ局に届く数値を改竄《かいざん》するということをおこなった。そして、集計結果が報じられると、メディアには右派セクターのドミトロ・ヤロシュが勝利したように見えたのだった。これは心理戦であり、ペトロ・ポロシェンコ前大統領が勝利のために票を改竄した印象を作るためにおこなわれたとされる。

また、ウクライナに対するロシアのサイバー攻撃のピークは一七年だったとされており、ランサムウェア攻撃「ノットペーチャ」により、ウクライナのコンピュータの三割、ATM、さらにチェルノブイリの自動観測装置なども停止し、大きな混乱が起きたのである。このような脅威をウクライナ国民は日々感じている。

このように、クリミア編入、そして、本書では詳細は述べていないが、ウクライナ東部への介入は、地政学的な思考に基づいて、水面下で準備が進められていたとはいえ、直接的には長期計画によるものではなく、ウクライナの情勢を受け、短時間のうちに戦略を練り上げたと考えるほうが自然であると言える。だが、結果的に、西側にずっとやられてきたという被害者意識を募らせていたロシアの地政学的リベンジを最も象徴的に達成する出来事となったのだった。そして、ロシアのハイブリッド戦争のやり口、その恐ろしさを世界、とりわけ旧ソ連諸国やその周辺国に知らしめることになったのである。

# 第二章　ロシアのサイバー攻撃と情報戦・宣伝戦

ロシアのハイブリッド戦争において、サイバー攻撃、情報戦・宣伝戦が占める重要性はきわめて大きい。プロローグでも触れたように、延期された二〇二〇年の日本の東京オリンピックもロシアの政府系ハッカーに狙われていたのだ。

本章では、まずサイバー攻撃とは何かということを説明し、実際のロシアがそれをどのように用いてきたのかを論じ、また、ロシアの情報戦・宣伝戦がどのようにおこなわれているのかを、プリゴジンのインターネット・リサーチ・エージェンシーの動きを紹介しつつ、二〇一六年の米国大統領選挙へのロシアの干渉を事例として検討する。

## 戦争や紛争から切り離せないサイバー攻撃

サイバー攻撃とは、サーバーやパソコン、スマートフォン、携帯端末などさまざまなコンピュータシステムに対し、ネットワークを通じて破壊活動やデータの窃取、改竄などをおこなう行為であるが、その対象や目的、そして攻撃者は多様である。

サイバー攻撃は、何もロシアの専売特許ではなく、さまざまなレベルで、さまざまな相手に対して近年、展開されている。戦争の「場」は陸・海・空から、宇宙、サイバー空間へと広がった。かつては物理的な破壊や損傷を与え、敵対する対象の政治経済的中枢や住民の連帯感などを揺るがすことが重要であったのだが、現代では、サイバー空間を利用し

| 通常兵器による戦争 | | サイバー戦争 |
| --- | --- | --- |
| 陸・海・空 | 作戦領域 | サイバー空間 |
| 戦闘機やミサイル保有数など把握可能 | 相手の攻撃能力 | 予測は困難 |
| あり | 地理的境界（国境・領海など） | なし |
| 容易に特定可能 | 攻撃相手の特定 | 国家・非国家主体か、犯罪か否かも特定困難 |
| 戦闘準備に時間 | 攻撃までにかかる時間 | 遠距離からも即時攻撃可 |

↓　組み合わせて　↓

**「ハイブリッド戦争」**
または
複数の空間で同時に戦闘を行うことから
**「マルチ・ドメイン（多次元）戦闘」**

**表2−1　従来の戦争とサイバー戦争の違い**
出所『朝日新聞』2020年5月20日。

た攻撃により、間接的に敵対国のさまざまなものに衝撃を与え、揺さぶりをかけるという性質を持っている。このことからも、戦争の性格自体を変貌させつつあるのがサイバー攻撃だと言えるだろう。

通常兵器による戦争とサイバー戦争はさまざまな違いがあるが、近年、それらを切り離すことが難しくなっている（表2−1参照）。サイバー攻撃は単独でおこなわれることも少なくないが、ハイブリッド戦争の一部となる場合、従来型の戦争とサイバー戦争は互いに補完するだけの関係ではなく、増幅効果を持つとされる。また、近年の軍事衝突の際には、その裏で相互にサイバー攻撃が激しく展開されていることがほとんどであり、サイバー攻撃は戦争や紛争からもはや切り離せない存在となっている。

## 攻撃者の多様化、低年齢化

サイバー攻撃の攻撃対象は、個人、特定の組織や企業、不特定多数、さらには国家などにも及ぶ。

金銭目的が一番多いが、自分の技術力を世間に示すために世間を騒がせて自己満足を得るような単なる愉快犯的な犯行も少なくない。他方、企業に対し、サービス妨害や嫌がらせで揺さぶりをかけたり、イメージダウンを図るものもあれば、株価操作などを狙うような、大規模な経済目的の組織犯罪や産業スパイ活動などもある。また、国家などに対して諜報や情報の窃取・拡散、ウェブサイトの乗っ取りや改竄などによる情報操作といった多面的な政治活動をおこない、自国・外国政府を揺るがすような大掛かりな政治的目的でのサイバー攻撃も少なくない。さらには政治的・社会的な主張をおこなうという目的のためだけのサイバー攻撃もあり、じつに幅広い。

そしてサイバー攻撃を仕掛ける攻撃者も多様だ。まず、個人であるが、その場合は、いたずら目的や怨恨が原因で攻撃がおこなわれることが多い。より大規模なものについては、犯罪者、犯罪グループ、諜報員、産業スパイ、ハッカー集団、悪意ある組織の職員

（退職者を含む）などが攻撃していることが多いと言われる。犯罪グループが仕掛ける攻撃は、ビジネスなので、金銭の獲得を目的とし、ターゲットは民間企業か個人となることが多い。政治目的で国際的な攻撃を仕掛ける場合は、軍のサイバー部隊や国や政権に近いものから給与を支払われている個人や組織のハッカーなどが攻撃者になる。国家が関与する攻撃は、攻撃相手も国家レベルであることが多く、政治的意味合いが特に強くなり、また戦争状態にある国家では、つねに激しいサイバー戦がくりひろげられるのが近年では当たり前のようになっている。また、政治的・社会的な主張を目的に活動をおこなっているハクティビストもいる。ハクティビストとは、社会的・政治的な主張を目的としたハッキング活動（＝ハクティビズム）をおこなう者で、アノニマスやラルズセックなどの団体や組織がよく知られているが、彼らの攻撃は年々減少しており、二〇一九年頃には、かつてのピーク時に比して一〇分の一程度になったとも言われる。

なお、最近では、サイバー攻撃を実行可能にするツールがダークウェブ（通常の方法ではアクセスできないようになっているウェブサイトで、非合法な情報やマルウェア、麻薬などがそこで取引されている）上で簡単に購入できるようになっていることもあり、攻撃者の低年齢化が顕著に進んでいるとされる。

## サイバー攻撃への対応の難しさ

こうしたサイバー攻撃のなかでも、外国に対して敵対的におこなわれた際の対応はきわめて厄介である。

第一に、サイバー攻撃においては、攻撃の範囲が無限大であり、想定外の部分も含めてありとあらゆる場所が攻撃されうるだけでなく、攻撃は一瞬で目標に到達するため、攻撃に先んじて対抗策をとることはきわめて難しい。

第二に、「秘匿性」と「非対称性」という特徴を持っていることだ。秘匿性の特徴は、誰がいつサイバー攻撃を仕掛けてくるかわからず、さらに、第三点目で述べるように、攻撃を受けた後も、相手の特定は難しいことだ。そのため、ゲリラ的に政府や重要インフラ、民間企業を標的にした攻撃が「どこから」・「誰から」攻撃を受けているのか把握されないことがほとんどとなってしまう。また、サイバー攻撃は非対称であるため、個人や非国家主体など、「小さな」アクターが国家や企業などの「大きな」対象を攻撃し、多大なダメージを与えることができるのである。

第三に、サイバー攻撃を「誰がおこなったか」を特定する「アトリビューション」はサイバー攻撃に対策を取るうえできわめて重要であるのだが、サイバー攻撃は不可視であり、秘匿性が高いうえに、実態も不明瞭なケースが多いことから、それは容易ではない。攻撃者は巧妙に自らの姿を隠し、数ヵ国のサーバーを経由したり、他者のサーバーを乗っ取ったりしつつ、攻撃をおこなっているからである。さらに、攻撃の性格によっては、長期間、攻撃されたことに気づかれないことも少なくないのだ。攻撃の効果が出ない場合など、まったく表面化しない攻撃も多々あることだろう。仮に攻撃の効果が出たとしても、その原因がサイバー攻撃によるものなのか、事故など別の理由によるものなのかを判断することも難しい。そうなれば、余計に攻撃者を突き止めることは困難になる。

第四に、サイバー攻撃を国際法的にどう裁くのかについても、確たる方針はないのが実情だ。そもそも単なる民間人のハッカーによるものなのか、国家が関与した攻撃なのかを判断することが難しく、仮に国家によるものと判断されたとしても、従来のインテリジェンスの活動の範囲に入るグレーゾーンの問題として黙認されるのか、それとも制裁などを伴う違法行為として断罪するのか、そのあたりの基準は明確には存在していない。

国連憲章第五一条は、「この憲章のいかなる規定も、国際連合加盟国に対して武力攻撃が発生した場合には、安全保障理事会が国際の平和及び安全の維持に必要な措置をとるまでの間、個別的又は集団的自衛の固有の権利を害するものではない」と規定し、武力攻撃の被害国が、反撃をおこなう権利を認めているものの、サイバー攻撃については、どのような場合が「武力攻撃」であるのかは国際法上も定説がないのだ。

その穴を埋めようとしたのが、二〇一三年三月に、北大西洋条約機構（NATO）の専門委員会である、サイバー防衛協力センター（CCDCOE）が公表した、サイバー戦争と国際法との関係性について記載した文書「サイバー戦に適用される国際法に関するタリン・マニュアル」（通称・タリン・マニュアル）である。[42] エストニアは二〇〇七年に世界初の国家を標的とした大規模なサイバー攻撃をロシアから受け（ただし、ロシア側は否定）、それにより、エストニアが主導してCCDCOEがタリンに設立され、その活動成果の一つとして生まれたのが、タリン・マニュアルだという経緯がある。ただ、同マニュアルはあくまでも研究成果であり、法的効力もなければ、NATOの公式見解ですらないが、他に類例がないために、重要な議論の叩き台とみなされている。

第五に、サイバー攻撃はきわめて安価におこなえるという特徴がある。通常、戦争には多額の経済的、人的コストがかかる。しかし、サイバー攻撃はコンピュータとインターネット回線、そして攻撃に必要な知識さえあれば可能であり、軍事予算が限られた小国でも大国に対して大規模な損害を与えられる可能性すらある。実際、北朝鮮なども多用しており、世界の「ならずもの国家」などに運用されると深刻な影響が生じる可能性も大きいのだ。

第六に、サイバー攻撃で被る損害は、インターネットや電子化が進んだ先進国のほうが大きいという特徴もある。先進国の方が、国家の指揮系統や金融・商業部門などのオンライン化が進んでおり、それらの一部が機能不全に陥れば、国家運営に大きな混乱が生じうる。このことをまざまざと世界に知らしめたのが、二〇〇七年にロシアが世界で最もオンライン化が進み、優れた電子政府でも名高いエストニアに対しておこなったとされるサイバー攻撃である。

## サイバー攻撃の種類・手段は多様

このようなサイバー攻撃をさらに厄介にしているのは、サイバー攻撃の種類・手段も多様であることだ。そして、サイバー攻撃の種類は目的や攻撃手段によるところが大きい。

(1)　自己顕示やいたずらなど愉快犯的な目的のためにおこなわれる攻撃は、あえて世間に行為を見せつけることに意義があるため、攻撃を受けた方が気づきやすい、めだつ攻撃が多い。

・ウェブサイト改竄：企業や政府などの正規のウェブサイト内のコンテンツやシステムが攻撃者によって意図せぬ状態に変更されてしまう攻撃で、「脆弱性攻撃」や「管理用アカウントの乗っ取り」によって改竄がなされる。

・ジョークプログラム：ユーザーを驚かせる目的で作成されたプログラムで、破壊活動やワーム（独立して活動し、感染を拡大させることが可能なマルウェアの一種）活動を実行するものではないが、迷惑に感じられるものであるため、スパイウェアとして検出される。

・ブラウザクラッシャー：ウェブページに悪意あるHTMLコードやスクリプトを挿入することによって、該当するページを表示するブラウザやOSの動作に悪影響を及ぼす攻撃を指す。

(2) 金銭目的の犯罪が増加しており、IT化の進展により、攻撃が成功することによって得られる報酬の金額が上がっていることが拍車をかけている。

・フィッシング（詐欺）：実在する金融機関、店などの組織になりすましてメールを送り、偽のウェブサイトに誘導してクレジットカード番号やATMの暗証番号などを含む個人情報を取得・悪用するインターネット詐欺の手口の一つ。

・ランサムウェア：感染したPCをロックしたり、ファイルを暗号化したりすることによって使用不能にしたのち、元に戻すことと引き換えに「身代金」を要求する悪意あるソフトウェア（マルウェア）の一種。身代金要求型不正プログラムとも呼ばれる。二〇一七年五月一二日から、マイクロソフト・Windowsを標的に一五〇ヵ国二三万台以上の被害を引き起こしたワナクライなどが有名。

・マイニングマルウェア：近年、仮想通貨が急速に広まるなか、マルウェア感染を利用して、他者のリソースを乗っ取って仮想通貨の発掘（マイニング）をおこなう。

(3) 敵対国家やライバル企業の中枢に損害を与えたり、嫌がらせをしたりするためのサイバー攻撃やデータ喪失を目的とした破壊活動（サボタージュ）。政府機関の指揮通信統制システムや重要な社会・産業インフラなどへの攻撃で、機能を麻痺させるだけでなく、物理的な破壊を引き起こすことも可能。

・DoS攻撃・DDoS攻撃：比較的昔からおこなわれてきたサイバー攻撃であり、後者の方がより悪質。「DoS攻撃（Denial of Service attack／サービス拒否攻撃）」は、対象のウェブサイトやサーバーに対して過剰なアクセスやデータを送付するサイバー攻撃。DoS攻撃を、標的とするウェブサイトやサーバーに対して複数のコンピュータから大量におこなうことを「DDoS攻撃（Distributed Denial of Service attack／分散型サービス拒否攻撃）」という。DDoS攻撃を受けると、サーバーやネットワーク機器に過剰な負荷がかかるため、回線がパンクし、ウェブサイトへのアクセスができなくなったり、ネットワークの遅延が起きたりする。

・SNSアカウントなりすまし：本人以外の第三者が、あたかもその本人であるかのような偽アカウントを作成し、SNS上で本人のように情報発信すること。

・ランサムウェア：前述。

・ＩｏＴ機器に対する攻撃：近年、コンピュータや携帯電話のみならず、あらゆる機器によって「ＩｏＴ（Internet of Things、モノのインターネット）」が形成されているが、それら機器に対するサイバー攻撃が深刻化している。

(4)　諜報活動（エスピオナージ）や選挙の攪乱などの政治的活動。情報を盗むことを目的とした攻撃については、攻撃を受けた側が気づかないことも多い。

・フェイクニュースの拡散：本物のニュースと見せかけ、ＳＮＳなどを通じて拡散する虚偽の情報。ほとんどのフェイクニュースはインパクトが強いので、正しい情報よりも早くネット上で広まるという研究もある。

・政治情報の窃取とリーク：敵国政府や企業のネットワークに侵入し、政治情報を不正かつ秘密裏に取得し、その情報をマスコミやＳＮＳなどを利用して拡散する。

・ＳＳ７通話盗聴：ＳＳ７（共通線信号№７）は一九七〇年代に開発された携帯電話ネットワークで使用される信号方式だが、その脆弱性を利用して、盗聴やテキストメッセージを盗み見たりする行為。

・ＳＱＬインジェクション：アプリケーションのセキュリティ上の脆弱性を意図的に利用し、データベースシステムを不正に操作する、個人情報漏洩事故につながる可能性がある攻撃。また、その攻撃を可能とする脆弱性のこと。

・ソーシャルハッキング：ユーザーIDやパスワードを盗み出すのに、技術的な手段を利用せず、直接本人の口から聞き出す、入力内容を盗み見る、書類やメモを入手する、といった手段を利用する行為。

・サイバー・プロパガンダ：フェイクニュースを含む多様な情報の流布や暴露によって、敵国政府、敵対する人物や企業などの信頼を失墜させ、社会不安を引き起こすためのサイバー攻撃で、既存メディアとの連続性が強い。

(5) 敵の指揮通信システムや兵器の制御・誘導システムに対して実施されるサイバー攻撃はサイバー戦闘と呼ばれ、従来の電子戦の延長上に位置づけられている。

**「標的型攻撃」と「ばらまき型攻撃」**

なお、拡散の仕方でもサイバー攻撃の手段は変わる。例えば、情報窃取においては特定の狙いをつけた企業や組織、個人に対しておこなわれる「標的型攻撃」が、より広範に一気に世界中を攻撃する場合には「ばらまき型攻撃」が用いられる場合が多い。そして、標的型攻撃の発展型とも言える「APT攻撃」がある。

「標的型攻撃（スピア型攻撃／サイバーエスピオナージ）」は、機密情報を盗み取ることなどを目的として、特定の個人や組織を狙った攻撃であり、業務関連のメールを装ったウイルス付きメール（標的型攻撃メール）を、組織の担当者に送付する手口などが一般的である。特定の相手に対して、巧妙に作り込まれた攻撃がおこなわれるため、防御が困難だとも言われている。また、最近では「標的型攻撃」のなかにもさらに、「やりとり型」メール攻撃というスタイルが増えてきた。それは、最初に業務的な問い合わせや取引先などを装った無害なメールをやり取りし、相手を安心させてから、攻撃するといった非常に悪質なものである。

「ばらまき型攻撃」は、ランサムウェアやトロイの木馬ウイルスなどへの感染を誘発するような不審な電子メールを広範な不特定多数の標的に送りつける攻撃で、近年増加していると言われる。機関・企業の機密情報や個人情報を盗み出すことを目的に展開されることも多い。

「APT（Advanced Persistent Threat）攻撃」は、標的型攻撃の一部であるが、「発展した／高度な（Advanced）」「持続的な／執拗な（Persistent）」「脅威（Threat）」という三つの性質をはらみ、それらの英語の頭文字をとった略語が名称となっている攻撃で、高度な複数の攻撃手法を用いて、継続的に攻撃をおこなうものである。「APT攻撃」はその目的と攻撃手法によって二つに分類される。第一に、「共通攻撃手法」であり、それはシステムへの侵入を目的とする。第二に、「個別攻撃手法」であり、特定の情報の窃取や改竄を目的とするものである。
「ＡＰＴ攻撃」は純粋な意味での金銭目的・犯罪目的・政治的な抗議のために用いられることはほとんどなく、国家の指示や資金援助によって、特定の標的に対して実行されるサイバー空間でのスパイ行為や妨害工作という側面が強いと分析されている。実際、国家レベルのサイバー攻撃では「ＡＰＴ攻撃」がめだち、ロシアのサイバー攻撃においてもかなり頻繁に使われるものである。例えば、二〇一六年に米国大統領選挙の際にロシアがサイバー介入した手法も本攻撃が用いられたと分析されているのである。だが、「ＡＰＴ攻撃」は、踏み台となる第三者のコンピュータを何台も経由しているため追跡はきわめて困難とされている。

以上、ごくごく簡単にサイバー攻撃の現状を説明したが、次に、ロシア（政府、軍、企業、個人など多様なレベルを含む）によるサイバー攻撃を概観してゆこう。

## 圧倒的に多い国家レベルの関与――ロシアのサイバー攻撃

以下では、（犯罪レベルなどは基本的に含めず）政治レベルのロシアのサイバー攻撃について論じ、主な実例を紹介してゆく。

ロシアのサイバー攻撃は、二〇一六年の米国大統領選挙の際のロシアの介入で世界の注目を集めたが、サイバー攻撃によって対象国に大きな打撃を与えることに成功したのは、〇七年のエストニアに対するサイバー攻撃が最初だと言える。だが、ロシアが国家支援型サイバー攻撃を最初におこなったのは、米国の兵器に関する情報入手を目的とした標的型攻撃である一九九六年の「Moonlight Maze」だと言われている。同攻撃は、現在のロシアのＡＰＴ攻撃の源流であるとされる。そして、ロシア政府は認めないが、国際レベルのサイバー攻撃はロシア政治指導部トップ、より具体的にはプーチン大統領の承認のもとで、おこなわれているとも考えられている。また、その能力は高く評価されている。

米国の戦略国際問題研究所（ＣＳＩＳ）によれば、近年、ロシアは中国につぐサイバー攻撃の発信地とされているが、ロシアからのサイバー攻撃がウクライナなど旧ソ連諸国のインターネットも多用しておこなわれていることを考えれば、すべてのアトリビューションが把握されていないと考えるほうが自然であり、把握されている以上にロシアはサイバー攻撃で暗躍していると言えそうだ（それは一位の中国も同じであるが）。

これらの攻撃にはもちろん、単なる犯罪も含まれているが、ロシアの場合には圧倒的に国家レベルの関与がある攻撃が多く、またロシアのサイバー攻撃は、前述のサイバー攻撃のさまざまな類型をほぼ網羅した複雑なタイプのものが多く、与える打撃も相当なものとなっている。

そして、ロシアのサイバー攻撃の内容が目的や相手によって変わることにも注目するべきだろう。例えば、欧米諸国の政治を混乱させることが目的の場合は、情報の入手・拡散という手段がめだち、実際に軍事的な戦争を展開しながら同時にサイバー攻撃をおこなう場合や相手国への懲罰的な意味合いが大きい場合（具体的には旧ソ連諸国に対する攻撃が中心）は、政府関連、インターネットシステムや電力システム、銀行システムなど、重要インフラを狙うという手段がめだつ。

## 侵入からシステムダウンまで一八分

二〇一九年二月に、セキュリティ企業CrowdStrikeは、三万件以上に及ぶハッキング事件を分析した調査データを発表したが、ハッカーの一位に選ばれたのはロシアのハッカーだった。同社の発表によれば、ロシアのハッカーらは、ネットワークへの侵入からコンピュータやデバイスの乗っ取り、システムダウンに至るまでの作業をわずか一八分で完了させており、その能力は圧倒的に世界最速とされた。

ちなみに二位は、北朝鮮のハッカーだとされたが、その、作業時間は平均二時間二〇分（ハッカー集団はスターダストチョリマ〈APT38〉）で、ロシアと比して、八倍近い時間がかかっていた。ついで、三位は中国（作業時間は平均四時間で、主たるハッカー集団はアンカーパンダ

〈APT14〉、ディープパンダ〈APT19〉、ゴブリンパンダ〈APT27〉、ムスタングパンダ、サムライパンダ〈APT4〉〉、四位はイラン（同、五時間強で主たるハッカー集団は、賢い子猫、らせん子猫〈APT34〉、洗練された子猫〈APT33〉〉、五位はその他の組織的サイバー犯罪者（同、九時間四二分）であった。

このように、侵入時間だけ見れば、世界最強のサイバー攻撃能力を持つとされる一方、ロシアのサイバー攻撃は脆弱だとされる側面もある。

まず最新のサイバー攻撃については中国から学んでいる部分も大きいと聞く（筆者が二〇一八年九月にモスクワで専門家に聴取）。また、ロシアはサイバー攻撃に脆弱で、攻撃を受けた際に大きなダメージを受けやすい傾向があるという。他方、サイバー攻撃に対する防御力はやはり米国がもっとも優れており、ロシアは米国にサイバー攻撃を仕掛けたとき、それがどのように対抗されるのかを検証し、米国の防衛力をいわば盗み取るかたちで、サイバー攻撃への防衛力を高めているという。

## 把握しにくい政府系と愛国者たち

ロシアのサイバー攻撃を考えるうえで厄介なのが、その動きがきわめて見えづらいということである。いわゆる「ロシア」が関わっているサイバー攻撃の担い手は大きく分けて、四つに分類できる。

第一に、政府系のサイバーアタッカーたちである。通常であれば、政府系のサイバーアタッカーは、その全容が比較的詳細に明らかになることが多いのだが、ロシアの場合は、後述の通り、複数の母体からサイバーアタッカーが構成されており、また部局間の協力関係もないことから、その動態がきわめて把握しづらい。政府系のサイバーアタッカーによる海外へのサイバー攻撃はきわめて多いのだが、細かいことがなかなかわからず、そのため、政府系のサイバーアタッカーには多くの「名前」がつけられており、そのことも、彼らの攻撃がいかに多く、また複雑であるかを物語っていると言えるだろう。

第二に、民間のサイバー攻撃会社である。ロシアには優秀なIT技術者が多いが、彼らの就職口はあまりなく、民間サイバー攻撃会社に勤める者も多いと聞く。そして、いくつかの民間会社がロシアの利益を代弁するかたちでサイバー攻撃をおこなっているという。

第三に犯罪組織である。これは、ロシアの利害とはまったく無関係に自分たちの私利私欲のためにサイバー攻撃をおこなっており、諸外国はもちろん、ロシアとしても取り締まりたい対象だ。二〇二〇年一二月に、ロシア銀行最大手のズベルバンクは、同年にロシアが被ったサイバー犯罪による経済損失は四四〇億ドルに及ぶという推計を発表し、翌二一年はその損失が倍増する可能性があるとも述べた。ロシアにとってもサイバー犯罪は深刻なのである。

第四に、愛国者である。誰に頼まれたわけでもなく、ただロシアの役に立ちたいと、サイバー攻撃やトロール攻撃をおこなう人びとだ。このような愛国者については、アイデンティファイすることがきわめて難しく、ロシア政府としてもほとんど把握できない存在である。

以上の四つのカテゴリーのなかで、最も把握しにくいのが政府系のサイバーアタッカーと、愛国者だといえる。民間企業のサイバーアタッカーについては、奉職中は厳格な秘密保持義務を負わされるものの、退職後に内実を外部に漏らす者も若干いるようで、断片的ながら情報が出てくる傾向がある。また、犯罪グループについては、把握されていないものも多いであろうが、米国などの調査で指名手配された者も少なくない。

## ロシアのサイバー攻撃の変化

米国のセキュリティ会社、ファイア・アイ（FireEye）のケビン・マンディアCEO（最高経営責任者）は、二〇〇四年以降、米国大統領選挙の候補者サイトへのセキュリティ侵害に対応してきたが、ロシアのサイバー攻撃が一五年八月に変容したという。

第一に、ロシアの攻撃にマンディアらが対応すると、それまではロシア側は攻撃ツールや手法を知られないように攻撃をやめていたのに、一五年八月には攻撃を続けたという。

第二に、米国大統領選挙に関与していたとされるロシアのサイバー攻撃グループ「APT28」や「APT29」(後述)が米国の複数の大学をハッキングし、反プーチン派の大学教授のメールを盗み見ていたことが明らかになっているが、そのような標的設定はそれ以前には観測されていなかったという。

第三に、コンピュータの記憶媒体に保存されている文書ファイルやアクセスログなどからサイバー攻撃の内容調査に資する証拠を探し出す「フォレンジック調査」をおこなうと、それ以前ならばロシアは足跡や証拠を消していたが、一五年八月以降には、ロシアは証拠隠滅に関する優れた能力があるにもかかわらず、証拠を消さずにそのままの状態で放置していたというのである。なお、その理由は明らかにされていない。

つまり、それまで二〇年ほど不変だった状況が一五年八月頃に変化したことがうかがえる。そして、一六年にはウィキリークスにクリントン元国務長官のメールが暴露されたのは周知の通りである。一九年三月の捜査報告書は、ロシアゲートには、「APT28」や「APT29」によるハッキングのほか、インターネット・リサーチ・エージェンシー(IRA)による選挙妨害を目的にした偽情報の流布とソーシャル・メディア活動の試みがあったと結論づけている(なお、同報告書はトランプ陣営が選挙への介入活動でロシアと共謀、調整したとは判定しなかった）（外薗祐理子「『２０２０年はあの国々からのサイバー攻撃を警戒せよ』、第一人者が日本に忠告」『日経ＸＴＥＣＨ』二〇一九年一二月一三日）。

また、ファイア・アイは、二〇〇四年以前にはロシアのサイバー攻撃は外国の政府機関を対象にしたものが主流だったが、二〇〇〇年代後半以降は、社会全体への攻撃がおこなわれるようになり、一〇年以降は攻撃の範囲と深刻度が拡大しているとも分析している。

## 各組織が個別に動く

ロシアのハッカー集団をすべて把握することは不可能に近いと認識されているが、特に強力なのは政府系の集団であると言われる。政府系のサイバーアタッカーの状況や組織構成などはなかなか掌握できないのだが、ロシア連邦軍参謀本部情報総局（ＧＲＵ）、連邦保安庁（ＦＳＢ）、連邦対外情報庁（ＳＶＲ）、ロシア連邦警護庁（ＦＳＯ）を母体にするハッカー組織の威力が特に高いと言われている。

通常、政府系のテロ集団は協力体制をとることが多いと聞くが、ロシアの場合はそうではない。各組織の結束力がきわめて強い一方、組織間で連携をとって国益をめざすという行動には出ず、いかに自分たちの組織が功績を残し、トップ、つまり現在であればプーチン大統領をいかに満足させるかという目標のために各組織が個別に動くのである。

このような行動様式は、サイバー攻撃に限らず、さまざまな工作において確認できる。例えば、二〇一八年に英国で起きた、ロシアの元二重スパイに対する神経剤「ノビチョク」による殺人未遂事件（当人とその娘は一命をとりとめたが、無関係の英国人が死亡した）はGRUの要員がおこなったことであるが、その他の組織は関わっておらず、おそらくプーチンが命令したものでもなく、GRUがプーチンの歓心を買うために自主的におこなったものと考えられている。

このようにロシアのインテリジェンス組織の構造はとても複雑なのだが、ここで、その構造を少しでもわかりやすくするために、第一章の図1－1も参照されたい。

## 一〇〇〇人のサイバー軍要員

ロシアについては、軍や情報機関、治安機関などがサイバー攻撃に関与しており、軍については、独自のサイバー部隊が一五あることが確認されている。このことはロシア側も隠しておらず、二〇一七年二月、ロシアのショイグ国防相が下院議員への説明会で、欧米による政治宣伝活動や情報戦に対抗するための防衛目的にロシア軍に「情報作戦部隊」が存在することを明らかにしている。ロシアのサイバー軍の要員は約一〇〇〇人と言われており、決して規模は大きくない（ちなみに中国は人民解放軍を中心に一〇万人以上のサイバー攻撃部隊がおり、米国ではサイバー軍が一〇番目の統合軍としての確固とした位置づけを得ている一方、日本の自衛隊はサイバー防衛隊を五〇〇人に増員中の段階である)。同部隊は、敵の指揮・統制システムにマルウェアを仕掛けるような攻撃的なサイバー攻撃をすると考えられている。

そして、ロシア政府が関与するハッカー集団としては、「APT28」や「APT29」が特に有名である。「APT28」や「APT29」はともに、ロシア政府、軍や情報機関が組織的に関与しているものであるが、ファイア・アイによれば、つぎのようにその概要をとらえることができる(それらの別名、関連組織と主要な標的・活動については表2-2を参照されたい)。

「APT28」はファンシー・ベア、「APT29」はコージー・ベアやデュークスと呼ばれることも多い(その他、多くの俗称がある。詳細は表2-2参照)。ロシアのサイバーアタッカーには「ベア」という名前がつくことが多い(サイバー攻撃をおこなう国家のシンボルは以下のようにされている:ベア=ロシア、バッファロー=ベトナム、チョリマ〈神話の翼のある馬〉=北朝鮮、クレーン=韓国、子猫=イラン、ヒョウ=パキスタン、パンダ=中国、タイガー=インド。また、非国家のサイバー攻撃集団は以下のようにシンボライズされている:ジャッカル=活動家グループ、スパイダー=犯罪グループ)。

## 「APT28」――フィッシングメッセージとなりすましウェブサイト

「APT28」（ファンシー・ベアなどとも）は、防衛・地政学的な問題に関する情報、すなわち政府機関のみが必要とする情報の収集に取り組む、開発者および攻撃実行者のグループで、その技術力はきわめて高度である。APT28は、ロシア語設定の開発環境でマルウェアを変換しており、その時間は、モスクワやサンクトペテルブルクなどのロシアの主要都市の標準的な業務時間帯（午前八時から午後六時）に合致する。それらの事実から、APT28が、強固な基盤を持つ組織、最も可能性が高いのはGRUの指揮下にあり、資金を含むさまざまなサポートを直接的かつ継続的に受けていると考えられている。

APT28は二〇〇八年から活動しており、世界中のさまざまな組織に対して、大きな脅威となってきた。諸外国の航空宇宙、防衛、エネルギー、政府、メディア、国内の反体制派をターゲットにしてきた。APT28のコードは、従来のコンピュータとモバイルデバイスを対象に観察されており、攻撃に際しては、フィッシングメッセージとなりすましのウェブサイトを使用した情報の収集などをよく用いる。APT28は、同時に複数の対象に、広範に侵入、操作をおこなう能力をもつ。APT28は、資格情報を収集する目的で、被害者のウェブベースの電子メールサービスにおける偽装工作をおこなうフィッシングサイトを確立するために、ターゲットとする正当な組織のドメインに非常に似たドメインを作成することでも知られている。

ＡＰＴ28の攻撃範囲はロシアが敵対視する欧米のみならず、世界中の複数のセクターを標的にしてきたが、ロシア政府の戦略的利益を体現するために、ロシアの軍事情報機関とも提携してきたと見られる。ＡＰＴ28は米、独、仏などでの活動のほか、旧ソ連でも活発に活動しており、二〇一九年にはジョージアでも大規模な攻撃をおこなっていた。

ＡＰＴ28が特に多用しているマルウェアには、ダウンローダーのSOURFACE、第二段階のバックドアEVILTOSS、モジュール型のバックドア・ファミリーであるCHOPSTICK（ファイア・アイが命名）などのほか、Botnet、VPNFilter、XAgentスパイウェア、Zebrocyバックドア、Barys Trojan、LoJax Rootkit、BlackEnergy、Cannon Trojanなどがある。

なお、Cannonは、二〇一八年から新たに使われるようになったトロイの木馬（無害ないし有用であるかのように偽装されたマルウェア）で、その攻撃は広範囲にわたっており、欧米の外交関連組織、旧ソ連諸国の政府機関などが主な攻撃対象であった。CannonはMicrosoft Wordのリモートテンプレート機能を悪用し、まずＣ＆Ｃサーバー（ボットネットや感染コンピュータのネットワークに対し、不正なコマンドを遠隔で頻繁に送信するために利用されるサーバー）から悪性マクロを実行し、最初のペイロードをローディング、および実行させる戦法をとるという。その際、Wordのファイル名はきわめて巧妙に名づけられており、パレスチナのロケット攻撃、ライオンエアー墜落事故など、当時注目を集めている話題が活用されていたという。

APT28は、侵入先ネットワークからC&Cサーバーに送信するファイルや情報を保護するために、RSA暗号を使用する。また、二〇〇七年以降に、SOURFACEダウンローダーおよびそのエコシステムに関して段階的に計画的な変更が加えられており、この点からも、長期にわたって継続的に活動する専門の開発者グループの存在があると推察されている。

## ハッキング実行部隊の身元

二〇一八年、イギリスとオランダの当局が、ハッキングの実行部隊であるGRU要員四人（アレクセイ・モレニェツ、エブゲニー・セレブリャコフ、オレグ・ソトニコフ、アレクセイ・ミニン。前二者がIT専門家で、後者が補佐役とされる）の身分を公開し、世界に衝撃を与えた。ハッカーの身分を突き止めるということはきわめて困難だからだ。その四人は、一八年四月一〇日にオランダに入国し（ロシア大使館職員が出迎え）、一一日にレンタカーを借り、その後、化学兵器禁止機関（Organisation for the Prohibition of Chemical Weapons、以下OPCW）の事務局の近辺を偵察してから、一三日にOPCW付近のホテルに駐車したレンタカーの荷台に機材を置いてWi-Fiネットワークを通じてハッキングを試みたとされる（スイッチを入れようとしたところで、オランダ軍情報部門の部隊が阻止）。オランダ当局は、イギリスから事前に情報を得ていたために、その四人をずっと監視することができていたのだ。さらに英蘭当局は、四名の他に約三〇〇人の身分を割り出すことに成功したことも発表した。

最初に身分が明らかになった四名は、OPCWがあるオランダに向かうため、実名入りの外交官パスポートを使用していたが、そのうちの一人は国防省士官学校がある住所に居住していることが判明し、調査を進めると自動車所有者データベースから別の人物が浮かび上がり、ロシアのラーダ社製の車両を一台所有していることがわかった。さらにこの車両を調査すると、GRUのサイバー戦部隊の一つである「26165」部隊の住所が浮かび上がり、その住所に登録された車両を調査すると、同住所に登録された車両の所有者が三〇五名もいることが判明し、二七歳から五三歳までの各人の氏名、携帯電話番号、軍部隊の番号「26165」が明らかになったという。それ以前に米国がハッキング容疑で起訴した七名のロシア人も、全員「26165」部隊所属であったと言われている。なお、その四人はオランダ当局の拘束を受けても、外交旅券を所有していたため、逮捕は不可能であった。

また、同じく二〇一八年一〇月には、米国連邦大陪審がGRUの七名を、世界反ドーピング連盟（WADA）や原子力発電企業ウェスチングハウス・エレクトリック（WH）、米国反ドーピング機関（USADA）や国際サッカー連盟（FIFA）などに一四〜一八年五月にかけてハッキングしたとして起訴した。そのハッキングの手口は、対象のコンピュータシステムに侵入し、架空の人物に成り済まして、プロキシサーバーやスピアフィッシングメール、マルウェアなどを用いて、かなり高度なハッキングを持続的におこなうものだったという。

二〇一九年にはGRU傘下の「29155」が欧州での工作活動をおこなっていることも報じられた。EU接近を阻止するためにモルドヴァの親露勢力を強化するなどの活動が挙げられている。

そしてプロローグで触れたように、二〇二〇年一〇月一九日には、英政府がGRUによる東京五輪関係団体へのサイバー攻撃を明らかにし、それに歩調を合わせるかたちで、ポンペオ米国務長官が司法省によるGRUの起訴を発表した。その際に起訴されたのは、一八年の韓国・平昌冬季五輪などを標的にサイバー攻撃を仕掛けていたとされるGRUの現・旧情報部員六人で、米大統領選に介入したGRU内のグループと同一部門に属するという。

なお、東京五輪は訴追内容に含まれていなかったが、二〇一五〜一六年にウクライナの電力会社のシステムを攻撃し、たびたび停電を引き起こしたことや一七年の仏大統領選挙ではマクロン候補（当時）陣営のメールなどをハッキングし、情報流出をさせたことなども罪に問われている。彼らがウクライナで使用したマルウェア「ノットペーチャ」は、米国内の病院システムなどにも用いられ、復旧費用などで一〇億ドルの損害を与えたという。ノットペーチャは史上最強の破壊力を持つとされ、これまで世界が被った損害額は一〇〇億ドルとみなされているが、GRUはこれを多用する傾向がある。

## 「APT29」――セキュリティを巧妙にすり抜ける

「APT29」についても見てみよう。「APT29」は、コージー・ベアなどとしても知られるサイバー攻撃集団で、二〇一四年に最初に国際的に存在が認識された。この母体は、FSB（連邦保安庁）とSVR（連邦対外情報庁）で、高度な訓練を受け、高い能力を持つ攻撃集団だとみなされており、適応性が高く、最も進化を遂げていると評価されている。FSBとSVRはともに、KGBが母体になっているので、ソ連解体後に異なった組織になっても連携が可能であるという。

コージー・ベアは、幅広い対象に攻撃をおこなうのが特徴で、何千ものフィッシングメールを幅広いターゲットに送信する方法を好むとされるが、その行動様式は注目されている。なぜなら、ほとんどの国家基盤のハッカーは、より小さな攻撃対象に対し、より集中的な操作をおこなう傾向があるからだ。

また、ＡＰＴ29は柔軟ではないにせよ、ツールセットを頻繁に変更する。その攻撃方法は鋭く、オペレーティングシステムの最新コンポーネントを使用して、攻撃対象のウイルス対策ソフトやセキュリティツールをすり抜けることに長《た》けているとされる。そして、侵入先のネットワークにおける活動を巧妙に隠蔽し、頻繁ではないものの、正規のトラフィックに見せかけた通信をおこなう。一般的かつポピュラーな正規のインターネットサービスを利用し、接続もＳＳＬで暗号化するため、検知するのはきわめて困難である。

ＡＰＴ29は、新しいバックドアを用いて自らバグの修正や機能の追加をおこなうほか、ネットワーク・セキュリティ担当者の行動を監視し、システムへのアクセスを維持することもできる。Ｃ＆Ｃサーバーとの通信には感染サーバーのみを使用し、攻撃からの復旧を妨害するほか、マルウェアの作成も短期間でこなし、検知を回避するためのツールも素早く頻繁に変更し、さまざまな捕獲を逃れるための対策をとっている。

ＡＰＴ29に関連するマルウェアには、HAMMERTOSS、TDISCOVER、UPLOADER、PinchDuke、OnionDuke、Seaduke（SEADADDY）、PowerDuke、POSHSPY、Miniduke（Cosmicduke, Tinybaron）、CloudDuke、GeminiDuke、Mimikatz、CozyDuke、Cobalt Strike

Beaconなどがあり（加えて、後述のように、二〇二〇年にコロナウイルス関係の情報を盗むためのサイバー攻撃を展開した際には「WellMess」と「WellMail」と呼ばれるカスタムマルウェアが使われた）、TwitterやGitHubなどのソーシャル・メディア・サイトやクラウド・ストレージ・サービスを利用して、コマンドを段階的に送信し、侵入先ネットワークからデータを抽出する手法を用いる。「APT29」は、暗号化されたデータが埋め込まれた画像を介してコマンドを送信し、侵入先ネットワークからのデータ窃取が完了すると、ファイルがクラウド・ストレージ・サービスにアップロードされるという仕組みである。（ファイア・アイウェブサイト：https://www.fireeye.jp/current-threats/apt-groups.html#russia、および、Recorded Future）

そして本章の末尾で述べる、二〇二〇年の米国に対する大規模なサイバー攻撃は、二〇二〇年一二月末時点で、APT29の手法に類似しているとファイア・アイのマンディアCEOが主張していた。

なお、APT28とAPT29の違いとして知られているのが、入手した情報の扱い方である。APT29はクレムリンの政策立案者に役立つ情報を収集するが、それをばらまくことは基本的にはせず、情報を外に流す際にもダークウェブや秘匿性の高い限定的な手段で実施するという。しかし、APT28は、ハッキングして情報を盗み出すだけでなく、それをかなり広い対象に公開することが多いとされている。そのため、米国大統領選挙など対外的に暗躍してきたのが、このAPT28であり、これまで数多くの刑事告発を受けている（APT29に対する刑事告発は現時点では確認できていない）。

## 旧ソ連諸国を対象にする「ブードゥー・ベア」

だがロシアの攻撃集団はAPT28やAPT29にとどまらない。「Bear（熊）」の総称でも呼ばれるロシア系ハッカーグループは無数に存在しているのである。

例えば、ロシア政府が関与しているとされる「ブードゥー・ベア」の脅威もかなり恐れられている。BlackEnergy APT Groupとも呼ばれる。ブードゥー・ベアは、少なくとも二〇一一年以降、マルウェアBlackEnergyのバージョン二および三を活用して、エネルギー、産業用制御システムであるSCADA、政府、およびメディアに関連するターゲットに対し、スパイ活動および破壊行動をおこなってきた。マルウェアの効果的な利用が特徴で、特にBlackEnergyとGCATを好み、PassKillDiskと呼ばれるものも含まれているという。

ブードゥー・ベアは特にウクライナをターゲットとしてきた。また、スパイ活動と破壊的な目的のためにエネルギーと重要インフラストラクチャに関連するターゲットを狙う傾向が強いとされる。ウクライナ以外にも、旧ソ連諸国をターゲットとする傾向があり、現在のロシア政府の外交ストラテジーである、旧ソ連地域を影響圏におきつづけるという最重要目標のために大いに貢献しているとも言える。ブードゥー・ベアの標的はかなり絞られていて、スパイ活動および妨害活動を通じて、ロシアの経済的繁栄および国家目標実現を支援してきた。

## ベノモウス・ベアの巧妙な指令メカニズム

最後に紹介する、ベノモウス・ベアも恐れられている政府系のハッカー集団である。世界有数の高度なサイバースパイ集団だとされており、少なくとも二〇〇四年から活動しているとされるも、一四年くらいまでは、実態が不明であった。そのバックは、FSBだとされる。APT29が、FSBとSVRが連携して活動を展開していたのに対し、ベノモウス・ベアはFSBが単独で活動しているようだ。「Turla」、「Snake」、「Krypton」、「Uroboros」などの異名も持つ。メディアではTurlaで記載されることが多い。

ベノモウス・ベアは、トロイの木馬や（外付けの）リムーバブルストレージデバイスを感染させるなどして、マルウェアを多用した戦略を展開する。ハッカーが使用するツールの大部分は、攻撃対象の内部で作成されたように見えるため、その解明には複雑なプロセスが必要となる。そして、Windows、Mac、Linuxなど、複数のOSに対応できるツールを開発しており、柔軟な攻撃が可能だ。利用しているインフラストラクチャの大部分は、非常に複雑で、他社からの侵入を阻止できる、きわめて高度なネットワークであるという。そのような高度なネットワークは、国家レベルのシギント機能によってサポートされる可能性が高いと見られている。

また、悪質な添付ファイルを含むフィッシングメールや、ウェブサイトの侵害などの手段を使う傾向が強いとされており、政府、航空宇宙、NGO（非政府組織）、軍事・防衛、暗号学、教育・研究セクター等の企業を主な標的として、攻撃の際には、大使館、政府、教育機関、NGOのウェブサイトを介し、指令サーバーの隠蔽に衛星を利用しているとされる。特に活動が活発だったのは二〇一五年初頭から中頃であった。

ベノモウス・ベアが特に危険で、把握されにくいのは、複雑なツールを使用しているためだけでなく、攻撃の最終段階で衛星を利用する巧妙な指令メカニズムを使っているからだという。指令サーバーがわかりづらいと、サイバー攻撃を阻止することがきわめて難しくなり、また、攻撃者の地理的な居場所も特定しづらいと言う。二〇一九年には、マルウェア感染のツールセットをさらに改良し、より高度な攻撃をおこなうようになったという。ベノモウス・ベアは、これまでにカザフスタン、中国、ベトナム、米国、欧州さらに自国・ロシアなど四五ヵ国以上で数百台のコンピュータを感染させてきた。二〇一〇年には、欧米で特に多くの感染を引き起こし、大いに警戒されている。

## 全容は把握できないAPT攻撃

このように、いくつかのサイバー攻撃集団について説明を試みたが、この説明はきっときわめて不完全なはずだ。ロシアのAPT攻撃の分類ではファイア・アイのレポートが最も優れていると言われているが、それですらロシアの攻撃グループやマルウェアファミリーの全容までは網羅できていないのが実情だ。そして、現状のカテゴリーでは分類できない攻撃者やマルウェアが多数存在している。一つのハッカーグループが多くの呼称を持つことからも、さまざまなことが定式化されていないことは明白だ。

しかも、国家支援型攻撃は、国家機関の職員や軍隊が実施するケースはむしろ少なく、国家機関や政府が既存の攻撃集団や犯罪組織を利用したり、それらを基盤にしてプロジェクトやグループを組織したり、また、政権に近いものに新規に組織させたりすることが多いとされる。そして、その様態は、国によってさまざまである。

現状で把握されているロシアの主要なハッカー集団と政府機関との関係をまとめたのが表2－2である。

このように、APT攻撃グループの分析や調査はきわめて困難なのだが、イタイ・コヘ

| グループ名 | 別名 | 想定される上位・関連組織 | 主要な標的・活動 |
|---|---|---|---|
| APT28 | ファンシー・ベア、セドニット、ポーンストーム、ソファシー、26165部隊、29155部隊、74455部隊、サンドウォーム、ストロンチウム、ツアー・チーム、NotPetya、アイアン・トワイライト（Iron twilight）など多数 | GRU | ・米国民主党全国委員会（2020年にトップ）<br>・米国・米国政府（2020年に2位）<br>・米大統領選挙への介入（2016年）<br>・欧州諸国・国際機関に対する侵入<br>・ジョージアを中心としたコーカサス地域に対する侵入<br>・ウクライナ、ドイツなど欧州諸国の政府および軍隊に対する侵入<br>・NATOをはじめとする欧州の安全保障機関、防衛業界の企業への侵入<br>・世界アンチ・ドーピング機関（WADA）<br>・韓国・平昌冬季五輪（2018年）<br>・その他多数 |
| APT29 | コージー・ベア，コージー・デューク(ス)，デュークス，Cozer，Monkey，CozyCar，Euro APT，Office Monkeys，RUS2，YTTRIUMなど多数 | FSB・SVR | ・米国民主党全国委員会（2020年にトップ）<br>・米国・米国政府（2020年に2位）<br>・米大統領選挙への介入（2016年）<br>・ロシア（国家としては2020年に2位）<br>・世界の国際機関に対する侵入<br>・ノルウェー、オランダ、ウクライナなど欧米諸国の政府、外交政策担当グループ、およびその類似組織への介入<br>・英国などの医療機関（2020年）<br>・その他多数 |
| ブードゥー・ベア | Sandworm，Black Energy, Electrum | 不明（GRUか？） | ・ジョージアへのDDoS攻撃（2008年）。<br>・ウクライナの電力網に対するマルウェア攻撃（2015年） |
| ベノモウス・ベア | Snake，Turla，Uroboros, Group 88, Waterbug | FSB | ・スイス国防省・軍需企業に対する侵入<br>・東欧諸国の領事館に対する侵入<br>・韓国政府機関に対する侵入 |
| Koala | Energetic Bear, Dragonfly 2.0, Group 24, Crouching Yeti | 不明（ロシア政府が関与） | ・エネルギー、原発、水、航空、重要製造業などに対する侵入（2014年〜） |
| TEMP. Armaggedon | — | 不明（ロシア政府が関与） | ・ウクライナの保安・法執行機関に対する攻撃 |
| TEMP. Isotope | Dragonfly 2.0, Energetic Bear | 不明（ロシア政府が関与） | ・米国の電力網に対する侵入 |
| TEMP .Veles | — | 中央化学機械研究所（TsNJIKhM） | ・産業用制御システム（ICM）に対する侵入 |

**表2−2　ロシアの主要なハッカー集団と政府機関との関係**

出所：小泉悠「ロシアのサイバー戦略」『海外事情』2019年7・8月に、報道などを利用して筆者が加筆・一部改変。

ン氏とアリ・エイタン氏は収集したマルウェアサンプルを詳細に分析し、「攻撃者」「攻撃者が使うマルウェアファミリー」「攻撃者の攻撃対象」の三つの情報を軸にGephi（オープンソースのネットワーク可視化ツール）を用いて「ロシアＡＰＴエコシステム」マップの作成に成功した。なお筆者はサイバー問題に技術的に明るくないため、そのマップを分析することはできないが、apt-ecosystem.comというサイトで、インタラクティブにロシアのＡＰＴ攻撃の状況を確認できる（https://scan.netsecurity.ne.jp/article/2020/03/18/43840.html）。

## 攻撃元ＩＰアドレスの国別比較

以上、述べてきたように、ロシアのサイバー攻撃、特に国家レベルの大掛かりなサイバー攻撃は枚挙にいとまがない。ただし、サイバー攻撃全般で見ると、じつは中国、米国からのサイバー攻撃が圧倒的に多く、データが少し古くなるが、二〇一六年に検知された攻撃の攻撃元ＩＰアドレスを国別で比較すると、一位：中国（四〇パーセント）、二位：アメリカ（二六パーセント）、三位：日本（九パーセント）、四位：ウクライナ（五パーセント）、五位：韓国（五パーセント）、六位：ロシア（四パーセント）、七位：ベトナム（三パーセント）、八位：香港（三パーセント）、九位：インド（三パーセント）、一〇位：フランス（二パーセント）となる。ただし、サーバーが乗っ取られているケースも多々あるため、この数字はあまり参考にならないかもしれない。

そこで、特に顕著な事例といえるエストニアとジョージアに対するサイバー攻撃を見てみよう。また、二〇一六年の米国大統領選挙も顕著な事例であるが、それについては情報戦・宣伝戦の側面も大きいため、別途後述する。そして、事例研究の最後で、二〇二〇年の新型コロナウイルス危機における情報戦やサイバー攻撃の状況をごく簡単に紹介したい。

## IT大国エストニア

北欧の小国・エストニアは最近、日本で最も注目されている国の一つであろう。童話から出てきたような可愛らしく伝統豊かな旧市街の街並みや、乙女心をくすぐるような雑貨店やオーガニックショップ、手作り品ショップは、しばしば雑誌などでも特集され、若い女性の憧れの旅行先になっている。他方、IT大国、フィンテックの先端をゆく電子国家としても有名であり、日本からのビジネスマンの視線も熱く、エストニアを訪れる日本の出張者や見学団体が絶えないという。元大相撲力士の把瑠都《ばると》関（二〇一九年よりエストニアの国会議員）の出身地としても有名かもしれない。

こんな老若男女の関心を集めるエストニアは、サイバーセキュリティ対策の先進国でもある。首都・タリンには二〇〇八年に設立されたNATOサイバー防衛協力センター

（CCDCOE: Cooperative Cyber Defence Centre of Excellence［https://ccdcoe.org］）があり、同センターがいわゆる「タリン・マニュアル」を発表していることは前述の通りだ。そして、同センターは、毎年、サイバー紛争に関する国際会議である「CyCon（International Conference on Cyber Conflict）」を開催しており、世界中からサイバーセキュリティ関係者が集う（新型コロナウイルス問題により、二〇二〇年には対面での会議はおこなわれなかった。なお、毎年一一月に、米国ワシントンDCでCyCon USも開催されてきた）。

それでは、何故エストニアにこのようなセンターが設立されたのだろうか。今は欧州の一部としての地位を確立しているエストニアであるが、かつては一九九一年末に解体されたソ連の一部であった。エストニアを含むバルト三国は、ソ連解体後、ソ連の継承国であるロシアと袂《たもと》を分かち、すぐに経済自由化、民主化を遂げ、二〇〇四年にEUおよびNATOに加盟した。

そもそも、バルト三国は、自分たちの意思に反して、独ソ不可侵条約に伴うモロトフ・リッベントロップ秘密議定書により、強制的にソ連に編入されたと考えており、ソ連時代を「被占領時代」ととらえている。ソ連末期のペレストロイカ時代に、最初に人民戦線を創出したのはエストニアであり（そこからソ連中に同様の動きが広がっていった）、バルト三国は平和的な独立運動である「歌の革命」でソ連に揺さぶりをかけるなど、ソ連を解体に導く重要な震源地となっていたのであった。

だが、ロシアは旧ソ連諸国を「近い外国」とし、勢力圏として、影響力を及ぼしつづけられる状況を維持することを最重要の外交課題としてきた。旧ソ連のEUやNATOへの加盟はロシアにとっては許し難く、バルト三国がそれらに加盟することも、例えばエストニア・ラトビアそれぞれに対し国境問題で揺さぶりをかけたりすることで阻止しようとしていた（結局、NATOは国境コントロールが制度的になされることを条件に、国境問題が解決していなくとも、NATO加盟を認めることにしたこともあり、ロシアは国境問題での揺さぶりに一定の見切りをつけた。結果、ラトビアはロシアと国境問題を解決したが、エストニアは一度目の交渉が決裂した後、再交渉により二〇一四年二月にいったん国境画定条約に調印したものの、ウクライナ危機によりまた振り出しに戻った状況である）。それでもバルト三国は二〇〇四年にEU、NATOに加盟し、名実ともにロシアから離れていった。

## 一七〇ヵ国八万台からの大規模なサイバー攻撃

そのようななか二〇〇七年にエストニアで起きたのが、ロシアからとみられる大規模なサイバー攻撃であった。同年四月、エストニア国会（Riigikogu）の決議で、タリン中心部にあった第二次世界大戦記念の旧ソビエト軍兵士像（青銅の兵士、タリン解放記念碑）を撤去・

移転することになると、それに反対するロシア系住民（エストニア住民の約四分の一がロシア系である）が四月二六日には大規模な暴動を展開しはじめ（「ブロンズの夜」事件）、それがサイバー攻撃につながったと言われている。

その兵士像はロシア人にとってはナチスに対する勝利とソ連・ロシアの輝かしい過去のシンボルであったが、エストニア人にとってはソ連に抑圧された辛い歴史の象徴であった。エストニア政府は兵士像をタリンから撤去した後、郊外の軍人墓地に移し、近くに埋葬されていた身元不明のソ連兵の遺体を掘り出してきちんと埋葬することを計画していたのだが、エストニア内外のロシア人はその動きをロシアの遺産に対する侮辱であり、エストニアがロシアの影響下からさらに遠ざかるものだととらえた。さらに、ロシアメディアはエストニアが兵士像を破壊するつもりだというフェイクニュースをソーシャル・メディアやニュースのウェブサイトで広め、ロシア人の反エストニア感情を煽ったのだった。

エストニアに対するサイバー攻撃は、暴動の翌日、二七日から一斉におこなわれたが、その攻撃はきわめて大規模なものだった。レンタルボット闇市場で入手された世界一七〇ヵ国の八万台のＰＣが利用され（攻撃に使われたＰＣのほとんどのユーザーは自分のＰＣが攻撃に使われたという自覚がなく、勝手に乗っ取られていた）、エストニアの銀行、通信、政府機関、報道機関などが標的とされ、ＤＤｏＳ攻撃を中心にくりひろげられた。

例えば、新聞の（ネットの）投書欄には、普段なら一日八〇〇〇～九〇〇〇件程度の意見が送られてくるが、一〇分間に一万件以上の意見が殺到し、しかも入ってくるコメントは同じものがくりかえし送られてくるという状況であったため、コンピュータ・ボットによる投稿であることは明白だったという。

エストニアへの攻撃には、プーチン及び与党・統一ロシアを支持する青年運動組織「ナーシ」などの愛国的国民が多数動員されたといわれる。攻撃の結果、エストニアの通信トランズアクションが通常の約四〇〇倍に膨れ上がり、コンピュータシステムやネットワークが麻痺して、大混乱となったのであった。エストニアはＩＴ化が進み、税金の処理、医療関係、投票、銀行関係などがすべて電子化されている国である。だからこそ、エストニアがサイバー攻撃で被った打撃は、きわめて甚大になったのである。

また、このサイバー攻撃の心理的効果もきわめて大きく、エストニア国民のあいだに混乱、分裂、敵対心、恐怖、指導者に対する疑念を生み出した。そして、エストニア人は、この攻撃が、軍事的衝突につながる可能性も恐れたという。ジョージアやウクライナでも見られたことだが、まずフェイクニュースを広めて、敵対する国に揺さぶりをかけてから、本筋、すなわち軍事的介入に進んでいくという一本の長い線が描かれているのがソ連解体後のロシアのやり口であったからだ。そのため、エストニアのヤーク・アービックソー国防大臣（当時）は戦時体制をとったのだった。幸いにして、エストニアではその後軍事的介入という事態には至らなかったが、かなりの恐怖がエストニアを覆ったという。エストニア政府は、サイバー攻撃への対応と秩序回復を図りながら、国民の心を鎮めなければならなかった。

## 「サイバー衛生」――エストニアの対策

本事件は、のちに「タリン事件」と呼ばれるようになったが、この規模のDDoS攻撃は前例がなく、サイバー攻撃が一ヵ国の首都機能を麻痺させ、情報面で国際的に孤立させられることが明らかになった初事例であったとともに、エストニアのサイバーセキュリティが脆弱であったことを露呈させた。また、これまでのDDoS攻撃は一過性のものである性格が強かったが、数週間にわたって攻撃が継続されたことも世界を震撼させた。

その一方で、ロシアが取った手法のレベルの低さも本攻撃の特徴であった。比較的低レベルのサイバー攻撃に位置づけられているDDoS攻撃が用いられ、また地上での攻撃、すなわち親露派の抗議行動と時期が一致していたこと、また、ボットネットは何十もの国々から操作されていたにもかかわらず、ロシアのIPアドレスとロシア語で書かれたコードとのつながりを示す電子指紋を明晰に残していたため、ロシアの犯行は明らかだった。

エストニア政府は、この攻撃にロシア政府が関与しているとし、国際社会もサイバー攻撃の影響を重く見た（ただし、公式にはロシアによる攻撃とは認定されておらず、エストニアは報復措置などもとらなかった）。特に、エストニアがNATO加盟国であったことから、本攻撃は、NATOないし欧州に対する挑発ともとらえられた。エストニアは自国の防衛と復旧に尽力する一方、NATO諸国にも警告を発しつづけた。こうして、その翌年に生まれたのが、CCDCOEなのである。

ちなみに二〇〇八年には、同じくバルト三国の一国であるリトアニアもロシアからのサイバー攻撃を受けた。リトアニア議会がナチスやソ連のシンボルを公の場に掲げることを禁じることを可決すると、同国の政府機関や民間企業の約三〇〇サイトがサイバー攻撃を受けた。バルト三国がロシアのサイバー攻撃に対してきわめて脆弱であることがあらためて感じられ、欧州とロシアの結節点となる地域のサイバー防衛の強化が不可欠だという認識が広く共有されることとなったのである。

そして、エストニアのCCDCOEのみならず、バルト三国とフィンランドにハイブリッド戦争に対抗するためのセンターが構築されていったのだ（エピローグ参照）。

その後、エストニアの専門家は、DDoS攻撃を撃退するためのいくつかのシステムを生み出し、強力な防衛体制を確立した。また、エストニアはサイバー教育も熱心におこない、「サイバー衛生」を国民に叩き込み、また情報技術・サイバーセキュリティのスキル・法律や経済などの専門知識を持ったボランティアからなる「サイバー部隊」を立ち上げるなどし、国民レベルでもサイバー防衛体制が確立されている。また、政府データ（政府関連情報、有権者データ、金融取引や健康記録までもが含まれる）の膨大なデジタルコピーを厳重に保護するサーバー群を置く、「データ大使館」を海外に設置する計画を進めており、最初のデータ大使館が二〇一八年にルクセンブルクに開設された。そのようなエストニアの努力の結果、近年ではロシアも攻撃しても無駄だと悟り、あまり攻撃を仕掛けてこなくなったという。

## ハイブリッド戦争の「実験場」ジョージア

さまざまな国のサイバー攻撃について多面的かつ詳細に論じたデービッド・サンガーは著書『世界の覇権が一気に変わる――サイバー完全兵器（The Perfect Weapon: War, Sabotage, and Fear in the Cyber Age）』で、ロシアによるサイバー攻撃について、特に米国大統領選挙の際のロシアの動きに関し、きわめて具体的に論じているが、対米作戦のための「実験場」になったのはウクライナだと論じている。だが、このウクライナで展開されたハイブリッド戦争の「実験場」になったのは、じつはジョージア（グルジア）だと言われている。つまり、ロシアの二一世紀型のハイブリッド戦争が最初に展開されたのはジョージアであり、そこで実行されたサイバー攻撃は、まさに「戦争」の一部であったと言える。

ジョージアはロシアに対してずっと対抗的な態度を取ってきたため、相互にかなりのサイバー攻撃が展開されてきた。それが最も顕在化したのが、二〇〇八年八月のロシア・ジョージア戦争の際の、ロシアによるサイバー攻撃だろう。

同戦争は、ジョージアと同国内の「未承認国家」である南オセチアとの軍事衝突が八月七日に本格的な戦闘になり、ロシアおよび同じくジョージア内の「未承認国家」であるアブハジアが南オセチア側で参戦したものである。

ロシアは空爆、地上戦などでジョージアを力で制圧した。ロシアが数と力でジョージアをねじ伏せたものの、ジョージアの軍事装備は最新式である一方、ロシアの軍事装備はきわめて時代遅れのものであっただけでなく、兵士の質や士気の低いことが白日のもとにさらされ、ロシア軍は大きなショックを受けることになった。

ロシアはそれまで、ソ連時代を通じて軍事装備品はすべて国内で賄う方針を持っていたが、このことを受けて、イスラエルやNATO加盟国でもあるフランスなどの諸外国から軍事装備品を購入するよう、方針転換をした（なお、フランスから購入予定だったミストラル級艦に関する契約は、ウクライナ危機による対露制裁の一環で白紙になった）。また、厳しい訓練を受けた精鋭部隊も作られ、その部隊がクリミア奪還の際に暗躍した（ロシア・ジョージア戦争の詳細については拙稿「グルジア紛争をどう捉えるか――旧ソ連地域における未承認国家の問題」『外交フォーラム』二〇〇九年一月号〈No.２４６〉：拙稿「『新冷戦』議論と米ロ関係改善の展望――グルジア紛争にみる両国の対立と国内要因」『国際問題』二〇〇九年三月号〈焦点：オバマ政権の危機対応戦略〉：拙稿「コーカサス地域の視点から捉えるグルジア紛争とその影響」『ロシア・ユーラシア経済』二〇〇九年三月号〈特集：ロシア・グルジア紛争の検証〉などを参照されたい）。

この戦闘の際、戦闘と並行し、ロシア側からジョージアの政府機関のサイトと重要インフラに対して激しいＤＤｏＳ攻撃がおこなわれた。その結果、それらサイトはアクセス不能状態になり、インターネットを用いた情報収集や連絡、広報などができなくなると同時に、国家機能が著しく損なわれたのだった。

じつは、地上戦開始前に、StopGeorgia.ru というフォーラムがインターネット空間に出現し、ジョージアの政府機関などのサーバーを提示してＤＤｏＳ攻撃をおこなうよう要請をかけ、ロシアの多くの愛国的な者が攻撃に参加することになった。StopGeorgia.ru にロシア政府の関与があることはまちがいないとされている。その一つの証左とされているのが、そのフォーラムのＩＰアドレス 75.126.142.110 を提供していた SteadyHost というＩＴ

企業がロシア連邦軍参謀本部情報総局の近く（同じ通り）に所在していることであり、それがロシア政府の関与をうかがわせる。

この攻撃パターンは、前述のタリン事件ときわめてよく似ているとされている。平時ですらサイバー攻撃によって被る被害は大きいが、ましてや戦争中ともなれば、ジョージアが受けたダメージがいかに大きかったかは想像に難くない。

このような実戦とサイバー攻撃を同時並行でおこなう戦闘はきわめて新しく効果的であり、二一世紀型の戦争のかたちとして新たな類型を生み出したと言える。

## ジョージア側のサイバートラップ

二〇〇八年以降も、ジョージアはロシア側からたびたびサイバー攻撃を受けていたが、一一年には特に深刻な攻撃があった。ジョージアのニュースサイトがサイバー攻撃を受け、重要情報が窃取されるマルウェアが同国内の約三九〇台のPCに拡散されたのである。そのマルウェアは感染したPCのウェブカメラを用いて、盗聴する機能も付加されていたが、政府機関や銀行、重要インフラなどが標的にされ、重要情報が多数窃取され、甚大な被害が出た。

だが、ジョージアの事例で興味深いのは、二〇一一年にロシアのサイバー攻撃を受けた際に、ジョージアのCERT（Computer Emergency Response Team）がサイバートラップで反撃し、攻撃者を丸裸にしたことである。CERTは米国やエストニアなどのエンジニアの助力も得ていたと言われているが、じつに巧妙な作戦でロシア側に反撃をした。CERTがとった作戦は以下のようなものである。

第一に、意図的に自国のPCをマルウェアに感染させて「Georgian-Nato Agreement（ジョージア・NATO合意）」という名称のZIPファイルを置き、攻撃側が窃取するように誘導したのだ。ロシアは旧ソ連諸国のNATO加盟やNATO拡大にきわめて神経質になっていることから、その名称を持つファイルは「本物ならば」ロシアが喉から手が出るほど欲しい情報であるはずだ。

そして、ロシア側はすんなり罠に嵌り、そのファイルを盗んだ。そしてジョージアCERTは、あらかじめZIPファイルに仕込んでおいたマルウェアを実行し、攻撃側のPCを乗っとり、PC内の情報を窃取したり、ウェブカメラを利用して、PCを操作するハッカー男性の写真を撮影したりしたのだった。また、マルウェアの使用方法に関する電子メール（ロシア語）、ハッカー男性の住所、ISP、メールアドレスなども入手された。なお、ハッカー男性が使っていたドメインは、モスクワのロシア内務省の関連施設の住所で登録されており、ロシアの情報機関、ロシア連邦保安庁の所在地の近くであることが判明したとともに、国家レベルのサイバー攻撃だったことも如実に明らかになった。なお、撮影された男性の顔写真やその所在地の地図などはCERTの報告書で公開されている。[43]

CERTによる反撃の意味はたいへん大きい。CERTは、攻撃者のPCを乗っとって、多くの重要情報を入手しただけでなく、ハッカーの写真撮影や、所在地の突き止めまでできたことから、サイバー攻撃の特徴の一つである「秘匿性」を崩壊させたのである。このような反撃が日常化すれば、攻撃側に優位であったサイバースペースの秘匿性は崩壊するかもしれず、攻撃者も慎重にならざるを得なくなる。[44]

本事例は、サイバー対策をするうえで、日本にとっても教訓になるはずだ。日本政府は、二〇一九年に、サイバー攻撃に反撃するために「反撃用ウイルス」を保有することをはじめて決定した。専守防衛逸脱の懸念もあるとはいえ、大切な一歩であることは間違いないだろう。さらに諸外国と協力し、国際的なサイバー攻撃予防網などを構築してゆくことが重要だろう。

## フェイクニュースと情報戦

ロシアのハイブリッド戦争で、大きな役割を果たしてきたのが情報戦であり、なかで

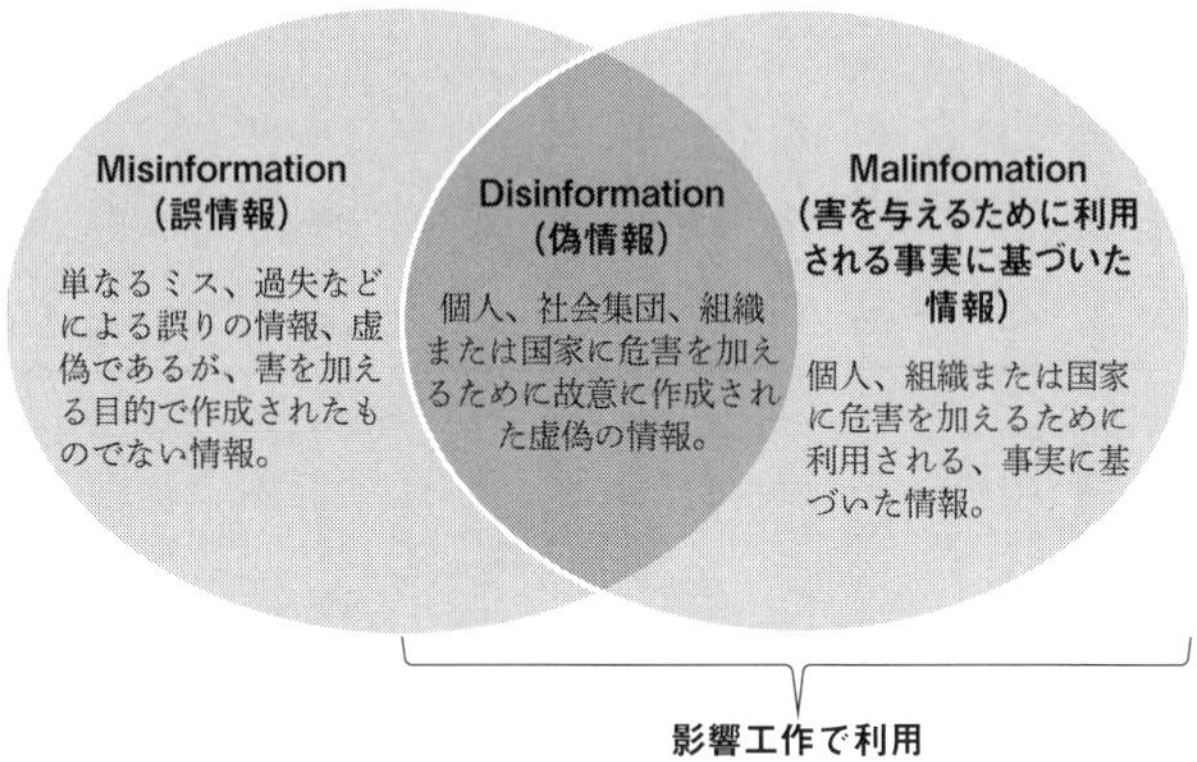
Misinformation
（誤情報）
単なるミス、過失などによる誤りの情報、虚偽であるが、害を加える目的で作成されたものでない情報。
Disinformation
（偽情報）
個人、社会集団、組織または国家に危害を加えるために故意に作成された虚偽の情報。
Malinfomation
（害を与えるために利用される事実に基づいた情報）
個人、組織または国家に危害を加えるために利用される、事実に基づいた情報。
影響工作で利用

図2−1　「フェイクニュース」に関連する用語の定義
出所：渡部悦和・佐々木孝博『現代戦争論—超「超限戦」』ワニブックスPLUS新書、2020年。

も、「インフルエンス・オペレーション」（影響工作・誘導工作）は、近年その効果が大きいことで、注目・警戒されている。「インフルエンス・オペレーション」は情報操作、世論操作、相手国の国家分断・不安定化・弱体化を目的に、主に「フェイクニュース」を用いておこなわれる。

フェイクニュースについては、さまざまな概念が入り乱れているが、単なるまちがった情報と有害な情報との区別や、それら情報が意図的に出されているかどうかの区別が肝要であり、それをまとめたのが図2−1となる。ロシアは、偽情報と害を与えるために利用される事実に基づいた情報を組み合わせ、より効果的な影響工作を展開しようとしてきたのである。

ロシアの情報戦は、政治・経済・情報やその他のあらゆる手段を使って政治目的を達成する戦略と位置づけられ、「情報空間を使っての情報戦（情報操作やサイバー戦）」と「情報空間以外を利用しての間接的・非対称的な情報戦」に分類できる。前者が近年特に重要となっている戦略で、SNSや官製メディアを利用してさまざまなフェイクニュースや相手にとって有害である情報、またサイバー攻撃により窃取した情報などを大量に流布することで、情報を操作し、相手国を不安定化させようとする。後者は、第一章で述べたような政治技術者による活動や民間軍事会社の暗躍によって進められる。そして、相手国の反対政党を支援して政治を混乱させたり（特にプーチンは欧州の極右政党と長年緊密な関係にある）、さまざまな団体や宗教団体、ロシア語話者のコミュニティを利用したりすることで、目的を達成してゆくのである。

これらの手法は、人間の脳内を支配することを目論んでいることから、「認知領域」での戦いともいえるだろう。

## 四〇〇人二四時間態勢で投稿――IRA＝トロール工場

サンクトペテルブルク郊外のオリギノで創設されたIRA（インターネット・リサーチ・エージェンシー）の存在が最初にジャーナリストに暴かれたのは、二〇一三年九月だという。

このＩＲＡ、世界で「トロール工場」と呼ばれるようになる。ＩＲＡの創設者兼ＣＥＯは元警察大佐のミハイル・ビストロフであったが、この組織を支えたのはプロローグで紹介したプリゴジンやプリゴジンに近い人びとであった。ＩＲＡについては謎が多いが、ジャーナリストの調査や元職員の発言などにより、さまざまな実情が明らかになってきている。

ＩＲＡでは、ＳＮＳに大量の投稿をおこない、コメントを書くという仕事のために約四〇〇人が雇われ、二四時間態勢で働いていた。各人がそれぞれ何十個ものアカウントをもち、事前に準備されたスクリプトに従って、ロシア語、英語、その他の言語でＳＮＳにさまざまな情報を書き込みつづけたという。

また、スペインなど、スペイン語圏への攻撃にはベネズエラの協力も確認されている他、英語での発信に、近年ではアフリカの協力も見られる。

ＩＲＡの仕事は対外的なものだけでなく、ロシアの国内向けの仕事も多いという。例えば、プーチンの政敵で、反政府行動を長年牽引してきたアレクセイ・ナヴァルヌイに対し、「嘘つき、詐欺師、ロシアに対する裏切り者、西側から金をもらっているもの」などの書き込みをくりかえしてきた。また、やはりプーチンの政敵で、ボリス・エリツィン時代には第一副首相も務めたボリス・ネムツォフが二〇一五年二月にモスクワで銃殺された後も、ＩＲＡは「西側の挑発によって、野党指導者がロシア政府を打倒するために抗議行動をおこなっている」というような内容をつぎつぎと書き込んだ。若者の政治コミュニティなどにも深くコミットし、サンクトペテルブルクの祝賀会、フォーラム、スポーツ大会などのイベント開催も一八以上の契約を取り、影響力を強めていったという。

IRAの給料は大統領府から支払われていたという話だが、証拠が残らないように、給料は銀行振り込みではなく、すべて現金で支払われたという。そして、その給与額は、他のPR会社などとくらべて、相当高い水準であったとされる。

## プリゴジンの幅広い仕事

プリゴジンは、IRA以外のプロパガンダ関連の仕事も当局のためにおこなっていた。例えば、ウクライナのヴィクトル・ヤヌコーヴィチ大統領が「ユーロマイダン革命」で失脚する約三ヵ月前の二〇一三年一一月に、ウクライナに「ハリコフ」という通信社が設立され、クリミア支社も開設されたが、プリゴジンが資金援助をしていたことが明らかになっている。同機関は、ウクライナ危機が一四年に深刻化するずっと前から「ノヴォロシア」(新しいロシアの意。ロシア帝国が一八世紀末に征服した黒海北岸地区を指す歴史的地名であるが、一四年に、ロシアの支援を受け、ウクライナ東部のドネツク、ルガンスクがそれぞれ人民共和国としての独立を宣言した後に、両「人民共和国」を連合させた「ノヴォロシア人民共和国連邦」の樹立を宣言していた）という用語を用いて、ロシアに寄り添った立場をニュース報道などで主張していた。なお、プリゴジンがヤヌコーヴィチの側近と連絡を取っていたという報道もある。

また、二〇一三年九月に米国のバラク・オバマ大統領（当時）がG20サミット参加のためにサンクトペテルブルクを訪れた際に、オバマを歓迎するとしておこなわれたLGBT活動家たちのデモンストレーションもプリゴジンの関係者によるものだとされる。後日、同じメンバーがインターネットでも同様の主張を展開していた。

二〇一五年になるとプリゴジンは軍事部門との関係をふたたび確立してゆく。プリゴジンの「コンコルド」の関連会社である「ノルドエネルゴ」「テプロシンテズ」「テプロスナブ」「TCS」「プロフテフスルギ」の五社は、国防省の住宅および公共サービス関連部門と調達契約を締結した。その契約内容は、モスクワ、ブリャンスク、トヴェリ地域の軍事関連コミュニティに住宅と地域共用サービスを提供するというもので、二六〇億ルーブル（三億九五〇〇万ドル）の価値があったという。じつは、これら企業は軍事関連の受注を受けるライセンスを所持していなかったが、検察官が正式な根拠を見つけられなかったことから、結局、契約は継続されることになった。それでも、本件については捜査が継続された。

また、プリゴジンは海外での戦闘のために、契約兵をリクルートする仕事にも着手し、ナショナリスト的な視点を強調する（ただし、同社のウェブサイトには、同社の性格は「ロシアと世界の社会政治的生活に特化した最新のインターネットリソース」だとされている）[45]オンラインニュースサービスである「連邦通信社」も設立した。こうして、プーチンにとってさらに必要な人物となっていったのである。

## プリゴジンへの疑惑の数々

とはいえ、国内からの反発があるのも事実だ。二〇一六年三月下旬にモスクワの仲裁裁判所が、必要なライセンスなくビジネスをおこなったとして、プリゴジンの関連会社である「ノルドエネルゴ」を訴える検察官の要求を認め、ブリャンスクとトヴェリ地区の検察官も同様の措置をとった。

プーチンの政敵であり、二〇二〇年八月に神経剤ノビチョクにより昏睡状態に陥ったアレクセイ・ナヴァルヌイの腐敗防止財団によると、軍隊から調達契約を獲得した企業は、八社あったが、検察官が問題視しているのはプリゴジン関係の五社だけだという。また、同財団は、プリゴジンが一八年時点の過去五年間で三一億ドル相当の政府契約を勝ち取ったと報告している。

二〇一五年頃から、プリゴジンに対する疑惑はメディアでも浮上することとなり、さまざまなロシアの媒体がプリゴジンの活動について書くようになっていたが、一六年五月末には、プリゴジンがロシアの検索エンジン「ヤンデックス」に対し、一五の訴訟を提起し、「忘れられる権利」に関するロシアの新法を利用し、検索エンジンでプリゴジンのビジネスに関する情報がヒットしないようにするよう求めた。しかし、ヤンデックスは、プリゴジンが訴訟の理由を明らかにせず、また、公開された情報が不正確であるという証拠も提示しなかったとして、それらサイトの検閲を拒否した[46]。

また、サンクトペテルブルクのニュースウェブサイトである「フォンタンカ」と「腐敗防止財団」の二〇一六年の調査によれば、重要な政府の契約が、競争入札に関する連邦規則を回避するように設定された偽会社の集団に割り当てられていることが明らかになっている。また、ロシアの規制当局は、プリゴジンに関連する企業が獲得した八つの防衛省の契約を見直し、一七年五月に厳しい批判をおこなった。しかし、結局、政府はその件について告訴しないことを発表し、プリゴジンが裁かれることはまったく想定できないのが実情だ[47]。

このように、プリゴジンの情報はあちこちで出ているものの、プリゴジン自身はジャーナリストとの接触を基本的に拒否していることもあり、多くの謎に包まれた人物である。だが、政府の力に守られ、プーチンに重用されていることはまちがいない。

そして、彼の人生を語るうえで、ワグネルと彼の「トロール工場」を欠かすことはできない。

## ロシアの二〇一六年米国大統領選挙介入プロジェクト

ロシアが二〇一六年の米国大統領選挙に干渉したとする、いわゆる「ロシアゲート」事件では、ロシアがサイバー攻撃でメールなどの情報を入手して暴露したり、フェイクニュースを拡散させたりして米国世論を混乱させたことなどが問題視されてきた。それについては、GRUやFSBの関与があったとされるほか、プリゴジンのIRAの暗躍が注目されてきた。以下では、米国大統領選挙において、特に影響を及ぼしたとされるIRAとGRUの動きを垣間見てみたい。

二〇一八年二月一六日、「ロシアゲート」事件などを捜査していたロバート・モラー連邦特別検察官は、大陪審がロシア国籍の一三人と、ロシア関連の三団体を起訴したと発表した。起訴状は全三七ページに及ぶ[48]。ロシアによる干渉は一四年に始まり、一六年の米大統領選も含まれていた（詳細はデービッド・サンガー〈高取芳彦訳〉『サイバー完全兵器』二〇一九年、朝日新聞出版が参考になる）。起訴された一三人のうち数人は米国人を装って、大統領選中にトランプ陣営の関係者に連絡を取っていたという。また、起訴された団体の一つが、ＩＲＡであった。ＩＲＡと関係する複数のロシア人が一四〜一六年に、米国大統領選挙でドナルド・トランプ氏が対立候補のヒラリー・クリントン氏に対して有利になるように、さまざまな手段を用いて選挙に介入をしたとしている。

起訴状は、ＩＲＡは「一六年の米大統領選挙を含む米国の政治システムに不和の種を蒔く」という戦略的目標を掲げ、米大統領選挙を混乱させるために、さまざまなメッセージをインターネット上で拡散させたり、米国人になりすまして政治集会をおこなってきたりしたと指摘する。ロシア国籍の関与者は、米国人の社会保障番号や誕生日などの情報を不正入手し、ネット決済サービス「ペイパル」のアカウントなども取得したという。さらに、複数の人物になりすまして、ソーシャル・メディアでさまざまなニュースを拡散させ、ソーシャル・メディア上で政治的な広告やプロパガンダも作成・購入・拡散したという。広告は、ヒラリー・クリントンに対してネガティブ、ドナルド・トランプに対してポジティブな内容となっていた。

起訴状によると、ロシア側による選挙介入プロジェクトは「プロジェクト・ラフタ（Project Lakhta）」と呼ばれ、一四年五月までには始まっていたというが、その資金を提供していたのが「コンコルド」であり、ＩＲＡへの資金提供もその作戦の一環で、潤沢な資金が投入されていたという。ＩＲＡの使命はインターネットを通じて世界中に偽情報を広めることであったが、その最初のターゲットは、ウクライナ、そして欧州の民主主義国家であったという。「コンコルド」は「プロジェクト・ラフタ」に対する資金提供を、「ソフトウェアのサポートと開発」に分類し、資金調達を隠すために、一四の異なる関連会社の銀行口座を通じて資金を集中させた。最初の一年間に、ＩＲＡはMediaSintez LLC、GlavSet LLC、MixInfo LLC、Azimut LLC、NovInfo LLCなどの名前を持つ、多くのフロント企業も設立していった。

「プロジェクト・ラフタ」の主導者は、三人いた。元警察官で五〇代のＣＥＯ、ミハイル・ビストロフは二〇一四年にＩＲＡに参加し、GlavSet LLCの最高責任者をはじめ、いくつかのＩＲＡのフロント企業のトップに君臨した。三〇代のハイテク企業家である常務取締役のミハイル・バーチクは一三年にＩＲＡに参加した。そして、第三の人物がアレクサンドラ・クリロヴァである。彼女は、以前に、プリゴジンが関わっている、シリアでのロシアの軍事作戦を遂行するうえで重要な役割を果たしてきた「連邦通信社」に勤務していた。

**米国の選挙区をまわる――翻訳者プロジェクト**

ＩＲＡはグラフィクス、データ分析、検索エンジン最適化などの部門、そして、ＩＴ部門と予算編成をする財務部門のような標準的な事務管理部門を備えた近代デジタルマーケティング企業として成立していた。だが、起訴状によれば、二〇一四年四月にＩＲＡは「翻訳者プロジェクト」という名の新しいユニットを立ち上げ、米国民をターゲットとして、さまざまなソーシャル・メディア上の工作を実行した。同年五月までに出された同ユニットの内部文書によれば、その明確な目的は「選挙候補者と政治システム一般に対する不信を拡散させること」とされていた。「翻訳者プロジェクト」は、そもそもマリア・ボブダとロベルト・ボブダによって管理されていたが、両者の関係は明らかになっておらず、一三年一一月から一四年一〇月までＩＲＡで勤務し、同プロジェクトの基盤を整えた。そして、ジェイフン・アスラノフが一四年秋までにＩＲＡに参加し、最終的に「翻訳者プロジェクト」の責任者となった。

「翻訳者プロジェクト」においては、ソーシャル・メディアを利用したものに加え、米国国内の干渉オペレーションも並行しておこなわれた。二〇一四年春、アンナ・ボガチェヴァ、アレクサンドラ・クリロヴァ、ロベルト・ボブダは、干渉オペレーションの情報収拾のために米国訪問を計画し、全員が雇用情報を隠して、個人的な理由で米国を旅行したいとしてビザ申請をおこなった。ボブダはビザ発行を拒否されたが、ボガチェヴァ、クリロヴァはビザが承認され、同年六月にネバダ州、カリフォルニア州、ニューメキシコ州、コロラド州、イリノイ州、ミシガン州、ルイジアナ州、テキサス州、ニューヨーク州という、米国内最大の選挙区のほとんどを、三週間かけて回った。旅行中、二人はカメラ、SIMカード、追跡不能な電話、何かあった場合の「避難シナリオ」を準備していたが、その間に誰と会ったか、どこに行ったのかは明らかにされていない。

二人がロシアに帰国すると、クリロヴァはミハイル・バーチクIRA事務局長と報告会を開催し、また、秋には三人でさらなる調査のため渡米し、ジョージア州アトランタで調査をおこなった。そして、帰国後にIRAのIT部門マネージャーであったセルゲイ・ポロゾフに、地政学的なスパイ活動がいかに多く存在しているかを強調するレポートを提出したという。

この一連の米国出張の成果はかなり大きかったと言われている。この出張によって、ロシアは米国の政治傾向をしっかりとらえることができ、コロラド、バージニア、フロリダのような特定政党への支持傾向の強くない州、すなわち紫の州(purple state)に集中的に作戦を展開する方針も固まったとされる。そこで、IRAは紫の州をターゲットとし、米国の休日を意識して、さまざまなメディアコンテンツの公開や書き込みをしていった。二〇一四年秋、「翻訳者プロジェクト」は、もともとはIRAのなかで特にエリートが担当する仕事とみなされていたが、プロジェクトがより本格化すると、IRAはサンクトペテルブルク内で近代的な四階建てのビルに引っ越した（その後、再び移転）。

## つくられた「世論のリーダー」

IRAの活動の多くは、プーチンとロシアの宣伝活動に当てられていたが、「翻訳者プロジェクト」はウクライナやロシア国内の反プーチン派対策の活動をしてきた人びとが担当する部署であり、IRAのなかでも最高レベルのエリートたちによるプロジェクトだとみなされていた。実際、何百ものソーシャル・メディア・アカウントが開設され、彼らは「世論のリーダー」と化した架空のアメリカ人たちになっていたのである。最終的に同プロジェクトの担当者は八〇人以上の規模になったという。

彼らは米国・東海岸とサンクトペテルブルクの間の八時間の時差を埋めるべく、昼夜問わず、二四時間年中無休で働いた。起訴状では、米国の政治調査、ソーシャル・メディア・コンテンツのドラフト作り、フェイスブック・ツイッター・インスタグラムなどのサイトに投稿する「ペルソナ」の操作などに尽力したとして、ワジム・ポドコパエフ、グレブ・ワシリチェンコ、イリーナ・カヴェルジナ、ウラジーミル・ヴァンコウの四名が特に名指しされていた。

彼らの目標は、「過激なグループ、社会的および経済的状況に不満のあるユーザー、反対派の社会運動などを支援することによって政治的緊張」に火をつけることだった。そのために、彼らは米国の外交政策と経済問題に焦点を当て、「Secured Borders」など移民をターゲットとしたもの、「Blacktivist」など黒人生活を対象としたもの、「United Muslims of America」、「Army of Jesus」など宗教を対象としたもの、「South United」「Heart of Texas」など地域を対象としたものなど、さまざまなグループページをSNSサイト上に開設し、すべてのページに数十万人のフォロワーが集まった。これらは複雑なアカウント階層で作成され、特定のアカウントを元のコンテンツの投稿に使用する一方、他のアカウントを使って、再投稿・増幅・宣伝をおこなうという凝ったやり口で、あたかもアメリカ人が運営しているかのように偽装されていた。人びとを惹きつけないアカウントもあったとはいえ、かなりのアカウントで成功を収めたという。

例えば、「@TEN_GOP」は、一〇万人のフォロワーを獲得し、ケリーアン・コンウェイ、ドナルド・トランプ・ジュニア、マイケル・フリンなどトランプの側近たちにもたびたびリツイートされていた。そして、時間の経過とともに、これらのサイトが相当数のアメリカ人に影響し、結果、アメリカ政治への干渉を可能にしたと分析されている。そして、IRAはアカウントとそれらのコメントや「いいね!」の数やリツイート状況などを綿密に追跡し、うまくいっているものを分析して後押しするなどした。さらに、投稿済みのものの検証をくりかえし、より本物に見えるような偽装も細やかにおこないつつ、ベストな投稿の長さや画像・ビデオの相乗効果などの研究も深め、効果を高めていった。また、情報の発信地を隠蔽するため、米国内のVPN（仮想専用線）も確保した。こうして、二〇一五年には「翻訳者プロジェクト」は、毎月数千ドルを費やす事業に拡大していた。

## 一億二六〇〇万人の米国人が見たIRAのプロパガンダ

米国大統領選挙がおこなわれる二〇一六年になると、ロシアの事業はさらに拡大深化した。存命中のアメリカ人の社会保障番号を入手し、それを利用してクレジットカードや銀行口座で支払いと受け取りが簡単にできるオンライン決済サービスである「ペイパル」の口座を開設した。また、彼らの身元を隠すために、偽の運転免許証や偽装ないし盗まれた身分証明書を利用した。

これらの活動の一部を支えたのが、「Auction Essistance」と呼ばれるオンラインサービスを運営し、「偽IDの売人」として有名なカリフォルニア在住の米国人リチャード・ピネドであった。ピネドはすでに、ペイパルなどのサイトでセキュリティ機能を回避するサービス、偽IDで開設された銀行口座の販売などの罪状を認めているが、二〇一四年から一七年にかけて、企業活動をおこない、四万～六万ドルを稼いだとされる。ただし、ピネドはＩＲＡと仕事をしていることに終始気づいていなかったとも言われている。

ＩＲＡチームは十数以上の不正銀行口座を開設し、偽のペイパルアカウントは「共和党に投票します」「トランプに投票します」「憲法修正第二条を支持します」「オハイオ州はヒラリーを投獄すること（Hillary 4 Prison）を支持します」などの政治宣伝を展開するために使われた。

反ヒラリー・プロパガンダは過激化の一途を辿り、ヒラリー・クリントンが民主党の指名を取りつけるために必要な二三八三人の誓約代議員を確保した翌日の二〇一六年六月七日には、ＩＲＡは「トランプはより良い未来の我々の唯一の希望だ」という広告を放った。六月一四日には、ワシントンポスト紙が、ＤＮＣ（民主党全国委員会）がロシア政府によりハッキングされたと最初に報じたが、その週にはＩＲＡの動きも活発化し、Ｇメールやヤフーメールなどを使って、銀行口座とペイパルアカウントを不正に複数取得した。

ＳＮＳ上でＩＲＡの偽グループ設置や偽投稿はさらに活発化し、#Trump2016、#TrumpTrain、#MAGA、#Hillary4Prison などの関連するハッシュタグを活用して増幅していった。さまざまなイベントが開かれ、トランプ候補を支持する人びと、ボランティア、サポーター、草の根グループなどをつなげていった。これにともなって、ＩＲＡの活動費用も莫大に膨れ上がっていたが、ＩＲＡのＣＥＯのビストロフは定期的にプリゴジンと対面会議をしていたとされる。そして、同年夏には、ＩＲＡの活動もさらに新しい段階に入り、米国内で多くの政治集会や草の根活動家のふりをした活動、さらにトランプを支援するための資金集めまでもおこなわれるようになる。

ＩＲＡは、三〇以上のメディアにプレスリリースを送信し、フェイスブック広告を利用してイベントを宣伝したうえで、七月二三日に「打倒ヒラリー（Down with Hillary）」集会を開いたが、その集会の開催日は、ウィキリークスが民主党全国委員会からハッキングして盗んだ何千ものメールを公開した翌日であった。他方、八月には、ＳＮＳの広告を多用して、「フロリダはトランプにつく（Florida Goes Trump）」などトランプを支持するイベントをおこなっていった。そして、多くのフェイスブック・ユーザーがフロリダの集会で宣伝している広告をクリックし、ＩＲＡの偽フェイスブックページに誘導されていった。

ＩＲＡは一五年からの三年間で、約八万件のコンテンツを投稿したとされており、ツイッターのツイート数は七七万以上（英語のみ）、ユーチューブにアップロードされた動画は一〇〇〇以上にもなったという。ＩＲＡは米国有権者への直接のアウトリーチまでもおこない、フロリダのトランプキャンペーン議長はロシア側にイベント開催すら提案したという。

フェイスブックの推計によると、一億二六〇〇万人以上の米国人がＩＲＡのプロパガン

| おおよその日付 | プロパガンダの抜粋 |
|---|---|
| 2016年4月6日 | 「ご存知のように、多くの黒人が #HillaryClintonIsNotMyPresident（ヒラリー・クリントンは私の大統領ではない）と言って私たちを支持しています」 |
| 同年4月7日 | 「ヒラリー・クリントンにノーと言う／操作（manipulation）にノーと言う」 |
| 同年4月19日 | 「#HillaryClintonForPrison（ヒラリー・クリントンを牢獄へ）2016に参加してください」 |
| 同年5月10日 | 「ドナルドはテロを打ち負かしたい……ヒラリーはそれ（テロ）を後援したい」 |
| 同年5月19日 | 「共和党に投票し、トランプに投票し、修正第二条を支持せよ！」 |
| 同年5月24日 | 「ヒラリー・クリントンは黒人の投票に値しない」 |
| 同年6月7日 | 「トランプは、より良い未来のための、私たちの唯一の希望です！」 |
| 同年6月30日 | 「#NeverHillary #HillaryForPrison #Hillary4Prison #HillaryForPrison2016 #Trump2016 #Trump #Trump4President（ヒラリーご無用、ヒラリーを牢獄へ、ヒラリーを牢獄へ、ヒラリーを牢獄へ2016、トランプ2016、トランプ、トランプを大統領へ）」 |
| 同年7月20日 | 「オハイオはヒラリーの刑務所入りを望んでいる」 |
| 同年8月4日 | 「ヒラリー・クリントンは、民主党アイオワ・コーカスの間に有権者をすでに欺いている」 |
| 同年8月10日 | 「退役軍人の世話をヒラリーに任せることはできない！」 |
| 同年10月14日 | 「すべての大統領候補者の中で、ドナルド・トランプは、テロリストから警察を守ることができる唯一の人物だ」 |
| 同年10月19日 | 「ヒラリーはサタンであり、彼女の罪と嘘は彼女がどれほど悪かを証明していた」 |

**表2−3　主要な政治プロパガンダ**[49]

ダを見た一方、IRAはキャンペーンを通じて約三〇〇〇の異なるプロパガンダをおこない約一〇万ドルを使ったとされている。同時に、さまざまなヒラリー・クリントンに対する偽情報の流布やネガティブ・キャンペーンもおこなった。

大統領選挙前の最後の数週間には、IRAは新たな戦略を採択した。すなわち、「有権者の抑制」である。具体的には、黒人やムスリムなどのマイノリティの有権者に、投票をやめるか、ジル・スタインのような「第三の候補者」を支持するよう奨励したのだった。じつは、「第三の候補者」はトランプが大統領選挙で勝利するために、重要な意味を持っていた。例えば、ミシガン州におけるジル・スタインの獲得票数は、トランプがクリントンに対して勝利する得票差の四倍であったし、ウィスコンシン州でのトランプ勝利の得票差も超えていた。[50]

とはいえ、選挙でトランプが勝利すると、米国のロシアに対する姿勢はきわめて厳しいものとなった。二〇一六年一二月二〇日、米国財務省は、EO13661に従って、ロシア連邦の高官へ支援を提供したとして、プリゴジンに対して制裁指定をおこなった。[51] 一七年には米国サイドによる調査が活発化し、IRAも苦境に陥ってゆくことになった。一七年六月には東部ウクライナでの内戦に関し、プリゴジンの「コンコルド・マネージメント&コンサルティング」社に米国の制裁が科された。[52] さらに一八年一月二六日には、「エブロ・ポリス社（Evro Polis Ltd.）」も米国財務省の制裁対象となった。エブロ・ポリス社は、プリゴジンが所有ないし管理している会社で、シリア政府と契約し、シリアの石油とガスの生産について二五パーセントのシェアを獲得するのと引き換えに、シリアの油田を保護している。そして、先にも述べたように、一八年二月一六日には、プリゴジン、IRA、コンコルド・マネージメント、その他のプリゴジンの会社、また、ロシア人所有の会社が米国大陪審から起訴されるに至ったのである。

二〇二〇年七月一五日には、米国がプリゴジンに関連するM InvestとMeroe Goldなど、五つの企業と三人の個人にさらなる制裁を科した。それは、プリゴジンが数百万ドルを処理し、スーダンでの制裁を回避するために頼っていたフロント企業を狙ったものだった。また、制裁を受けた企業のなかには、香港とタイを拠点とするフロント企業のShine Dragon Group Limited、Shen Yang Jing Cheng Machinery Imp & Exp. Co.、そしてZhe Jiang Jiayi Small Commodities Trade Company Limitedも含まれていた。トランプ政権は、ロシアがスーダンで民間軍事作戦と権威主義体制支援に関与してきたと主張しており、それを担っていたのがプリゴジンの企業だというわけである。これら企業は、スーダン、香港、タイに拠点をおいているとされ、それに関し、米国務長官（当時）のマイク・ポンペオは、「プリゴジン氏は制裁措置を回避するため、フロント企業とファシリテーターのネットワークに依存している」と述べた。声明では、スーダンにおけるプリゴジンの役割は、ロシアの準軍事作戦、スーダン前大統領のオマル・アル＝バシールなどの権威主義体制の維持への支援、および天然資源の利用の相互協力などがあるとされており、プリゴジンがロシアのハイブリッド戦争を多面的に支えてきたことは米国の制裁を見ても明らかだ。

## GRUのハッキングの手法――二〇一六年米国大統領選挙

二〇一八年七月一三日、一六年の米国大統領選挙でクリントンのPCや民主党のコンピュータネットワークをハッキングした容疑で連邦大陪審がロシアGRUの一二人を起訴したと、米国司法省が発表した。起訴状は、二九ページに及び、そのなかではGRUの前述「26165部隊」と「74455部隊」が米国政治を混乱に陥れるために諜報活動をおこなっていたことが記されている。なお、「26165部隊」と「74455部隊」こそが、APT28ないし、ファンシー・ベアの正体と言われている。

この二つの部隊には、それぞれの役割があり、簡単にいえば、「26165部隊」が情報収集、「74455部隊」が情報拡散・暴露であった。

具体的には、「26165部隊」が大統領選挙の七ヵ月ほど前の二〇一六年四月頃に、クリントン陣営、民主党議会選挙対策委員会（DCCC）、および民主党全国委員会（DNC）

の関係者のコンピュータをハッキングし、メールと文書を盗んだという。その際、ハッカーたちは自分たちの身元やロシア政府との関係を隠蔽するために、架空の名前や住所を用いていたという。

この際に主に用いられた手段が、特定の標的を狙ったサイバー攻撃である「スピアフィッシング」で、ネットワークからの通知メールというかたちで、パスワードの再入力を求める偽のリンクを表示し、システムにログインするためのパスワードを入手して、ハッキングをおこなったという。リンク先に、本物のように見せかけた偽の入力画面を設置して、パスワードを入力させ、情報を入手するケースが多かったようである。

また、「スプーフィング」、いわゆるなりすましの手段も多用された。彼らは三〇〇人以上を標的としていたようだが、二〇一六年六月ごろまでに民主党全国委員会の三つのコンピュータに不正アクセスをし、クリントン陣営の選対委員長のメールを五万通以上盗んだりするなど、多くの情報を獲得したのだという。

それら情報のなかには、クリントン陣営がトランプ陣営の弱点を突くための情報収集、いわゆる「オップ・リサーチ」の成果やクリントン陣営がおこなっていた戸別訪問、すなわち「フィールド・オペレーション」の情報も含まれていたという。それら情報がトランプ陣営に渡り、トランプ陣営が有利に選挙戦を運ぶことができたとも言われている。

なお、ハッキングによる諜報活動は、FSB、SVRが主体となっているAPT29もおこなっていたとされる。

他方、「74455部隊」は、「26165部隊」が入手した文書、メール、情報などを、ウィキリークス、DCリークス、グシファー2・0などを用いて暴露した。

つまり、GRUは①ハッキング、②コンプロマート（ある人物の信用を失墜させるための情報の暴露）、③オンライン・アクティブメジャー（インターネット空間における情報工作）、④サポート・クレムリンズ・キャンディデート（ロシアにとって望ましい候補に対する支持）、という四段階の戦略を連携しながら進めたのである。

そしてGRUの暗躍は米国大統領選挙後も続いてゆくのであった。

## サイバー空間での中露の結束

ロシアのサイバー攻撃については、少なくない国々がその被害を訴えている。

ちなみに、ロシアと中国は、二〇一五年五月に中国の習近平国家主席がロシアの対独戦勝七〇周年の軍事パレードに出席するためにモスクワを訪問した際、二国間のサイバーセキュリティ協定に調印し、お互いに「サイバー攻撃を仕掛けない」という約束を交わしている。協定ではさらに、「国内の政治や社会経済の安定を損なう行為」や「内政干渉」をおこなわないことも約束され、それぞれの国の重要インフラを強固にするために、両国の法執行機関同士でサイバーセキュリティに関する情報交換をしていくことも取り決められた。

同協定が生まれた背景には、中露に対する欧米諸国によるハッキングや監視のレベルや頻度が見過ごせないほどになったことがあったとされる。とはいえ、この協定の内容を逆手に取れば、中露は他の国に対しては国家レベルのサイバー攻撃を展開してきたし、これからもおこなってゆくということの証左であるとも言えるだろう。

本協定の存在も背景にあるのかもしれないが、実際に、中露のサイバー空間をめぐる信頼関係は相当なものであると言ってよさそうだ。ロシアは5G導入を中国のファーウェイに決定し、作業を進めているが、筆者は二〇一九年九月にロシア・モスクワで専門家にインタビューをおこなう機会を得られ、中国に5G依存をすることのリスクがないのかについて問うた。すると、ロシアで5Gを独自開発するには、コストと時間がかかるため、外国企業に依存せざるを得ず、(同じく5Gでは先駆的な)フィンランドのノキアやスウェーデンのエリクソンは、米国に情報を流す可能性が高いが、中国は絶対に米国に情報を流さないし、ロシアに対して攻撃をすることもありえないので、信頼ができる、という回答を得ている。信頼関係と協定の存在から、サイバー空間での中露の結束はかなり固いと言える。

## コロナワクチン開発をめぐるサイバー攻撃

二〇二〇年に世界を混乱に陥れた新型コロナウイルス感染症（COVID-19）は、サイバー犯罪やフェイクニュースなど、インターネットを活用した悪事を世界規模で促進することにもなった。ロシアもこの機会を最大限に利用し、国際的なポジションを高めようとしたと考えられる。ロシアは欧米におこなった援助をメディアやツイッターで喧伝するなどした他、フェイクニュースを流すなど、さまざまな情報戦が展開された。

二〇二〇年七月一六日には、英国家サイバーセキュリティセンター（NCSC）が、ロシアのハッカー集団が新型コロナウイルスのワクチンを開発している研究機関や大学、製薬会社、シンクタンク、政府機関などに対して、ワクチン情報や知的所有権を盗み出すためにサイバー攻撃をしかけている事実を発表し、攻撃を中止するよう警告する非難声明を、カナダ通信保安局（CSE）と米国の国家安全保障局（NSA）及びサイバーセキュリティ・インフラ安全保障局（CISA）との連名で発表した。NCSCは、米国のFBI（米連邦捜査局）や米国土安全保障省（DHS）とともに、四月一五日にもロシア政府によるコロナ問題の混乱に乗じたサイバー攻撃に注意するよう警告を出していたが、七月のものは、より深刻な状況を知らしめたのである。

報告書によれば、サイバー攻撃をしているのは、APT29で、不正を働くマルウェアなどを攻撃対象に送り込んでいたという。APT29による犯行であるということは、NCSCやNSAが確証を得ており、ロシアの諜報機関の一部だということも九五パーセント以上の確率で証明しうるという。また、その活動が新型コロナウイルスのワクチン開発およびテストとウイルスそのものに関する情報収集やそのIPを盗むためにおこなわれていることは、八〇〜九〇パーセントの確率で証明しうるという。

この声明に合わせ、NCSCはロシア側が使用しているマルウェアの詳細など、一四ページにおよぶレポートも公開した。今回のサイバー攻撃では、APT29がそれまでは使ってこなかった「WellMess」と「WellMail」と呼ばれるカスタムマルウェア（少なくとも二〇一八年から使われ、任意のシェルコマンドを実行したり、ファイルのアップロードやダウンロードが可能になるよう設計された軽量なマルウェア）を使用して、世界中の多くの組織を狙い撃ちしてきたというのである。また、個人を騙し、フィッシング攻撃やスピアフィッシング攻撃で、ログイン認証情報を取得し、情報を窃取することもやってきた。なお、情報が盗まれた可能性は排除されておらず、「ハッカーは盗み出した認証情報を使用する際に、匿名化サービスを使用する可能性が高い」とNCSCは指摘した。

当時、新型コロナウイルスのワクチンは世界で開発競争が展開されていたが、認可直前のフェーズ3まで進んでいる研究は二つしかなく、英国（製薬会社「アストラゼネカ」とオクスフォード大学の共同研究）と中国（製薬会社・科興控股生物技術〈シノバック・バイオテック〉）であった。ロシアはサイバーセキュリティ協定がある中国にはサイバー攻撃を仕掛けることができないため、英国から情報を盗もうとしたのはある意味合理的である。そしてサイバー攻撃との因果関係は明らかにされていないが、二〇二〇年八月一一日、ロシアは新型コロナウイルスのワクチンを世界ではじめて承認した。

英国のドミニク・ラーブ外相はロシアのサイバー攻撃を激しく非難し、また、同氏は、二〇一九年の英国総選挙の際に、ロシアが英米の自由貿易協定（FTA）交渉の秘密文書をハッキングし、漏洩させた疑いがあることも示唆した。

米NSA幹部も、APT29などが電子メールをはじめとしたソフトウェアの深刻な欠陥をついて攻撃しているとして、その脅威を深刻に受け止めるよう指摘したが、このような警告が出るのはきわめて珍しいという。他方、ロシアのペスコフ大統領報道官は、ロシアはそうした試みに一切関係がなく、批判は受け入れられないと反発している。

なお、筆者もこの頃、Recorded Futureというサイバー脅威に関する洞察を提供するシステムで、ＡＰＴ29の活動が異常に活発になっていたのを確認していた。

### 長期にわたるドイツへのサイバー攻撃

また二〇二〇年五月に、ドイツのアンゲラ・メルケル首相は、ロシアが、自身を標的とした長期にわたる政治目的のハッキングによってスパイ行為を試みたことを示す具体的な証拠があるとしたうえで、それが苦痛で不愉快きわまりないと述べた。ロシアの行為がつづけば、制裁を発動する可能性があるとも主張した。

ドイツに対するロシアからのサイバー攻撃について、独情報機関は、議員や有力政治家らを標的としたハッキングがくりかえしおこなわれていることを長年訴えてきた。なかでも特に大規模だった一五年の攻撃では、メルケル氏の電子メールアカウント内のデータが流出し、ドイツ連邦議会も標的とされたが、ＡＰＴ28の関与とドミトリー・バディンが首謀したことが特定されている。なお、バディンは、一六年の米国大統領選挙の際に民主党におこなったものも含む複数のサイバー攻撃に関与した容疑で、米連邦捜査局（ＦＢＩ）からも指名手配されている。

また、二〇一八年三月には、ドイツの情報機関を監督する議会監督委員会が同国政府の情報ネットワーク（最低でも、外務省及び内務省のシステム）が、時間をかけて計画され、技術的に洗練されたサイバー攻撃を受けていて、まさにその真っ最中だと発表した。公式には、ロシアの犯行であるという言及は避けられたが、ドイツメディアは匿名の治安筋の話として、攻撃はロシアのサイバースパイ組織「スネーク」(別名「トゥーラ」、「ウロボロス」)による可能性が高いと伝えた。同組織は、世界各国の省庁や大使館を標的にしており、ロシアの情報機関とのつながりはまちがいないという。また、「APT28」の関与も指摘されていた。

なお、二〇二〇年には、チェコも〇七年のエストニアと類似の理由により、ロシアから激しいサイバー攻撃を受けた。同年四月三日に、チェコは首都プラハのイワン・コーネフ元帥像を撤去し、それに対してロシアが猛反発していたのである。コーネフは、第二次世界大戦中にナチスに占領されていたチェコスロヴァキアを解放したことで知られ、さらに一九五六年のハンガリー動乱や六八年のプラハの春におけるソ連軍による鎮圧作戦での指揮、六一年のベルリンの壁建造で役割を果たしたことなどでも有名だ。

また、チェコは二月に、ロシア大使館前の広場の名称を「ボリス・ネムツォフ広場」とした。ネムツォフは元ロシア副首相だが、後にプーチンを激しく批判する野党政治家になり、二〇一五年二月に暗殺された人物だ。この広場の改名はロシアの現政権にとって屈辱であり、これら二つの事件がサイバー攻撃などを誘引したと考えられる。

そして、二〇二〇年七月三〇日の声明で、ＥＵは化学兵器禁止機構（ＯＰＣＷ）へのハッキングの試みを含め、「さまざまなサイバー攻撃に責任を持つ、または関与した」組織や個人に対し、史上初の制裁を発動することを発表した。これまでも、米国はサイバー攻撃に対しても制裁を発動してきたが、コロナ禍でサイバー攻撃が深刻化するなかで、ＥＵが発動するのははじめてであった。

ＥＵの制裁リストに含まれたのは、ロシア、中国、北朝鮮を拠点とする事業体や個人で、ロシアについては、四人の個人と連邦軍参謀本部情報総局（ＧＲＵ）が対象とされた。制裁内容は、渡航禁止、資産凍結、資金提供の禁止などであった。なお、制裁リストに載ったロシア人は、二〇一八年四月にオランダのハーグにあるＯＰＣＷのWi-Fiネットワークへのアクセスを試み、「ネットワークのセキュリティとＯＰＣＷの進行中の調査業務」に危害を加えたとされている。また、ＧＲＵは、二〇一八年に元ロシアの二重スパイだったセルゲイ・スクリパルと彼の娘に対するノビチョクを使った暗殺未遂とシリアでの化学兵器の使用の疑惑などで制裁対象となっている。

そして、二〇二〇年の年末に世界、特に米国を恐怖と怒りに陥れたのが、本章末尾で述べる米国政府機関に対するロシアによる大規模なサイバー攻撃だった。年末にもロシアの恐ろしさが再認識されることとなった。

## 「二〇〇万件の陰謀論」――コロナ禍のフェイクニュース

二〇二〇年には、フェイクニュースやデマも世界を席巻することとなったが、特にその影響の深刻さから警戒されているのがロシアと中国によるものだった。

フェイクニュースやデマが世界を揺るがす状況を受け、WHOのテドロス・アダノム・ゲブレイェスス事務局長も「私たちはウイルスと戦っているだけでなく、トロールや陰謀説とも戦っている」と述べ、それらによる混乱が問題への対応を一層難しくしていると警鐘を鳴らした。

実際、世界のネット上では、人びとの不安を煽ったり、医学的根拠を欠いて人びとを惑わせたりする情報が無数に飛びかった。WHOはこの状況を「インフォデミック(Infodemic)」として、信頼できる情報の入手が困難になっていると警告していた。

このように新型コロナウイルス感染症に対する不安で、ただでさえフェイクニュースがあらゆる場所から生まれているなか、米国大統領選挙介入などの前科があるロシアには、早期から警戒の目が向けられた。二〇二〇年二月七日の『ニューズウィーク』の報道によれば、同誌が「米北方軍はロシアが新型コロナウイルスに関する虚偽情報を広めようとした場合に備えて、ロシア政府が運営する(またはロシア政府が発信元の)アカウントを監視している」ことが記載された米国防総省の機密文書を入手したという。追跡・監視の対象は政府系のスプートニクおよび、RT（ロシア・トゥデイ）、ロシア国防省系のテレビ局「ズヴェズダ」、およびこれらのメディアの各国語版（英語、スペイン語、フランス語、ドイツ語、トルコ語）などの各種メディアで、これらはロシアの「シャープパワー」戦略の実行役としてかねてより注視されている媒体だ。実際、それらは「コロナウイルス」というハッシュタグを多用し、活発な活動をしていたと報告されている。

そして、米国務省でプロパガンダ対策を担うグローバル・エンゲージメント・センターのコーディネーターであるリー・ガブリエルは、二〇二〇年三月五日の上院外交委員会・小委員会で、新型コロナウイルスに関し、ロシアによる虚偽情報のエコシステムがフル稼働していると述べた。また同センターは、同じ頃、ロシアによって、「二〇〇万件の陰謀論」が拡散されているとも分析している。

実際、中国、イランと同様に、ロシアは米国を批判する論調を展開してきた。例えば、RTは新型コロナウイルスを「米国による生物兵器」だと述べ、イランや中国の主張と歩調を合わせた。

また、NATO事務総長のイエンス・ストルテンベルグは、二〇二〇年四月二七日に、ロシア、中国、イランがNATOの結束を損なうためにさまざまな偽情報を拡散しているとして批判した。それら三ヵ国が発信するフェイクニュースの共通するテーマは、新型コロナウイルスは米国で作成された人工的な生物兵器であり、また、それら三ヵ国が新型コロナウイルスとの闘いで、欧米諸国よりはるかに優れているというものだったという。

欧州における悪質な偽情報の拡散を調査するEUの外交機関欧州対外行動庁（EEAS）も、チェコ語、ドイツ語、ポーランド語、ロシア語、ウクライナ語を含む、他の九つのEU諸国および非EU諸国の言語でサンプリングされたコンテンツを分析し、詳細なレポートなども出しつつ、ロシア、中国、イランの三ヵ国によるフェイクニュースを用いた外交工作を明らかにしている。

ロシアが発信源となっているデマは多数観察されており、欧米に対して、フェイクニュースを垂れ流した。それらの内容は、新型コロナウイルスが米国の生物兵器であるなどの主張や、さまざまな陰謀論など、きわめて多岐にわたり、社会不安もあって広く拡散された。そして、ロシアの米国に対するフェイクニュースは次第に政治性を帯びたものになっていき、GRUが三つの英字ウェブサイトを利用し、一一月の米国大統領選挙を前に米国が対応に苦慮していた新型コロナ禍につけ込もうとしたとも見られている。

また、中露は特に米国に加え、EUとNATOをターゲットにしてきた。中露のトロールファームやマスコミ、プロパガンダ発信源などは、コロナ禍で、EUと米国、NATO

の信頼を落とすような内容のフェイクニュースを二〇二〇年一月以来、拡散させていたのである。

また、プーチン政権こそが新型コロナウイルス問題を自国におけるプロパガンダに利用しているとも言える。少なくとも、同問題が発生した初期の頃には、ロシアは明らかに感染数などを相当少なく報告していた一方、その新型コロナウイルスは、外国（特に米国）が、世界の人口を減らすため、また政治的目的のために人工的に作ったものである、などという陰謀論も発信し、コロナ禍での国民の団結を目論んだと見られる。

他方で、中露は、過度にリベラルでナイーブな欧米と違い、新型コロナウイルスに対抗する準備がはるかに優れたかたちでできているということを喧伝した。ロシアの場合、フェイクニュースの拡散を担ったメディアは、主に政府系メディアのＲＴ（ロシア・トゥデイ）とスプートニクで、RIA-FAN通信、レン・テレビ（ＲＥＮ ＴＶ）であったが、その多くは米国の陰謀論サイトや中国・イランのネット上にある陰謀論的書き込みをシェアするかたちでおこなわれた。政府系メディアとＳＮＳの相互引用で情報発信源を隠しつつ、信憑性を持たせてデマを拡散させる手法はロシア情報機関が多用する手口で、「メディア・ミラージュ」と呼ばれ、イランも同じ手法を用いてきたが、新型コロナウイルス問題発生後は、中国もそのやり方を模倣するようになったという。[53]

また、ロシアはかねてより、旧ソ連のなかでは親欧米・反露路線をとるジョージアに対して懲罰的行為を取りつづけてきたが、その一環で、米国の資金で運営されているジョージアのバイオ研究所である「ルガー研究所」に対する攻撃もおこなわれてきた。ロシアは同研究所が生物兵器の開発拠点だと主張してきたが、今回の新型コロナウイルス問題においても、その議論を復活させ、同研究所と新型コロナウイルスの関係を喧伝しているという。それにより、米国の国際的な信頼を貶《おとし》めるだけでなく、ジョージア・米国関係にも亀裂を生じさせる効果を狙ったものだという。

## ロシアは自国ではフェイクニュース対策を怠らない

ロシアでは二〇二〇年一月下旬から、誤情報を含む、新型コロナウイルスに関する莫大な情報がインターネットやSNS（特に、フェイスブックやロシア版フェイスブックとされる「フコンタクテ〈VKontakte〉」など）で拡散されていた。それを受け、三月四日に、プーチン大統領は国内での新型コロナウイルスの感染拡大について、連邦保安庁の情報として「外国が作ったフェイクニュースだ」と主張し、同日、連邦通信・IT・マスコミ監督局（ロスコムナドゾル）は、連邦検察庁の要請を受け、新型コロナウイルスに関するフェイクニュースの拡散をおこなうリソースへのアクセスを制限すると発表した。同局は、市民生活や社会秩序、小売施設の運営などに悪影響を及ぼしうる不確実情報を掲載しているSNSのメッセージリンク一式を検察庁から受け取って、法令に則ったかたちでアクセス制限を講じてゆくことも発表し、また、ユーチューブなどの動画配信サービスやフコンタクテなどにも偽情報を削除するよう要請した。

さらに、三月一八日にプーチン大統領はフェイクニュースの拡散などを禁止する一連の連邦法に署名し、その法によって、不確実で事実を歪曲した情報を拡散した者に対し、最大一五〇万ルーブル（約二二〇万円）の罰金が科されることとなった。

そして、ロシア政府は三月三〇日に「新型コロナウイルスに関する誤情報の追跡と反駁に向けた特別コミュニケーションセンター」を創設する連邦政府決定（二〇二〇年三月二七日付連邦政府決定第三五八号）を発表したのである。同センターは、三月一四日に創設された、連邦政府付属新型コロナウイルス感染拡大対策調整評議会に組み込まれており、その役割は、以下のように、多岐にわたる。

⑴ 新型コロナウイルス（以下、コロナ）に関する完全かつ信頼できる情報の収集・提供

⑵ コロナ感染拡大防止対策に関連する法令情報をさまざまなレベルの関係当局に迅速に提供すること

⑶ 社会経済指標、消費材・医療製品の入手可能性、医療検査と保護手段の状況のモニタ

リング

(4)　海外のコロナ感染拡大状況の分析と予測、他国の経験の活用に関する提案の準備

(5)　コロナに関する誤情報（人々の生命と健康を脅威にさらし、社会の緊張感を高め、社会経済、政治状況の不安定化をもたらしうるもの）の特定と反駁

(6)　コロナ感染拡大防止に向け、効果が証明されている推奨事項の周知

(7)　世論のモニタリング[54]

このようにロシアは自国におけるデマやフェイクニュース拡散への対策にも、余念がないように見えるが、政府に対する不満をインターネットに書き込みまくる「バーチャル抗議」が起きるなど、きちんと取り締まりがなされているようには見えない。

以上、見てきたように、サイバー攻撃や情報戦は、「新しい戦争」の重要な一部になっており、かなり日常的に使われるものになってきているのである。

**新しい手法のサイバー攻撃――二〇二〇年米国大統領選挙**

二〇一六年の米国大統領選挙におけるロシアの暗躍はすでに述べた通りだが、二〇年の米国大統領選挙では、米中対立が先鋭化していたこともあり、中国の介入に対する警戒感の方が強く持たれていた印象があった。しかし、九月一〇日に米国発で二つのニュースが

飛び込み、ロシアの存在感が再びクローズアップされた。

一つ目は、米財務省の発表である。一〇年以上ロシアのエージェントを務めてきたウクライナのアンドリー・デルカチ議員が、ロシアの手先となって根拠のない偽情報（具体的には民主党候補のジョー・バイデンや彼の陣営を貶める内容）を拡散して米大統領選への干渉を図り、米国の民主制度を損なおうとしたため、米国内の資産を凍結する制裁を科したと発表された。また、同時にIRAメンバーの三人のロシア人も制裁対象となった。[55]

二つ目は、米マイクロソフト社の報告書である。報告書によれば、米国大統領選挙に鑑み、GRUに属するハッカー集団「ストロンチウム」は、二〇一九〜二〇年にかけて、二〇〇以上の政党や支援団体、政治コンサルタントなどの組織を攻撃し、八月一八日〜九月三日の二週間に至っては二八の組織に属する六九一二アカウントへの攻撃を試みていたという（中国やイランからの攻撃の継続についても言及）。マイクロソフトはストロンチウムと呼ぶものの、それは前掲のAPT28やファンシー・ベアと同じであり、一六年の大統領選挙時にも活動していたが、二〇年の攻撃内容は、一六年時の攻撃とはかなり変化しているという。一六年の大統領選では特定の標的から情報を奪う「スピアフィッシング」が主流だったのに対し、二〇年の際には選挙関係者のアカウント情報を盗むために、想定しうるパスワードを総当たりで試す「ブルートフォース攻撃」と、複数のアカウントに対して同時に一つのパスワードを仕掛ける「パスワードスプレー攻撃」を主に使っているという（ただし、ストロンチウムの最近の標的は、エンターテインメント、医療関係、製造業、金融業、セキュリティ業が主だという）。

ただ、結果的には、二〇二〇年の米大統領選挙は、諸外国からの攻撃より、両候補者陣営間の攻撃が圧倒的であり、幸か不幸か、諸外国からの攻撃はめだたなかった。

**二〇二〇年年末に米国を襲った衝撃――ロシアによる大規模サイバー攻撃の事実**

前述の通り、二〇二〇年米国大統領選挙では、一六年の選挙時と違い、ロシアは意外と暗躍しなかった、と思われていた。しかし、ロシアは陰でひっそりと、以前よりももっと米国に打撃を与えること、すなわち大規模なサイバー攻撃を着々とおこなっていたのだった。

その衝撃はファイア・アイのマンディアCEOが「高度な技術を持つ国家」からハッキング攻撃を受け顧客のセキュリティ・テストに使用する「レッド・チーム」と呼ばれる同社のツールが盗まれたこと、そして「ハッカーは主に特定の政府系顧客に関する情報を探していた」ことを、一二月八日に公表したことから広がっていった。

ファイア・アイは、サイバー攻撃から顧客を守るうえで、きわめて高い評価を得ている企業であるため、そのファイア・アイがサイバー攻撃を受けたことにサイバーセキュリティの専門家が震え上がったという。

その発表後、さまざまな調査がなされ、被害の大きさが徐々に明らかになり、米国が震撼することになった。そして、この攻撃はロシア政府の関与によるものとされた。

一二月一三日、米国土安全保障省は今年に入っておこなわれた米ソーラーウィンズ社のネットワーク監視ソフトウェア「オリオン」の更新が、ハッカー集団の攻撃に遭っていたことを突き止めたとして、同ソフトの利用を停止するよう警告した。ソフトをアップデートする際に有害なコードを送り込み、システム内の機密情報や個人情報に不正にアクセスできるよう細工されたという。多くの米国政府関係機関のみならず、「フォーチュン上位五〇〇社のうち四二五社以上」がこのソフトを使用しており（ソーラーウィンズのウェブサイトによる）、今後、甚大な被害が明らかになることが予測されている。

今回の攻撃は三月から継続されていたことが判明しており、ネットワークにマルウェアを仕込まれた一万八〇〇〇の組織のうち、五〇組織で大規模なハッキング被害があったことが明らかになっているが（そのうち、政府機関は最大でも一〇件に満たないとされている）、被害の全容を知るには数年はかかるといわれている。確実に言われていることは、今回のサイバー攻撃の被害は、米国史上最悪であり、サイバー安全保障に詳しいジョンズ・ホプキンズ大のトーマス・リッド教授は「盗まれた情報の規模が大きすぎて、ハッカー自身も情報の重要性をまだ理解できていないはずだ」と述べるほどだ。

米連邦捜査局（FBI）の分析によれば、同ハッキングの目的は、狙われた機関の活動妨害ではなく、機密情報の収集だったとされる。

これまでに財務省や国土安全保障省、国務省、国防総省、商務省、核兵器を管理するエネルギー省傘下の国家核安全保障局、それに新型コロナウイルス対策で中心的な役割も担うNIH＝国立衛生研究所など主要な複数の政府機関や地方政府のほかに、ハイテク大手のシスコシステムズやインテル、会計事務所のデロイト、西部カリフォルニア州の病院や中西部オハイオ州の大学など少なくとも二四の民間組織も侵入され、新型コロナウイルスのワクチン情報なども窃取されたという。

そして、被害は米国に留まらない。これまでに被害が確認されたのは八ヵ国の四〇を超える組織であり、国別では約八割が米国で、そのほかに、カナダ、メキシコ、ベルギー、スペイン、英国、イスラエル、アラブ首長国連邦での被害が明らかになっているという（執筆時点では、日本への被害は明らかになっていない）。被害を受けた分野を見ると、IT関連が四四パーセントと最大で、政府機関が一八パーセント、シンクタンク・NGOが一八パーセント、防衛や安全保障に関わる契約業者が九パーセントだとされている。

前述のように、ロシア政府の関与が濃厚だとされており、特にAPT29の手法と酷似していることから、対外情報庁（SVR）が深く関わっていると推察されている。

ロシア政府は一切の関与を否定しているものの、米国は二〇二〇年末にはロシアに対する経済制裁や、報復のサイバー攻撃も含む対抗措置の検討に乗り出した。だが、その仕事は、二一年一月に発足したバイデン政権に委ねられるだろう。

このように、ロシアのサイバー攻撃はきわめて大規模に展開されてきた。近年までは、ロシアにとって敵対的な国、組織に対する攻撃や、選挙などの大きなイベントに乗じた攻撃がめだつ傾向にあったが、二〇二〇年の対米サイバー攻撃では、静かに情報を窃取するロシアの姿があった。ロシアのサイバー攻撃はますますその脅威の度合いを増していると言えよう。

# 第三章　ロシア外交のバックボーン——地政学

## 脚光を浴びる地政学

ロシアが諸外国の選挙や内政の混乱に乗じて、ハイブリッド戦争を仕掛けているということはプロローグで述べた。しかし、ロシアの行動がすべて場当たり的におこなわれているわけではなく、ロシアは独特の勢力圏構想やグランド・ストラテジーを持っており、それらがまず外交の行動規範になっていることを忘れるべきではない。それらを基盤にしたうえで、諸外国の動きを丹念に睨みつつ、好機を逃さないようにする、これがロシアのやり口である。

ソヴィエト連邦、そしてその継承国たるロシアは、地政学を時代の状況に応じて政治、外交政策に援用し、地政学的な国際戦略を実践してきた。逆にいえば、ソ連やロシアの外交を考えるうえで、地政学を無視することはできない。

また、地政学はソ連・ロシアが影響力を拡大させてゆくプロセスを理論的に支えてきたものであると言ってよい。だが、一九九一年のソ連解体後、新生ロシアは政治的、経済的に混乱し、国内を支えることすらままならない状態に陥った。ソ連時代、ソ連は多くの海軍基地やシギント（signal intelligence ＝通信を傍受して分析する、軍事・安全保障上の諜報活動の総称）施設を有していたが、ソ連解体後の新生ロシアには海外の多くの軍事施設を維持する余裕がなく、旧ソ連圏ではレベルはさまざまとはいえアルメニア、カザフスタン、キルギス、タジキスタン、ベラルーシ、およびウクライナ、モルドヴァ、ジョージアの係争地に軍事拠点を維持しつづけたものの（また、二〇二〇年の第二次ナゴルノ・カラバフ紛争の停戦に伴い、平和維持軍として、ロシア兵が一九六〇人、ナゴルノ・カラバフに駐留することが決まった）、旧ソ連圏外ではシリアの海軍基地を維持することしかできず、対外的な拡大を考える余裕はなかったといってよい。

しかし、二〇〇〇年にウラジーミル・プーチンが大統領になり、それまでのボリス・エリツィン大統領時代の経済状況の悪化や国際的地位の凋落《ちょうらく》から脱し、国家の悲願として強いロシアの復活がめざされるようになった時、地政学はふたたびロシアで大きな脚光を浴びることとなった。そして、プーチン時代のロシアの地政学をリードしてきたのが、プーチンのブレーンとも称されてきたアレクサンドル・ドゥーギンであった。

以下、本章では、現在のロシアの地政学の指針となっているアレクサンドル・ドゥーギンの地政学について解説し、それと呼応するプーチンのグランド・ストラテジーがいかなるものかを検討する。さらに、それらロシアの地政学によって苦しめられている国々の「狭間の政治学」を概観する。そして、最後にロシアの地政学的思考とグランド・ストラテジーに照らしながら、ロシアの地政学的な外交政策がいかなるものかを概観してから、ロシアの地政学の現実についても検討する。

## ユーラシア主義と大西洋主義

プリーツェルは、ソ連解体後のロシアをとりまく空間を、ロシアを中心に同心円を描くかたちで三つのサークルに分類した（図3－1）。第一のサークルがCIS（独立国家共同体）諸国、第二のサークルが旧ソ連領域に近接するユーラシア大陸の国々であり、第三のサークルがロシアからは一番遠い欧米諸国である。[57] このような分類は、ロシアの外交を考える際に有益だ。新生ロシアでは、これらの領域のどこに外交の重点を置くかということで、さまざまな議論がなされたからである。

紙幅の関係もあり、その詳細を論じることは避けるが、「ユーラシア主義」を主張する論者は第一のサークルを重視し、第三のサークル、つまり欧米と対決するために第二のサークルとの関係維持を図ろうとする一方、「大西洋主義」を掲げるリベラル系の論者は欧米との関係を最も重視し、第一、第二のサークルに該当する諸国とも友好関係を維持してゆくべきだとした。簡単に言えば、ユーラシア主義は欧米と対抗しつつ、ユーラシアに外交の力点を置き、旧ソ連諸国やアジア諸国との連携をめざす方針であり、大西洋主義は親欧米路線であると言える。また、それらの間で力点のバランスが少しずつ異なる中間的な

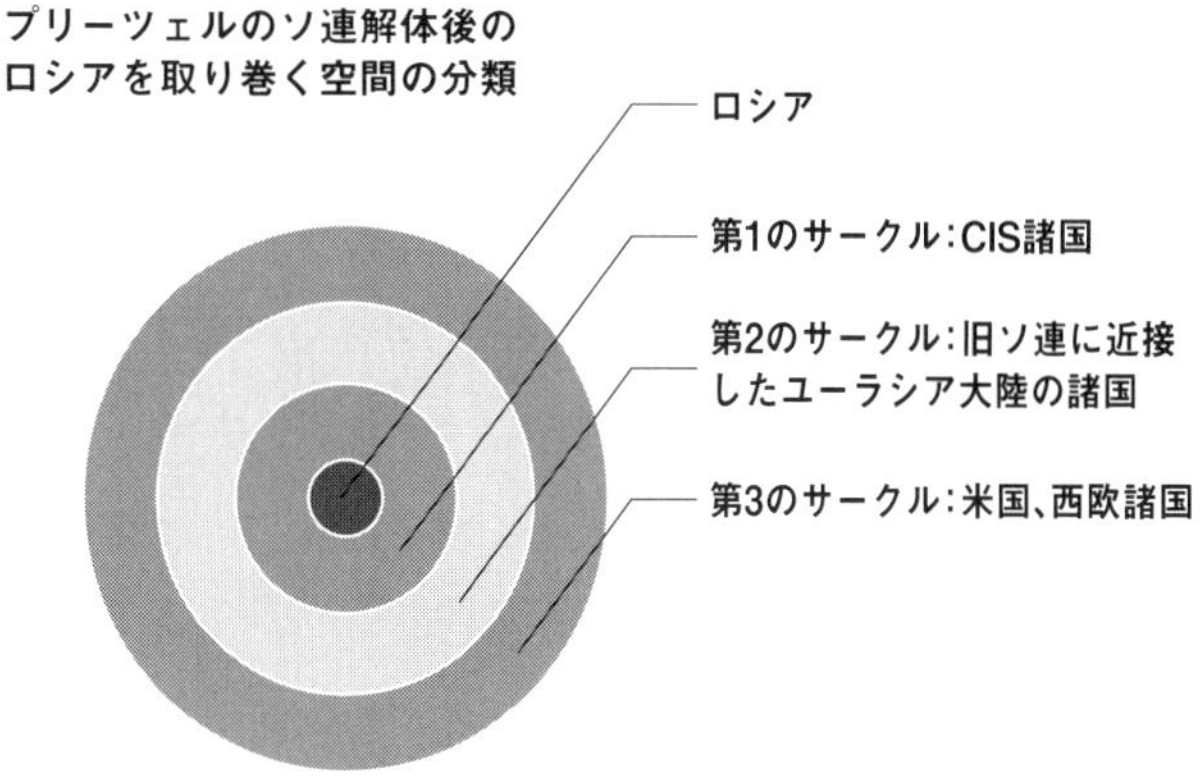


**図3−1　ロシア三つのサークル**
筆者作成

議論も多く出された。

最終的にロシアがめざすことになったのはユーラシア主義であるが、その背景には、ソ連解体によってソ連の欧州部が独立し、ロシアの重心がアジア寄りに移動したという地政学的背景、冷戦が終結した後も、北大西洋条約機構（ＮＡＴＯ）が東方拡大をつづけるなど反ロシア的な政策を米国などが採りつづけ、冷戦的な雰囲気が維持されたという事実などがある。

なお、ロシアのユーラシア主義の誕生は、ロシア革命直後の時代に遡る。ロシア革命でソ連から去った亡命知識人が一九二〇〜三〇年頃に提唱したもので、ブルガリアのソフィアでニコライ・トルベツコイ公らが二一年に出版した論集において、ロシア国民を

「ヨーロッパ人ともアジア人とも異なるユーラシア人」と規定し、特にヨーロッパ文化を批判して、ロシア独自の歴史的発展の道を説いたのだった。

そして、ソ連解体後のロシアにおいて、ユーラシア主義をよりロシア的なかたちで発展させたのがドゥーギンである。

**ドゥーギンの地政学**

ドゥーギンは地政学、哲学、政治思想などを専門とし、モスクワ大学などで教鞭もとっていた学者であるが、政治アナリスト、戦略家としても知られる。一九九八年にゲンナジー・セレズニョフ下院議長（当時）に顧問に任ぜられた後、政治にも深く関与するようになり、二〇〇二年には自らユーラシア党を設立、政治家としても活動するなど、さまざまな顔を持つ。

プーチンの戦略はこのドゥーギンの地政学の理論に支えられてきたといってよい。ドゥーギンの地政学は、国民からも広く支持されている。ロシアの書店では地政学コーナーが広く設けられており、地政学はロシア人にとって基本的な思考原則の一つになっていると言えるだろう。

ドゥーギンの主な議論はドイツ地政学を完成させたと言われているカール・ハウスホー

ファーの主張を援用しており、英米型の地政学とは一線を画す。ハウスホーファーの議論は「ランドパワー地政学」と言われており、それは五つのテーゼ、すなわち⑴生存権（レーベンスラウム）と国家拡大理論、⑵経済自給自足論（アウタルキー）、⑶ハートランド理論に基づくランドパワー・シーパワーの対立、⑷統合地域論（パンリージョン）、⑸ソ連とのランドパワー同盟による世界支配、に集約される。

特に、世界をブロックに分け、米ソ日独などが各地域で主導的な立場を確立し、秩序を維持するべきであるとし、それらをまとめるのはドイツであると主張していること、ソ連とのランドパワーによる世界支配も謳っていることなどは、ドゥーギンの議論ときわめて類似している。また、後述するドゥーギンの枢軸理論は、一九四〇年にハウスホーファーが発表した大陸ブロック論そのものにすら思えるものだ。なお、ハウスホーファーの主張の一つである生存圏と国家拡大理論はアドルフ・ヒトラーやナチス党にも影響を与えたと言われており、それが故に、地政学は一時、世界から危険な学問とみなされていた。そして、ドゥーギンもハウスホーファーの影響をきわめて強く受けたことはまちがいない。

## 全欧州のフィンランド化という目的

ドゥーギンは多くの著作を出版しているが、最も有名なのが『地政学の基礎：ロシアの地政学的未来』である。[58] 同書は科学的かつ体系的に、歴史を詳細に扱いながら地政学の基礎を説明し、地政学的な思想と現実の問題を広く網羅しつつ、ロシアの地政学的な教養を策定した。同書はロシアにおける最初の地政学に関する総合的な書籍である。ロシアにおいてさまざまな意思決定をおこなうために、政治家や外交官、軍人、警官はもとより、学者やアナリスト、起業家や投資家など多くの分野のエリートの必読書とされ、ソ連軍参謀本部大学校はじめ、多くのロシアの教育機関で教科書として使われてきた。

同書の中心的主張は、米国及び大西洋主義のユーラシアにおける影響力を失わせ、ロシアが併合や連携を通じてユーラシアにおける影響力を再構築していくべきだというものである。そして、ロシア人の世界統治のための闘争は未だ終わっておらず、ロシアは反ブルジョア・反米革命の舞台でありつづけているとし、「西洋主義、米国の戦略的支配、リベラルな価値による支配の拒否」を共通の敵に対する基本原則としてユーラシアの帝国が構築されるべきだと主張する。その目的を実現するためには、軍事力の役割は比較的小さく、ロシアの特務機関による破壊、不安定化、誤報・偽情報の洗練されたプログラムが果たす役割が大きいとされ、他国に攻撃や圧力を仕掛けるためにはロシアの天然ガス、石油、天然資源などの強固かつ有効な活用が望まれるとされる。これらのドゥーギンが推進する手段は、「ハイブリッド戦争」の本質と大きく関わるものである。そして、同書が提示するロシアの最終目的は全欧州の「フィンランド化」であるという。

「フィンランド化」とは、冷戦時代に独立を維持しながらも、国際的な中立を堅持しつつ、ソ連の影響下にあったフィンランドとソ連の関係になぞらえて、自由民主主義や市場主義を維持しながらも共産主義勢力の影響下に置かれる状況を示したものである。冷戦時代、フィンランドは米国によるマーシャル・プランやNATOに参加せず（冷戦終結後もEUには加盟したものの、NATOには加盟していない）、中立を維持すると同時に、国内でも自己検閲をおこない、メディアも政治もソ連が承認すると思われた価値観を保持することで、ソ連に対抗しない意思を示した。それにより、フィンランドは独立を維持し、共産主義化やワルシャワ条約機構への加盟圧力から逃れることができた。

「フィンランド化」という用語は西側世界で否定的に用いられてきた（欧米社会は特に日本の「フィンランド化」をつねに危惧していたという経緯がある）。だが、ソ連と国境を広く接し、かつてロシア帝国に支配された歴史もあり、またソ連に敗戦していた、北欧の小国・フィンランドが独立を守るためには、「フィンランド化」は必要悪だった。フィンランドにとって「フィンランド化」は、「国際環境の現実から出発した小国的英知の所産」（ブリタニカ国際大百科事典）に他ならず、西側からの否定的反応にフィンランドは抗議をしてきた。

そして、フィンランドにとって「フィンランド化」の歴史とは、冷戦史そのものであった

（筆者によるTuomas Forsberg氏〈フィンランド・タンペレ大学〉へのインタビュー〈二〇一五年八月〉による）。

他方「フィンランド化」は、一八七一年から一九四五年までのデンマークの対独姿勢や第二次世界大戦終了までのスイス政府のナチス・ドイツに対する政策など、フィンランド以外の類似の国際的な行動様式にも一般的に用いられる。また、二〇一三年末以降混乱が続くウクライナ危機をはじめとした、大国が絡むさまざまな危機の解決案として、たびたび「フィンランド化」が議論されてきた。

つまりドゥーギンは、全欧州諸国が政治・経済体制については現状を維持しつつも、NATOを脱して軍事的に中立となり、ロシアの影響下におかれる状況を達成することを目指したいのである。

**ユーラシア大国のための構想**

前出『地政学の基礎：ロシアの地政学的未来』において、ドゥーギンが描いた、ロシアをユーラシアの大国にするための構想は、かなり具体的である。モスクワ・ベルリン枢軸、モスクワ・テヘラン枢軸、モスクワ・東京枢軸という三つの主要枢軸を形成しつつ、米国の影響力が排除され、「フィンランド化」された友好的な欧州地域との関係を強化するという考えがその基盤となる。さらに、米国を攻撃するために中南米との関係も重要であり、ユーラシア・プロジェクトは中南米との関係とも関連するという。

以下では、同書におけるドゥーギンの対ユーラシア政策に関する主張の重要なポイントをピックアップし、ロシアが特に重視しているはずの旧ソ連地域に関する政策については実態を踏まえて少し踏み込んで見てゆこう。なお、ドゥーギンの議論では、国の大小、存在価値の有無によって解体すべきか否かを判断するというような持論が展開されるが、そのような議論は、現代の国際政治においては非現実的であり、あくまでもドゥーギンの議論であって事実を論じているわけではないことをご理解いただきたい。

## モスクワ・ベルリン枢軸

欧州地域における政策の基軸をなすのがモスクワ・ベルリン枢軸である。ドゥーギンはドイツとの友好関係と協力をきわめて重視し、そのためにもロシアの飛び地であり、独ソ戦の結果、ロシア領となった「カリーニングラード州」をドイツに返還することすら提案する（ただし、現在のロシアの国際戦略、特にNATOに対する戦略において、カリーニングラードは戦略的にきわめて高い重要性を持っている。カリーニングラードにおける軍備拡充によりポーランドやバルト諸国を直接脅かすことができることから、NATOに対して最も効果的な牽制が可能だと考えられており、現在のロシアがカリーニングラードを放棄する可能性はほぼ皆無だと筆者は考える）。ドイツとの協力は、西欧と中欧に影響力を及ぼすうえで決定的に重要で、特に中東欧諸国のプロテスタントとカトリックの国家およびバルト三国に対するドイツの影響力は不可欠だと考えられているのである。[59]

さらに、その他の対欧州戦略で特筆すべきなのは以下の点である。まず、フランスは、ドイツと同様に強い「反大西洋主義」の伝統を持っており、仏独ブロックの形成が望まれるという。他方、英国は欧州から切り離されるべきだとしており、ロシアが英国のBREXIT、すなわち欧州連合（EU）からの離脱を歓迎していることと辻褄があう。

フィンランドは脆弱であるため、ロシアの一部になるべきだとする。より具体的にはフィンランド南部はロシアのカレリア共和国と合併し、北部はムルマンスク州に統合されるべきだという。バルト三国については、エストニアはドイツの影響圏に入るべきであり、ラトビアとリトアニアはユーラシア・ロシア影響圏で「特別の地位」を与えられるべきだという。

ポーランドは「特別の地位」を付与されるべきだとする一方、ウクライナはロシアに併合されるべきだと論じている。ウクライナは国家として確たる意味を持たず、特定の文化、普遍的な重要性、地理的特質、民族的排他性もない一方、その領土的野心はユーラシアを脅かしており、ウクライナがロシアの緩衝地帯とならないのであれば、その独立は認められるべきではない、というのがその理由だという。そして、ルーマニア、マケドニア、ボスニア・ヘルツェゴビナのセルビア系地域、ギリシャという東方の正教集団は、「第三のローマ」であるモスクワと連携し、合理的個人主義の西側を拒否すべきであるとする。

### モスクワ・テヘラン枢軸

中東、コーカサス、中央アジアについては、モスクワ・テヘラン枢軸を基軸に、「反大西洋主義」に基づくユーラシア大陸版ロシア・イスラム同盟の重要性を強調する。本地域の政策においては、イランとの関係がもっとも重要となる。実際、近年のロシアにとって、イランとの関係はたいへん重要となっており、ロシア・アゼルバイジャン・イラン・インドを結ぶ南北回廊の設置がめざされるなど、ロシアの地政学的戦略の重要拠点にもなっている。

そのうえで、ロシアとイランに挟まれた南コーカサスのアルメニアは戦略的基地としての特別な役割を担っており、モスクワ・エレヴァン・テヘラン枢軸を形成する不可欠なアクターであるとする。アルメニアはその地政学的・歴史的条件の故に、ロシアに背くことはできず、ロシアに依存することは不可避なのであるが、他方でロシアにとってもアルメニアは南コーカサス唯一の親露国であり、きわめて重要な存在なのである。

　他方、反ロシア・親欧米路線を長年貫いてきたジョージア（グルジア）については解体されるべきであり、同国のアブハジアおよび統一オセチア（コーカサス山脈をまたいで分布するオセット人はロシアの北オセチアとジョージアの南オセチアに分断されてきたが、それを統一することが想定されている）はロシアに編入されるべきであるという。ジョージアは、アブハジア、南オセチアという二つの未承認国家（国際法的に所属しているはずの国家の主権がまったく及んでおらず、国家としての要件を備えているものの国際的な国家承認を得られていないため、主権国家とは言えないエンティティ。詳細は拙著『未承認国家と覇権なき世界』ＮＨＫブックス、二〇一四年を参照されたい）を抱えている。両者はロシアの庇護を長年受けてきただけでなく、二〇〇八年のロシア・ジョージア戦争を経て、ロシアが国家承認し、さらに数ヵ国がロシアに続いたという事実があり、事実上、ロシアの一部と化している。ジョージアはもとより、国際社会がアブハジア、南オセチアの独立を許容していないとはいえ、ドゥーギンのジョージアに対する主張は事実上実現しているとも言える。

　また、アルメニアと敵対的な関係にあるアゼルバイジャンについては、解体されるか、イランに属するべきだと述べる。なお、イランの北部にはアゼルバイジャン共和国の二倍以上のアゼルバイジャン人が居住していると言われており、イランは分断されているアゼルバイジャン人の統合運動を恐れ（実際は、ペレストロイカ期にごく小さな統合運動が起きたのみで、統合の希望は両国でほとんど聞かれない）、例えばアルメニアとアゼルバイジャンの間の「第一次ナゴルノ・カラバフ紛争」でもアルメニアを支援するなど（ただし、二〇二〇年の第二次同紛争では、アルメニアに占領地からの撤退を要求するなど、アゼルバイジャン寄りになった。ただし、イラン・メディアはアルメニア寄りであった）、アゼルバイジャンには敵対的な姿勢がめだってきたという事実がある。そのため、中東やその周辺地域に対する政策においてイランを最も重視するロシアがアゼルバイジャンを踏み台にしてイランの利益に配慮するというのは合理的にも見える。しかし、現実には石油・天然ガスを有し、多くの西側企業が操業するアゼルバイジャンが米国と厳しい関係にあるイランに統合されることを西側社会は許さないはずだ。西側諸国にとっては、ロシアとは逆に、アゼルバイジャンおよびジョージアこそが、ロシアの拡張主義と中東のイスラーム過激派の動き、そしてイランの勢力を封じ込めるための戦略的緩衝地帯なのである。

そして、ロシアと歴史的に黒海における覇権闘争を展開してきたトルコについては、米国や中国のように、ロシアにとって「危険な存在」であるとドゥーギンは位置づける。そのため、ロシアがアルメニア人やクルド人、そしてその他のトルコ内のマイノリティを利用してトルコ内に「地政学的ショック」を生み出す必要があると論じる。ドゥーギンが主張する最善のシナリオは、トルコを解体し、アゼルバイジャンと合わせ、ロシア、イラン、アルメニアの三ヵ国で分割したいというものだ。だが、トルコがEU加盟に積極的であった頃ならともかく、最近のトルコがむしろ反欧米色を強め、ロシアとの関係を深めていること、ロシアの中東政策やエネルギープロジェクトにトルコの協力が不可欠なことを考えれば、このような議論はまったく非現実的である。

他方、ドゥーギンの主張では南北コーカサスと中央アジア（旧ソ連を構成していたカザフスタン、ウズベキスタン、キルギス、タジキスタン）はロシア領とみなされている。だが、それは当然事実とは異なり、南コーカサス諸国も中央アジア諸国もれっきとした主権国家であり、ロシア領ではありえない。ただ、反露政策をとるジョージア、中立政策をとるアゼルバイジャンやトルクメニスタンを例外としつつも、同地域に対するロシアの影響力がきわめて強いことは特筆すべきであろう。

## モスクワ・東京枢軸

そして、対アジア政策はモスクワ・東京枢軸を中心に展開される。まず、日本については、北方領土（ドゥーギンの著書では、クーリル諸島と記載）を返還することで、対露友好ムードを醸成する一方、反米主義を煽り、日本の政治をロシアが操作するべきだと主張する。欧州や中東における政策で枢軸をなすとしていたドイツやイランとは協力関係を謳う一方、日本に関しては政治を操作し、封じ込めるというスタンスが取られていることに注目すべきであろう。日米同盟に楔を打ち込むことはロシアにとって有益である一方、日本との協力がロシアの対アジア戦略にあまり有利には働かないと考えている様子が見て取れる。しかし、近年の日露関係を見れば、ドゥーギンの主張が実現することは到底考えられない。

また、ソ連時代に強い影響力を持っていたモンゴルについては、ロシアの戦略的同盟国として、ロシアに併合されるべきであると述べる。

他方、ドゥーギンはロシアの地政学的利益の脅威だとして中国の存在をきわめて危険視しており、できうるかぎり解体するべきだと主張する。その手始めにチベット・新疆《しんきょう》・モンゴル・満州という、反中地域とロシアが歴史的に影響力を持ってきた地域をロシアにとっての「安全保障ベルト」すなわち対中緩衝地帯にするべきだと述べる。特に、新疆とチベットがなければ、中国がカザフスタンやシベリアに影響力を及ぼすことが困難になるとして、それら地域を奪うことが、ロシアの地政学的利益にきわめて重要であると主張する。さらに、中国に対抗するために、インド、ベトナムなどとの関係を強化することが肝要であるとする。とはいえ、中国とは「離婚なき便宜的結婚」という微妙な関係ながらも、近年はきわめて緊密な関係を維持しているのもまた事実だ。

このようにドゥーギンは、徹底した反米姿勢をとる一方、トルコ、中国を封じ込めつつ、小国を取り込んだり、緩衝地帯に位置づけたりして、ロシアがユーラシア大陸における大国となるシナリオを描く。

だが、現実を考えれば、ロシアがウクライナ危機後に国際的な孤立を深めてきたなか、中国やトルコとの連携は不可欠となっており、他方、今のロシアに他の地域を併合する経済的、政治的余力はなく、国際社会もそれを許すはずがない。実際、二〇一四年にロシアはウクライナ領だったクリミアを併合したが、国際社会はそれを認めておらず、未だに対露制裁がつづいている状況だ。ドゥーギンの議論が、現実から乖離《かいり》しているのはまちがいない。

当然、プーチンをはじめとした政策担当者もドゥーギンの主張が非現実的であることは重々承知のはずだ。それでもドゥーギンの著作が学ばれているのは、このような地政学的思考を理解し、好機があれば柔軟に戦術を変えてそのチャンスをものにする力を備えておくためであると思われる。実際、ロシアが悲願であったクリミア奪還を果たすことができたのは、ウクライナの混乱に乗じてきわめて短期間に対策を講じることができたからだと考える。

## プーチンの領土の判断基準

プーチンが考えるロシアのありうべき領土は「歴史的ロシア」というキーワードと彼の独自の判断基準から成り立っているようである。なお、「歴史的ロシア」という言葉は、基本的に旧ロシア帝国領を指す。そして、ロシアの領土の定義について、プーチンは独自の三つの判断基準を設けているという。それは、「一八世紀末までにロシア帝国に含まれていた領土」、「ロシア語を話す人びと」、「ロシア正教を信仰する人びと」を含む領域であるという。

この基準に従えば、南コーカサス、一部のカザフスタンを除く中央アジア全域、バルト三国とモルドヴァ、そしてウクライナのカトリックおよび東方典礼カトリック教会ユニエイト（正教会や東方諸教会で用いられる典礼を用いながら、ローマ教皇権を認めてカトリック教会の教義を受け入れ、ローマ・カトリック教会とフル・コミュニオン関係にあるキリスト教の宗派）を信仰する領域はロシアからは排除される。

一方、エストニア北東部、ラトビア東部、ベラルーシ全土、ウクライナ東部・南部・中央部、沿ドニエストル（しかし、当地以外のモルドヴァは除く。沿ドニエストルはモルドヴァ内の未承認国家であり、ロシアの支援を受けている。モルドヴァはもともとルーマニアの一部であったが、第二次世界大戦時の独ソ不可侵条約の秘密議定書、いわゆるモロトフ・リッペントロップ議定書により、バルト三国とともにソ連に併合された）はロシア連邦に含まれるべき土地であるとプーチンは考えているという。

このプーチンの基準に基づけば、多くの土地はロシア連邦には本来含まれるべきではないということにもなる。例えば、北コーカサスの多くの共和国、沿ヴォルガ地域やロシア中南部地域の一部、ハバロフスク、サハリン、千島列島、カリーニングラードなどがそれに相当し、当然ながら北方領土も含まれる。だが、現実には、そのような土地ですら、プーチンは捨てる気がまったくないと言われており、それは、現在のロシアの北方領土問題に対する厳しい姿勢と平仄《ひょうそく》が合うとも言える。

## 「勢力圏」の維持――プーチンのグランド・ストラテジー

ロシアの地政学的教科書とされているドゥーギンの著書からロシアの地政学の根本的な考え方を論じてきたが、以下ではそれが実際にどのようなかたちで政策として生かされているのかをプーチンのグランド・ストラテジーから読み解き、その体現にもはや必須となっており、本書の主題でもあるハイブリッド戦争について論じる。そして、現実にハイブリッド戦争がどのように効いてきたのかをウクライナ危機を事例に考える。なお、そのプロセスで、ウクライナ危機を理解するうえで不可欠な「狭間の政治学」という考え方についても述べる。

二〇〇〇年からロシアの政治を握ってきた戦術家のプーチンは、外交に「グランド・ストラテジー（Grand Strategy）」を駆使してきた。グランド・ストラテジーとは、外交の基本をなす大戦略である。その達成のために、プーチンはその時々の状況に即応してさまざまな「戦術・手段（Tactics・Instruments）」を効果的に組み合わせて用いることに長けてきたと言われる（ただし、戦争を指導する戦略の下位、また、戦闘を指導する戦術の上位に位置する、「作戦術〈Operational Art〉」がプーチンには欠けており〈ソ連時代にはあった〉、それが現在のロシア外交に失策がめだつ原因だという見方もできる）。プーチンにとってのグランド・ストラテジーは、「勢力圏（Sphere of interests）」の維持である。

なお、ドミトリー・トレーニンは、ソ連の勢力圏概念は、直接に支配する「支配圏」と間接的な支配を及ぼす「影響圏」に分けられると論じる一方、ソ連解体後のロシアからは「支配圏」のような強固な勢力圏は失われたと主張する。そして、小泉悠は、その「間接的な支配」に何らかの行動を自制させる影響力が含まれる場合、影響圏と消極的勢力圏はほぼ同義だと考えられると分析する。また、小泉は、ロシアは、（独立国とは）他国に依存せずに、「自由」、すなわち自己決定権を自らの力で保持できる国だけだと認識し、ロシアは主権国家として自力で主権を保持できない国を勢力圏とみなして従えてゆくビジョンがあるとも分析している[60]。実際、すでに述べたように、ロシアの政治技術者もウクライナやジョージアを「独立国でない」として、ロシアが従えることを当然のように主張しており、ロシアにおいては自然な考え方になっているともいえるだろう。

ロシアにとっての具体的な勢力圏とは、第一義的には旧ソ連領域、つまり前述の「第一のサークル」であり、少なくともバルト三国を除いた領域については、欧米の影響力を何としても排除することが最低限の目標となる。第二義的なロシアの勢力圏は、冷戦時代の旧共産圏と旧ソ連諸国以外の友好国（反米度が高ければ高いほど望ましい）、そして地球温暖化による海氷の融解で戦略的意義が高まった「北極」などの新領域である。つまり、旧ソ連地域を勢力圏として堅持しつつ、欧米への対抗力を高めるために歴史的に縁のある地域や、欧米のお膝元などの戦略的意義の高い地域への影響力を強めていくことがプーチン外交の主軸だと言える。

プーチン時代のロシアは、米国による一極的世界に反発し、中国とタッグを組みつつ多極的世界を実現し、自らもその一極を担うことを国際政治における重要な基本戦略として追求してきた。中国はロシアにとって警戒すべき相手ではあるのだが、米国による一極的支配を崩すという最重要の目的のためには、中国は重要なパートナーになるのである。ここで留意すべきことは、ロシアにとっては多極的世界の実現も、勢力圏の維持があってこそ成り立つということである。つまり、勢力圏の維持はロシア外交のすべての根幹をなしているといえるのだ。

## 「勢力圏」に対する外交の戦術・手段

グランド・ストラテジーを達成・維持するために、プーチンは以下、八点に集約される戦術・手段を外交において巧みに用いてきた[61]。

①　外交とビジネス——ソ連時代から関係が深い旧ソ連諸国を、ロシアの勢力圏に維持しておくために有効な手段とされている。ロシアは意に適わない国に対し、査証発給拒否や禁輸措置などを講じることで、相手にダメージを与えることができる。

②　情報とプロパガンダ（メディア操作）——二〇一六年の米大統領選挙でも、ロシアはさまざまな情報とプロパガンダを有効に使って干渉したと騒がれたことは記憶に新しいだろう。近年では、インターネットを駆使してフェイクニュースを大量発信するトロール部隊の暗躍や、サイバー攻撃によってウェブサイトの情報を書き換えたりする手法も増えている。ただ、メディアを活用した情報戦術は決して目新しいものではなく、ソ連

時代から多用されてきた。

③　政治家のすげ替えや教会の利用――反露的思考を持つ指導者・政治家はクーデターや情報戦などを利用して失脚させ、親露的な者にすげ替えることもおこなってきた。クーデター支援やさまざまなレベルでの長短期的な政治的干渉などによって達成がめざされる。ロシア正教会を利用することもあり、信仰や人的要素から相手国の内政を揺るがしていく。

④　反対勢力・市民社会・過激派の支援――反体制派や不安分子を経済面、技術面で支援し、内政の不安定化を図る。旧ソ連内の分離主義や未承認国家に対する支援など、例は枚挙にいとまがない。

⑤　破壊活動・テロリズム――暗殺など不可解な事件の多くにロシアが関与していると考えられている。二〇一八年にはかつてロシアと英国でダブルスパイをおこなっていたセルゲイ・スクリパルとその娘ユリアに対する神経剤「ノビチョク」による暗殺未遂が英国で発生した。それを受け、英国がロシア人外交官を追放し、それに多くの西側諸国が追従し（ロシアも対抗措置を取った）、ロシアの脅威が世界にあらためて認識されることとなった。

⑥　経済・エネルギー戦争――①の外交とビジネスとも重複するが、旧ソ連諸国のなか

でエネルギー非産出国は、石油・天然ガスの多くをロシアに依存している場合が多い。政治的にロシアに従順でない場合、ロシアはエネルギー価格を釣り上げたり供給を停止したりする。ほかに、相手国の輸出産品に対して禁輸措置を講じて、相手国を追い込むこともある。

⑦ 凍結された紛争や未承認国家、民族間の緊張の創出や操作――④とも関連するが、ロシアは「凍結された紛争」を意図的に創出し、また解決を阻止してきた。「凍結された紛争（Frozen Conflict）」とは、停戦合意ができていながらも、領土の不法占拠や戦闘や小競り合いの散発が継続し、「真の平和が達成されない状態」を指す。ただし、二〇〇八年のロシア・ジョージア戦争やナゴルノ・カラバフをめぐるアゼルバイジャンとアルメニアの一六年の四日間戦争および、二〇年九月末からの紛争再燃（第二次ナゴルノ・カラバフ紛争）などに見られるように、「凍結された」紛争は再燃可能性が高いため、近年では「引き伸ばされた紛争（Prolonged Conflict / Protracted Conflict）」などと呼ばれることが増えた。それらの際に、ロシアは相手国内に存在する分離主義勢力（未承認国家を構成）を支援することで、あえて民族間の緊張を生み出し、情勢を不安定化させた。この戦術は、ジョージア、モルドヴァ、ウクライナなどで特に効果的に用いられた。

⑧ 正規・非正規の戦争（サイバー攻撃、秘密部隊の利用、プロパガンダ、政治工作）――正

規・非正規の戦争を巧みに組み合わせる戦法は「ハイブリッド戦争」に代表されると言える。

### ユーラシア連合構想

このように、ロシアは多様な手段を複雑に絡めながら、勢力圏の維持に腐心してきた。旧ソ連諸国を束ねるだけでも困難であるが、ウクライナ、ジョージア、モルドヴァなどが親欧米路線を取り、EUやNATOへの加盟をめざしてきたことは（ただし、モルドヴァは、EU加盟は望むものの、NATO加盟の意思は一貫してもたず、軍事的には中立を維持しようとしてきた）、ロシアの勢力圏構想において大きな障害となってきた。そのため、ロシアはこれら八つの戦術・手段を巧みに用いて、それら諸国を勢力圏内に留めようとしてきた。その結果の顕著な事例が、二〇〇八年のロシア・ジョージア戦争や一三年末から現在にも続く一連のウクライナ危機などの混乱なのである。

このことは、ロシアが主導してきたCIS（独立国家共同体）がほとんど機能しないなか、それに代わる旧ソ連諸国を勢力圏に置くための装置として、プーチンが「ユーラシア連合」を提案したとも考えられるだろう。ユーラシア連合構想とは、二〇一一年一〇月四日に『イズベスチャ』紙に掲載した「ユーラシアにとっての新たな統合プロジェクト——

今日生まれる未来」と題する論文で発表されたプーチンの構想である。

プーチンは、ユーラシア連合について、ソ連解体後に生み出されてきたＣＩＳを筆頭にした、政治的、経済的、軍事的なさまざまな地域協力組織を基盤として発展した広範な分野を統合した連合体であると説明する。プーチンがユーラシア連合の特に重要な前提と考えているのが「ユーラシア経済共同体」（ＥＡＥＣ）構想であり、そこからロシア、ベラルーシ、カザフスタンによる「関税同盟」を創設し、一二年には同三国による「統一経済空間」を発足させ、さらに経済統合を進め、メンバーシップを広げていくと説明していた。そして、次第に共通通貨の発行や就労の自由化を検討しながら、一五年までに「ユーラシア経済連合」の発足をめざし（予定通り実現した）、経済的なつながりを基盤としながら、政治や社会の面でも統合を進めていくという予定も明らかにした。そしてこれまでは予定通りにシナリオが展開している。プーチンが構想するユーラシア連合は以下のような性格を持つ。

第一に、ユーラシア連合は、ソ連の再生ではなく、国家を超越した巨大な統合体であり、世界の一つの極となって、欧州とアジア太平洋地域を効率的に結びつける橋渡し役となる。

第二に、ユーラシア連合は、旧ソ連地域の今後の統合プロセスの核となるものであり、関税同盟や統一経済空間など、既存の組織を段階的に併合・発展させていく。

第三に、ユーラシア連合は、ＣＩＳと対立するものではなく、両組織は旧ソ連の空間において、それぞれ適材適所の役割を担う。

第四に、ユーラシア連合は外部に開かれた構想であり、他のパートナーの参加を歓迎する。

だが、このような構想は、プーチンがソ連解体を「二〇世紀最悪の地政学的惨事」だと主張していることもあり、諸外国から「ソ連復活の試み」だと警戒され、「形を変えた帝国主義」だとも評された。それに対し、プーチンは「歴史に葬られたものを復活させる試みは無邪気すぎる」とし、帝国主義的野心を否定しつつ、欧亜を結ぶ架け橋を作り、グローバル化に貢献する意向を強調したうえで、「ユーラシア連合」のイメージは、ＥＵ的な地域機構であり、ロシアはその創設によって、国際的な影響力を強めたいだけだと述べてきた。プーチンの目的は、ユーラシア連合が世界経済システムの基盤を構成するものとなると想定したうえで、その創設こそが、ロシアが世界において確たる地位を占めることにつながると考えた。そして、ユーラシア連合構想は、ロシアのグランド・ストラテジーを体現する計画でもある。ウクライナ危機が起きたために、そのような印象はなくなってしまったが、ユーラシア連合に着手した元来の目的はロシアにとってきわめて重要ながら反露的な姿勢が際立っていたウクライナをつなぎとめるためだったとする議論もあるほどなのだ[62]。

ユーラシア連合はつい最近始まったプロセスではなく、ソ連解体後の旧ソ連領域におけるさまざまな試みの流れのうえに成り立っているのである。

## 「狭間の政治学[63]」

前述のロシアのグランド・ストラテジーは、旧ソ連諸国の、特に資源などを持たない小国にとってきわめて有効に機能する。本項では、それを理解するうえで重要な、「狭間の政治学」という概念を簡単に説明したい。

ユーラシアの小国は欧米とロシアの狭間にある「狭間の国家」であり、大国間のバランスをとる必要がある。その兼ね合いに失敗すると、大きな懲罰を受けてきた。

顕著な例が、旧ソ連諸国だ。ロシアの勢力圏から抜け出そうと欧米への接近を図ったがために、大きな懲罰を受けたのが、ジョージアでありウクライナであった。モルドヴァもその一例だと言えよう。反対にロシアの顔色ばかり見て、親欧米という本心を隠してきたアルメニアのような国もある。アゼルバイジャンのように天然資源など経済リソースを持つ場合は、外交的な自由度をかなり獲得でき、バランスをとることも容易になるが、経済リソースを持たない狭間の国の場合は、その政治的安定はきわめて低くなる。「狭間の政治学」の難しさが近年、如実に明らかになった一方、狭間の国々を見ることで、世界全体が見えるということもはっきりとわかってきた。旧ソ連諸国をめぐる政治は、国際政治の縮図だとも言える。

「狭間の政治学」を実践することを余儀なくされてきたジョージアやウクライナの近年の出来事には、必ず背後に欧米とロシアの対立関係が見てとれ、最近では、新たなプレイヤーとして中国の存在感が高まりつつある。つまり、ジョージアやウクライナという小国の政治をじっくり見ることで、世界政治を理解できるのである。

狭間の政治学は連動する。たとえば、旧ユーゴスラヴィアのコソヴォ（二〇〇八年二月に独立宣言）に対する欧米諸国による国家承認プロセスは、明らかにロシアを刺激し、結果、ジョージアやウクライナ情勢に連動した。なぜか。それらは、冷戦時代にそれぞれユーゴスラヴィア、ソ連の一部をなしていたが、「国際社会」はそれらの連邦解体に際し、「ウティ・ポシデティス原則（Uti possidetis Juris）」という原則を採用した。各連邦内の共和国レベルの既存の境界線を尊重する、つまり、それらの境界線の引き直し・変更は認めないという原則である。

この原則に基づけば、かつての連邦構成共和国内の自治共和国（例えば、コソヴォやアブハジアなど）や自治州（例えばナゴルノ・カラバフや南オセチアなど）は独立を最初から否定されていることになる。つまり、原則論では、少数民族の分離独立は一貫して否定されたと言えるのだ。そして、そのことこそが、分離独立をめざした地域の「未承認国家」化を不可避にした。武力による国境の変更は認めないという国際原則があるなかで、広範な武力行使、虐殺や追放がおこなわれた未承認国家の独立を承認することは、それらの「虐殺の結果を追認」したことになるため、国際社会が連邦構成共和国より下位のレベルのエンティティの独立承認に動かなかったのはある意味当然であった。

実際、ユーゴスラヴィア解体からしばらくのあいだは、コソヴォにもこの原則が適用され、コソヴォの独立はまったく想像できないものであった。一九九〇〜九七年頃、国際社会はコソヴォ問題を「セルビアの国内問題」だとしてそれにいっさい関わろうとしなかったのだが、やがてセルビアを悪玉として、コソヴォの独立を支援する動きが米国を中心に強まっていったのだった。他方、ロシア、中国はじめ、国内に分離主義勢力を抱える国はコソヴォの独立が自国に影響をもたらすことを恐れ、また、ロシアなどは米国がウティ・ポシデティス原則を破って勝手気儘《きまま》に特定エンティティの独立を支援することも許容できなかった。だからこそ、欧米諸国のコソヴォに対する国家承認は、二〇〇八年のロシア・ジョージア戦争勃発の要因の一つとなっただけでなく（ジョージアおよびウクライナの

NATO加盟阻止も大きな要因だった）、同戦争後にロシアは欧米に対する意趣返しのため、ジョージアのアブハジアと南オセチアに対して国家承認をおこなったのである。

また、狭間地域の「革命」の背景には革命の輸出があった。セルビアのスロボダン・ミロシェヴィッチ元大統領を追放した青年運動の「オトポール！（「抵抗」の意）」が、旧ソ連の「カラー革命」に革命の輸出をし、それらすべてに欧米の、特に米国の政府やソロス財団に代表されるNGOなどの経済的、技術的支援があった。「カラー革命」の影響は、アラブの春にもつながり、世界規模で影響力を持ったと言える。

また、「フィンランド化」で言及したフィンランドや、スロバキアなどの中欧の国なども、さまざまなレベルで狭間の政治学のなかで懸命にバランス外交をしている事例に含められるだろう。

ユーラシアの小国は、地理的に欧州とロシアの狭間に位置し、政治的には米国の要素も加わって、欧米とロシアのあいだで、どちらに接近するかの選択を常に迫られ、選択によって多くの制約や試練を甘受せねばならない傾向が強くみられる。主権国家でありながら、政治的な自由が制限されてきた旧ソ連諸国の独立後の政治動向は、ロシアの対外政策の影響を色濃く受けてきたのである。

なお、プーチンのグランド・ストラテジーが最も顕著に体現されたのが「ウクライナ危機」、特にクリミア併合とウクライナ東部の危機だと言えるが、それらについては「ハイブリッドの戦争の成果」とも言え、ロシアの戦略を考えるうえで、ウクライナ危機が持つ意味はきわめて大きい。それについては後述する。

## ロシアの地政学的外交の現実

このように、ロシアでは「地政学」に基づいて戦略、戦術が練られ、実践されてきた。そして、ドゥーギンの著書がプーチンをはじめとしたロシアの中枢を担う人びとの教科書となっており、その思想が広く共有されていること、しかし、実際のプーチンのグランド・ストラテジーは、ドゥーギンの思想がベースとなっているとはいえ、現実に即したかたちで構築されており、ロシアの対外政策でリアルに使われてきた。だが、グランド・ストラテジーも万能ではなく、それがロシアにとってポジティブに働くこともあれば、逆もしかりであった。ここからは、ロシアの現実の地政学的思考に基づく外交の姿を、ロシアの地政学の思想とグランド・ストラテジーに照らしながら考えてみよう。

プーチン政権はグランド・ストラテジーを「勢力圏の維持」とし、ロシアの勢力圏、すなわち第一義的には（すでにEU、NATOに加盟済みのバルト三国を除く）旧ソ連諸国、そして第二義的には旧共産圏や北極圏を守るためならば、武力行使も厭《いと》わず、さまざまな手段を用いてきた。そしてそれら手段が集約されたのが、ウクライナ危機であったと言ってよいだろう。ウクライナ危機では、「ハイブリッド戦争」という概念が広く知られるようになり、また、「ハイブリッド戦争」にいかに対抗していくかがロシア周辺国の最大の課題となったのであった。

近年のロシアの対外的にめだつ動き、すなわちロシア・ジョージア戦争、ウクライナ危機、シリアへの介入、「ユーラシア連合」構想などは、すべてロシアの地政学的戦略と見事に合致する。ロシアの外交戦略はたびたび国際社会から批判されてきたが、実際のロシアの地政学的戦略は、ドゥーギンの主張から比べればずっとプラグマティックであり、臨機応変な側面もあると言える。

## ロシアのほんとうの狙い

例えば、クリミアを例外として、ロシアは領土拡張を望んでいない。ウクライナ危機の際、ロシアがウクライナ東部についても併合を狙っているという論調が多く聞かれたが、それはまずありえない。

なぜなら、併合をすれば、それだけロシアが守らねばならない国土が多くなり、年金や社会保障、教育、医療やインフラなどをすべて「当地の国民が以前の政府のもとで得ていた満足より大きな満足を感じられるレベル」で提供しなければいけないからである。それはロシアの大規模な経済負担を意味する。ロシアは自国領土内の極東やシベリアの開発を長年の課題としてきたが、クリミアを併合したことで、極東やシベリアに割り当てられていた予算のかなりの部分をクリミアに投入してなんとか面目を保ってきた状態だ（それでもなお、水問題など、クリミアに問題は山積している）。

これ以上支えなければいけない領土が増えれば、ロシアは経済的に持たない。加えて、ウクライナという国家のなかに、親ロシア的な地域を維持することこそが、ウクライナがEU、NATOに加盟しづらい状況を担保することになり、また親ロシア的な地域が外交的な権利を維持できれば、ロシアがウクライナの外交に影響を及ぼすことすらできる。このような状況がロシアにとって最も望ましい。

未承認国家についてもロシアは本来であればそれらを併合したくなく、むしろそれを「反ロシア的」な国々のなかに残すことにより、反露国へのカードを維持したいのである。ジョージアのアブハジア、南オセチアを国家承認し、事実上の併合プロセスを進めているのは、コソヴォ問題での欧米への意趣返しであり、反露的傾向を強めるとこうなるという、ジョージアおよび旧ソ連の反露的な諸国への見せしめであり、承認は本来ならばおこないたくなかったはずである。

それでは、ロシア人は自分たちの「領域」をどのように見ているのだろうか。

フィンランドの東フィンランド大学教授のジェレミー・スミスは、ロシア人が特別な感情を抱くクリミアはあくまでも例外的ケースで、ロシア人はさらなる領土拡大に反対すると主張する。ただし、ジョージアのアブハジアと南オセチアについてはロシアが完全に併合する可能性があるという。それは、両地域が現実的にロシアと一体化しつつあることに加え、西側がそのような動きをほとんど阻止しようとしてこなかったからであるという。[64]

このようにクリミア奪還を例外とし、ロシアは決して領土の拡張をめざしているわけではなく、領土については現状維持を図りつつ、いかに効果的に影響力を拡大するかということをめざしている。このような領土・国家に対するビジョンや戦略は、メスネルが主張し、ロシアの軍事関係者に広く受け入れられた最近のロシアの「新世代戦争」の考え方と合致する。ロシアがめざしているのはソ連の再興ではなく、大国ロシアを再確立してゆくことだ。そして、旧ソ連地域を中心とした影響圏を確実に確保したうえで、多極的世界を構築し、その「一極」を確実に担い、あわよくば「一極」の重みを極限まで増して、国際的な影響力を増すことを目論んでいると言えるだろう。

# 第四章　重点領域——北極圏・中南米・中東・アジア

## ハイブリッド戦争の次なるターゲット

ロシアが地政学的な戦略に基づいて、外交・軍事を展開してきたのは、すでに述べた通りだ。ロシアには、外交を展開するうえで、特に重視する重点領域がある。第三章で述べたように、ロシアには、ロシアはグランド・ストラテジーに依拠して外交の重要性を考えており、特に重要なのは、ロシアにとって最も堅固な勢力圏でなければならない旧ソ連地域である。また、新しい勢力圏として、北極圏は近年、ロシアにとって重要地域として戦略的意義を高めている。

加えて、ロシアが国際政治を展開するうえで明らかに重点を置いているのが、中東、中南米、そしてアフリカである。そして、ロシアは外交の重点領域にさまざまなかたちで強い影響力を行使してきた。

ロシアの現状を考えれば、ロシアがハイブリッド戦争を展開してゆくのは、また、次のターゲットになるのは、当然ながら、ロシアの重点領域となるだろう。ロシアのこれからの動きを模索するためにも、本章ではロシアの重点領域について全般的な検討をおこない、次の第五章ではロシアが米中を睨んで積極的に進出しているアフリカの事例により、その動きを実証的にみてゆく。

ロシアにとって最も重要な勢力圏である旧ソ連地域が重要な理由はくりかえさないが、それ以外の地域の重要性は、ロシアの対外政策と大きく関わる。特に、近年では、ロシアの米国および中国との関係やそれらとの競争関係が重要拠点におけるロシアの積極的な動きのインセンティブになっているという傾向も指摘できる。

そこで本章では、中国や米国がどのように関わっているのかにも注目しつつ、ロシアがどのような地域を重点領域ととらえているのか、またそれら地域がロシアにとってどのような意味を持つのかを検討してゆく。

## 旧ソ連圏の恐怖心

ロシアにとってつねに最も重要なのは、ロシアにとっての近い外国、つまり旧ソ連圏である。それらの地域がEU、NATOに加盟するのは絶対に許せない。それこそが、ロシアがジョージア、ウクライナを譲れない理由でもある。今後も、その傾向が続くことはまちがいない。そのため、旧ソ連圏のロシア系民族を多く抱える国々は、ロシアの次のハイブリッド戦争のターゲットになるのではないかと戦々恐々である。特に、その懸念を強く持ってきたのが、エストニア、ラトビア、そしてカザフスタンであった。エストニアは二五・二パーセント（二〇一一年）、ラトビアは二六・九パーセント（同上）、カザフスタンは一九・三二パーセント（二〇一九年）のロシア系住民を抱える。

なお、エストニア、ラトビアについては、ソ連解体後、多くのロシア系住民が「無国籍者」となった。なぜなら、エストニア、ラトビアは国籍条項において、母語、つまりエストニア語ないしラトビア語の習熟を要件としているのだが、多くのロシア系住民はそれを拒否したからである。そのような無国籍者はいわゆる「グレーパスポート」を保有する。グレーパスポートによって、ロシアとの行き来はできるものの、ロシア以外の外国に行くことはできない。エストニア外務省の方に二〇一五年にうかがった話によれば、近年、エストニアのグレーパスポートの数は減っており、エストニアとしての国民統合は順調に進んでいるというが、やはりまだ根深い問題ではある。とはいえ、エストニアもラトビアもNATOおよびEU加盟国であり、筆者としてはロシアが両国に対してハイブリッド戦争を仕掛ける可能性はきわめて低いと考える。それでも、恐怖をちらつかせることの意義は少なくないだろう。

また、カザフスタンについても、カザフスタンはロシアの有数の友好国であり、やはりハイブリッド戦争を仕掛ける可能性はきわめて低いと考える。しかし、ここで鶏と卵の論理を考えることも可能だろう。すなわち、ロシアがハイブリッド戦争の脅威をちらつかせてきたからこそ、その恐怖からロシアに対抗しない道を自ずと選択してしまい、結果としてロシアの友好国でありつづけているという見方もできる。

このような構造は、多かれ少なかれ、旧ソ連諸国に見て取れると思われる。例えば、ロシアのジョージアやウクライナに対する厳しい対応は、まちがいなく、他の旧ソ連諸国に対する「見せしめ」になってきた。

## 北極圏の戦略的・経済的意義

このようななかで、ここ一〇年ほど、頓《とみ》にロシアにとって重要性が増しているのが北極圏である。北極は冷戦時代には、米ソが最も近接する地域ということもあり（ピンと来ない方は、北極圏を中心に地球儀を上から見てほしい。アラスカとソ連・ロシアの距離に驚くはずだ）、つねに原子力潜水艦が行き交い、牽制し合うような、最も緊迫した地域であった。だが、ロシアは、ソ連解体後、北極圏を維持する余裕がなくなり、同地の軍事基地を閉鎖し、コミットメントを弱めていた。

しかし、近年、地球温暖化により北極圏の海氷が融解するようになると、戦略的・経済的意義が顕著に高まるようになった。地球温暖化による海氷の融解と水の膨張により、近年、北極海では海水面の上昇がつづいている。北極海の海氷は、一年単位で融解と氷結をくりかえしており、北半球の夏の季節に一年の間で最も面積が小さくなる。宇宙航空研究開発機構（ＪＡＸＡ）によれば、二〇一九年九月一七日には、北極海の海氷の堆積は三九六万平方キロメートルを記録し、それは、一九七九年の観測開始から二番目に小さい値となった。北極海では、特に〇三年以降、海氷の減少が顕著になっているのは明らかだ。一三年九月二三日から二六日にスウェーデンのストックホルムで開かれていた、ＩＰＣＣ（気候変動に関する政府間パネル）の第一作業部会の総会でも、温暖化の問題が深刻視され、二一世紀半ばの夏には、海氷のない北極海となる可能性が高いなど、世界全般の海氷の減少、海水面の上昇、海洋の酸性化の可能性が指摘された。

その結果、国際的な利害関係にも大きな変化が生じ、ロシアのみならず、世界が北極圏に対する注目を強めるようになった。そして、資源や輸送路の争奪戦といった新たな国際間摩擦の火が生まれたのである。

ロシアは歴史的、国際法的に、北極圏に対する最も強い権限を持ってきたが、その権限を守りつつ、さらにロシアの影響力を強めて、ロシアの国際的なポジションを強化したいと考えるようになった。それゆえ、近年、ロシアは北極圏を重要視するようになり、さまざまな側面からロシアの影響力強化に努めるようになった。

## 天然資源の宝庫――海底に立てられたロシア国旗

それでは、北極圏は温暖化によって、なぜ世界からそれほど注目されるようになったのだろうか。

まず、北極圏は天然資源の宝庫であり、石油（推定九〇〇億バレル）、天然ガス（推定一六

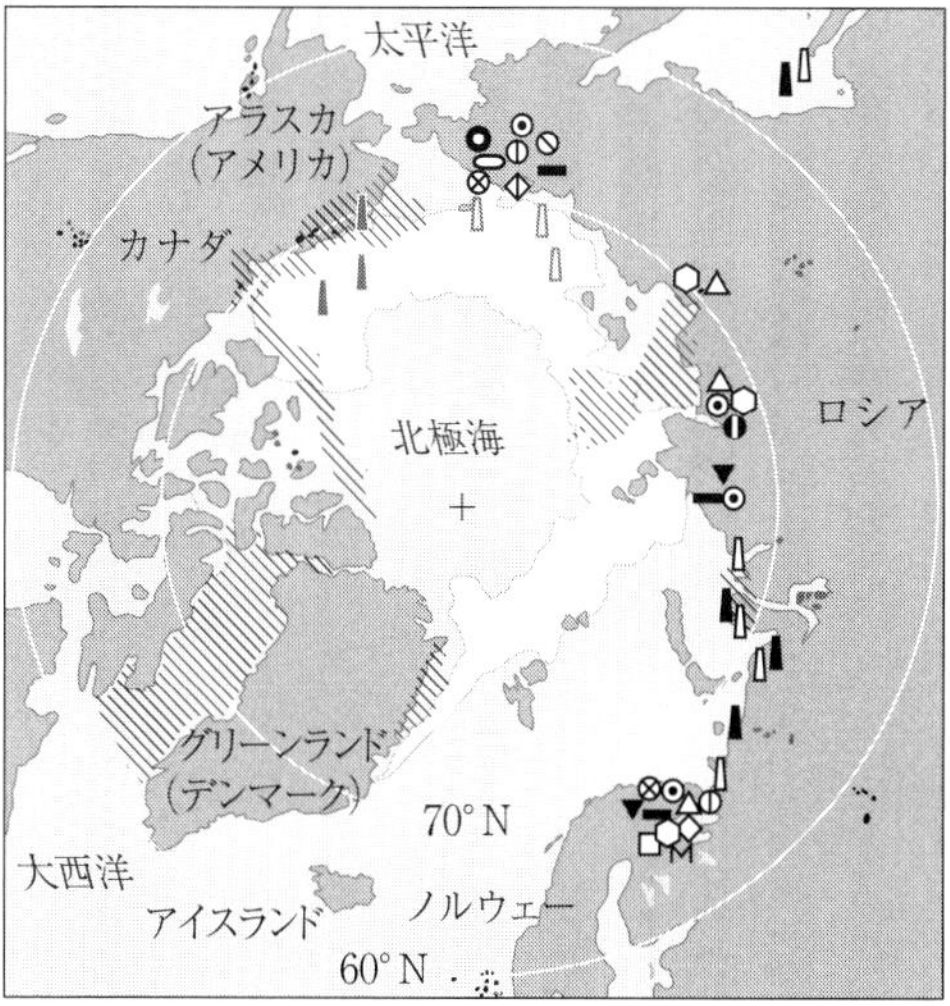


Sources : USGS, World Atlas of Oil and Gas Basins

図4-1　北極圏の資源

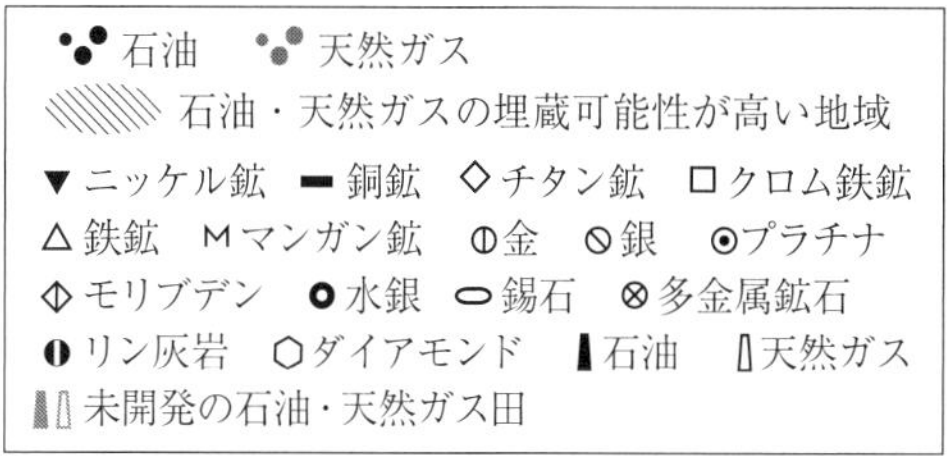

七〇兆立方フィート、さらに液化天然ガスも推定四四〇〇万バレル）のほか、さまざまな鉱物が埋蔵されている（図4－1参照）。北極圏には世界の未発見原油の一三パーセント、天然ガスの三〇パーセント、さらにニッケル、コバルト、金、ダイヤモンドなどの豊富な天然資源や鉱物が眠るといわれる。とはいえ、それらは分厚い氷に阻まれ、容易に採掘を許さなかった。だが、温暖化によって、天然資源の採掘の障壁は明らかに下がるため、北極圏の資源に対してにわかに注目が集まるようになったのである。同時に、大陸棚の領有権を巡る争奪戦も激しさを増しつつあるが、そこでもロシアの動きがめだつ。

ロシアは二〇〇海里の排他的経済水域（EEZ）を越える北極海の中央部の海底が、自国の大陸棚であると主張する申請書を二〇〇一年に国連の大陸棚限界委員会（CLCS）に提出した。この際、オホーツク海（北方領土問題とも関わる）、ベーリング海、バレンツ海についても同様の申請をしていたが、データ不足や関係諸国との調整の必要ありとのことで、すべて却下されていた。その後もロシアは大陸棚の獲得に躍起になってきた。

二〇〇七年八月には、計六人を乗せたロシアの小型潜水艇ミール一号と二号が北極点周辺の海底に到達し、ロボットアームで土壌採取などの探査をおこなった他、深さ約四三〇〇メートルの海底にさびにくいチタン製のロシア国旗を立てた。その旗は、国際法上、何の意味も持たないが、ロシアの資源開発権の主張の大きなシンボルと見られた。また、北極点付近の海底に有人潜水艇が到達するのは世界史上初であった。この調査を受け、同年九月二〇日には、ロシア天然資源省が収集データから「同海域の海嶺がロシア領の延長だという主張を裏づける資料が見つかった」と発表し、国連への領有権主張の申請の補強材料にすることも明らかにした。さらに、一二年にはロシア人科学者は世界に先駆けて深海ボーリングをおこなったのである。探査用のロシア海軍の潜水艦が約二キロの深さに潜り、試料の採取場所を特定し、ボーリング用装置によって採取したという。

その後もロシアは研究を続け、ラブロフ外相は二〇一五年八月に、再度、以前に不足しているとされた「科学的根拠」のデータも整えて、同国の海岸線から六五〇キロメートル沖の北極海の大陸棚までの一二〇万平方キロメートルを、ロシアの領海とする提案書をCLCSに提出した。なお、国連がその申請を受理した場合、ロシアの領土には、一二〇万平方キロメートルに及ぶ豊かな天然資源を持つ領域が加わることになるが、まだ審査中であり、結果は出ていない。海底が陸地からの延長である大陸棚と認められれば、海底の資源の研究権や開発権が確保できるため、ロシアが躍起になるのも当然だといえる。そして、ロシアは資源の権益を取得できると見込んで、一五年二月には、ノバク・エネルギー相が、今後二〇~二五年の間に国営ロスネフチ社が北極圏のエネルギー開発に約五〇〇〇億ドルを投資する予定であるとも発言している。

## 北極海航路の利権争奪戦

もう一つの地政学的、経済的な好機と見られているのが、北極海航路（NSR: Northern Sea Route）である。

北極海航路とは、ベーリング海峡とロシア沿岸の北極海を通り、東アジアと欧州北部を最短距離で結ぶ航路である（図4－2）。かつて、ソ連は軍事上の理由からも北極海航路を積極的に開発したが、ソ連解体後の混乱を受け、北極圏の軍事基地も一九九三年に閉鎖され、同航路は衰退してしまっていた。

現在は、国連海洋法条約に基づき、ロシアが安全や環境保護の観点から航行許可を出している状態だ。さらに、ロシアは同航路を通るすべての船舶に航行の事前申請や船員の氷解航行経験の要求、ロシアの砕氷船によるエスコート、環境保護と安全確保のための通航料徴収、損害賠償などを義務づけており、北極海航路は事実上、ロシアのコントロール下にあった。そのような北極海航路が温暖化で世界の注目を浴びるようになった。

大陸沿岸の海氷後退により、カナダ北部の多島海を通る北西航路と、シベリア沿岸の北東航路の両方が開通する期間が長くなり、開通する幅も広くなったからである。ただし、開通期間は夏場の約四ヵ月に限られ、その期間でさえも、ほとんどのケースで砕氷船の支援が必要となる。それでも、北極海航路を利用することで、航路がかなり短縮できるケースも多く、時間や燃料を中心とした諸コストを削減でき、多くのメリットを享受できる。

石油・ガスの輸送ルートとしての北極海航路の商業化は、二〇一〇年にロシアの「ノバテク」社が手配した「ソフコムフロート」の「アフラマックスタンカー」が、ロシア北西部にあるコラ半島北岸のムルマンスク港から中国海洋石油総公司（CNOOC）の化学プラントがある東シナ海の中国浙江省寧波まで、二二日間でコンデンセートを輸送することに成功したのが最初だとされる。その後、タイや韓国へもコンデンセートが輸送されるようになった。

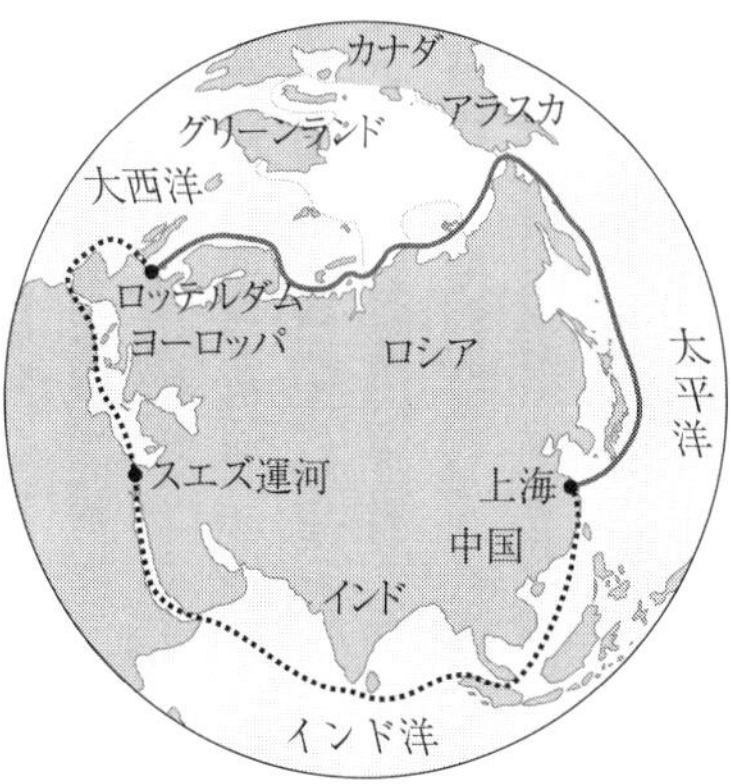


図4-2　北極海航路

―― 北極海航路　……インド洋航路

北方航路を巡る利権の争奪戦は密かに過熱しはじめている。実際、北極海航路を航行する船舶数は年々増加しており、国際海事機関（IMO）によると、二〇一〇年は四隻だったが、一一年に三四隻、一二年は四六隻という具合だ。ただし、筆者によるロシア人研究者へのインタビュー（二〇一六年）によれば、まだまだ商業的に採算が合わず、商業的に現実的になるのには三〇年近くはかかるのではないかとのことであった。

### 砕氷船の中露パワーゲーム

ロシアが北極圏を重視する背景には、まちがいなく米国の姿がある。前述のように、冷戦時代は、北極圏は米ソが最も間近に対峙する場所であったが、その地政学的構造は今も変わっていない。しかも、北極圏を制すれば、米国はもとより欧州やカナダにも存在感を示せ、ひいては世界に対してもロシアの重要性を認識させることが可能なのである。

なお、最近は中国に対する警戒心を増しているとはいうものの、二〇一七年ころには、ロシアはむしろ北極圏における中国との協力すら願っていた。つまり北極圏における中露関係については、近年までは協力関係であったが、一九年ころからロシアの対中警戒心が募るようになり、微妙な雰囲気が生まれつつあるようである。

特に、中露の北極海航路でのパワーゲームの鍵を握るのが「砕氷船」である。

中国の砕氷船「雪龍」は、ウクライナから北極海航路向けの貨物船を購入し、中国が砕氷船に改造したものだが、二〇一二年には北極海での試験航行を成功させた。しかも、その際、一般原則通りロシアの砕氷船のエスコートを受け、アイスランドに到達したものの、帰路は北極点付近を通過し、ロシアのエスコートを受けずに単独で帰還したのである。このことは、中国の砕氷船が独自で砕氷し、航行できたことを意味する。さらに一八年には、中国がはじめて自主建造した極地観測砕氷船「雪龍2号」が進水し、しかもそれは、世界ではじめて船首・船尾双方向の砕氷技術を搭載した極地科学観測砕氷船となっており、大きな注目を浴びた。中国はさらに複数の砕氷船建造を進めているという。

他方、ロシアは現役の砕氷船を五一隻保有しているが（ちなみに米国の現役砕氷船は五隻）、その性能には疑念が持たれてきた。北極海航路を制するため、ロシアは最新型原子力砕氷船「アルクティカ」の開発を進め、二〇二〇年代半ばまでに六隻で編成される原子力砕氷船艦隊を作り上げようとしてきた。だが、その計画はすでに四年遅れており、その最初の第一号がようやく二〇年九月に完成したものの、エンジンの不具合など不安が残る進水となり、原子力砕氷船艦隊の計画は難航が危惧されている。加えて、北極海航路におけるロシアの目標達成を牽引するとされてきた新たな原子力貨物船も現状では失敗に終わっていると報じられており、ロシアの砕氷船計画にさらに暗い影を落とすことになった。

このように、北極圏の戦略的意義が高まるなか、北極圏でのインフラ整備が進んでいるが、同時に軍拡も進んでいる。ロシアもソ連解体後に閉鎖した軍基地をふたたび利用しはじめたり、新しく基地を建設したりしている他、石油や天然ガスを採掘するためのインフラ建設を進めている。また、それら資源を採掘した後の輸送に使えるような道路や鉄道の建設計画も北極圏でいくつか進んでいる。

## 「北極海航路は最初で最後の防衛線」

北極圏の重要性が増せば、「守るべきもの」も増え、そこに軍事力を集中させようとするのは、自然な動きであろう。そのため、ロシアのみならず、諸外国も北極圏の軍事基地を強化している（図4-3）。中国も北極圏への軍事進出を目論み、二〇一六年には中国鉱業・俊安グループが、デンマーク領グリーンランド（自治政府を持つ）にある旧米海軍基地施設を買収しようとしたが、デンマーク政府が阻止した。なお、米国のドナルド・トランプ大統領も一九年夏にグリーンランドを購入したいと主張したが、デンマークのメッテ・フレデリクセン首相に即時拒否されたという経緯もあった。それほど、北極圏の軍事基地や土地は魅力的なのだ。

ロシアは軍事基地のみならず、極北仕様の新型兵器を北極圏につぎつぎと配備し、北極海の防衛を固め、米軍力の排除をめざしている。二〇二一年一月一日には、北極圏防衛を任務とするロシアの北方艦隊が軍管区に格上げされ、北極圏に面するコミ共和国、アルハ

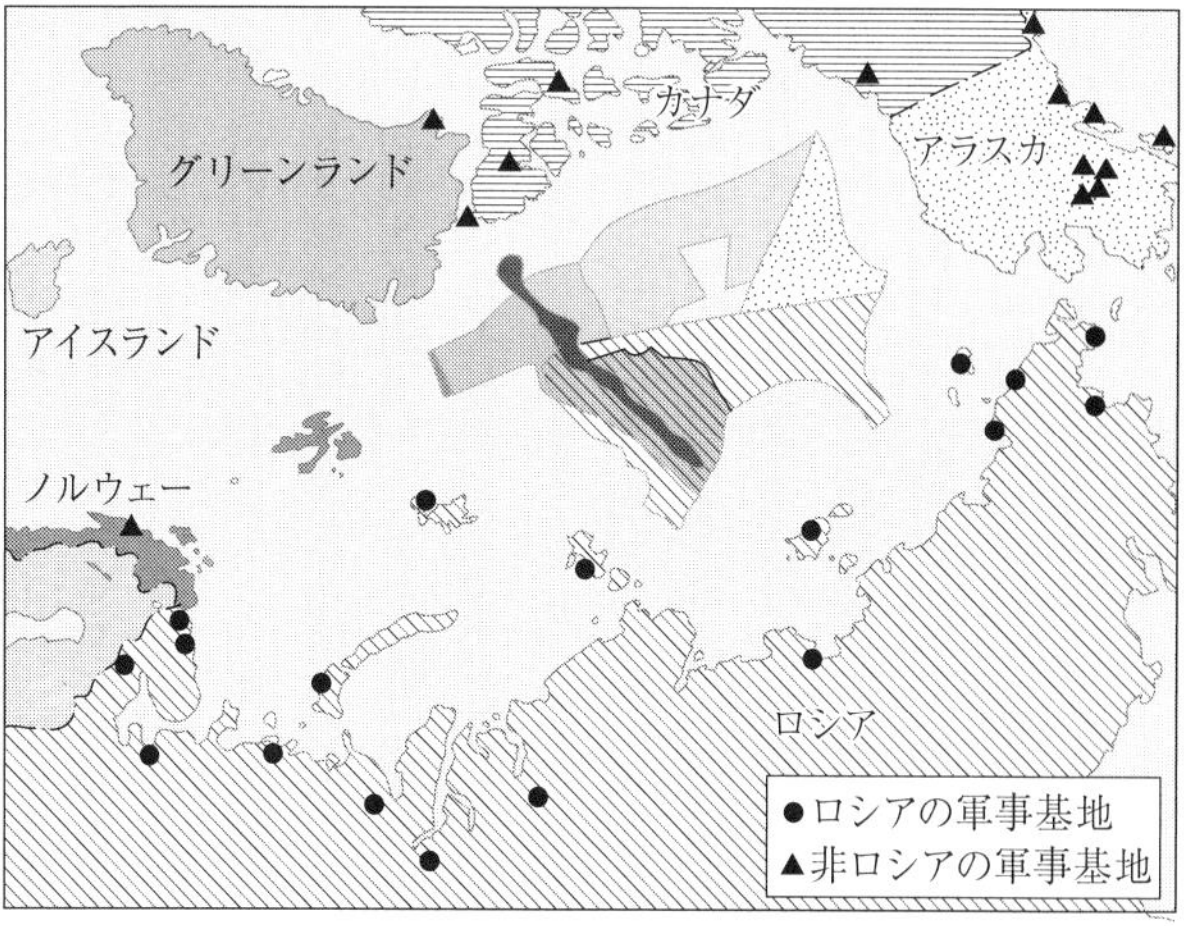


SOURCES : The Heritage Foundation, TASS, Sputnik News, RI, USNI News, The Mosccow Times, Associated Air Charter, Barents Observer, Council on Foreign Relations, The Economist.

図4-3　北極圏の軍事基地

ンゲリスク州、ムルマンスク州、ネネツ自治管区が北方艦隊の管区に移管された。北極圏の実効支配を確保し、NATOの艦船の進出を阻止する狙いがあるとされる。

北極圏の防衛をさらに増強するという考え方は、二〇一八年半ばにロシアの軍事問題専門家で、極右的な評論家でもあるアレクサンドル・シロコラドが主張した「ロシアの主目的は米国を我々の北極圏に入れないことであり、北極海航路はロシアの最初で最後の防衛線だ」という見解に影響を受けていると考えられる。

欧米では北極海航路は、主に商業的価値と船舶の安全というポイントで注目されているが、シロコラドは北極海航路のロシアにとっての意味を、北極圏が持つ地政学的、地経学的、軍事的、戦略的重要性という多層的な意義と絡めて強調する。さらに、氏は、もしソ連時代にソ連が軍事砕氷船を国際的に誇示していなければ、第三国が北極圏での経済活動を継続し、権益を得ていたにちがいないとし、ロシアは北極海航路を国際化しようとする欧米の動きは、ロシアの北極圏における権益と影響力を喪失させるための攻撃だとみなして、対抗措置を取るべきだと主張する。

ロシアでは、そのような歴史的な流れにも鑑み、現代においても、高レベルな軍事砕氷船を保持することは、北極圏での権益の維持や、万一北極圏で紛争が発生した時などに、ロシアにきわめて有利に働くと考えられている。それに加え、四つの手段がロシアの北極圏における優位性を支えうるとされている。

第一に、防空・ミサイル防衛能力である。ロシア政府は二〇二〇年末までに、弾道ミサイル・巡航ミサイル・極超音速標的・ステルス機を探知できるレゾナンスNレーダー複合体を二基配備すると発表している。また、ロシアは北極圏の条件に適合するようにTOR-M2DTミサイル・システムの開発もおこない、それによって、ほぼすべての飛翔体を標的にできると言う。

第二に、戦略航空機である。例えば、ツポレフTu160はロシア軍のナグルスコエ基地があるアレクサンドラ島に展開可能であると言う。同機種の戦略航空機は、通常弾頭と核弾頭の両方を積載できる空中発射巡航ミサイルKh101/Kh102を運搬できるため、欧米にとっては重大な脅威となる。例えば、ロシアがこのようなミサイルを使えば、グリーンランドにある米国のチューレ空軍基地への攻撃を阻止することは不可能だとされている。

第三に、地上輸送車と歩兵戦闘車である。ロシアの新世代歩兵戦闘車であるリザルは極北での作戦に特化して設計されていて、近く実戦配備され、主要な地上装備として位置づけられるという。

第四に、高精密兵器である。核弾頭も搭載可能な空中発射弾道ミサイルであるKh47M2キンジャールは二〇一七年にロシアの南部軍管区にはじめて配備されたが、現在その北方展開もめざしていると言う。一九年一一月の発射実験では、Kh47M2キンジャールはマッハ一〇で飛行し、地上の標的を破壊したとされ、現在、北極の厳しい気候条件でも使えるよう、改良が進められているというが、実際に配備されれば、北極圏でのNATO軍の動きを大きく牽制しうるという。

## 中国との協力は不可避

このようにロシア軍の北極圏での展開は、欧米の動きを封じ込めるべく最先端の技術が集約されていると言ってよい。

だが、現在の北極圏の状態で石油や天然ガスを採掘するためには、やはり欧米の最新技術が必要であるというのもまた事実だ。ロシアは、それら欧米企業と協力して資源開発を進める予定であった。しかし二〇一四年のクリミア併合、ウクライナ東部へのロシアの介入などで、欧米がロシアに経済制裁を科したことから、ロシアの資源開発に欧米の企業が関われなくなり、しかも、ロシアは一四年以降、経済的にも困窮するという悪条件も重なり、ロシアの北極圏開発計画は大きく遅れることになった。

そこでロシアにとって不可避になったのが中国との協力であった。ロシアのプーチン大統領は中国の一帯一路構想と、自国のユーラシア経済連合構想の「連携」を進めてきたが、その連携の軸に北極圏も含めてゆくことを二〇一七年に提案し、中国もそれを快諾した。中国は中国で、それ以前から、北極圏へのコミットメントを強め、特にアイスランドやグリーンランドに接近して北極圏への足場を確保していった。北極圏のガバナンスを担い、北極圏国八ヵ国が設置したハイレベル・フォーラムである北極評議会（AC: Arctic Council）にも、中国は一三年からオブザーバーとして参加している（日本も同年にオブザーバー資格を得た）。

ロシアの北極圏における資源採取は、当初の想定とくらべれば低レベルになってしまっているのは否めないが、それでも自助努力で着実に発展している。例えば二〇二〇年三月、ロシアの石油採掘・供給大手のガスプロムネフチのヴァディム・ヤコブレフ副会長は、北極圏の油田での生産量が大きく伸びており、一九年のロシアの原油生産量のうち、約三〇パーセントを占めたと発表し、今後も北極圏での油田開発を推進すると説明した。その際、北極圏の厳しい条件での炭化水素の生産は技術的、組織的に困難であるが、それらを克服して同社が着実に任務を果たしていることも強調され、ロシアも自国の技術を発展させていることがうかがえる。近年、ロシアが長年頼りにしてきた西シベリア地域の原油埋蔵量が次第に枯渇に近づくなか、北極圏の油田開発はロシアの経済を支えるうえで、なんとしても成功させなければいけないプロジェクトとなっているのである。

前述の通り、ロシアは近年、中国のあまりに顕著な北極圏への進出を警戒するようになっているのだが、それでも、現状のロシアは、中国との協力なしには、北極圏での活動を著しく制限されるという実情に直面しており、中国の北極圏におけるプレゼンスの拡大はある程度必要悪として受け止めざるを得ない状況にあると言える。

## 北極海航路の終点としての北方領土

このことに関連していえば、ロシアの北極圏政策こそが、日本が奪還したい北方領土をロシアが返還できない理由の一つにもなっていると言える。ロシアにとって、北方領土は北極海航路の終点であり、また、ロシアが太平洋に出るための重要拠点なのである。さらに、日本や韓国に展開する米軍を睨むうえでも、さらに中国を睨むうえでも、軍事的な要衝になっている。特に米国に対抗する核戦力の拠点となっているオホーツク海を守る拠点にもなっている。そのようなロシアの北方領土にまつわる地政学的な重要性が、ロシアが北極圏のみならず、北方領土の軍拡を進める誘因の一つとなっていると言えるだろう。

ロシアにとってとりわけ重要なのが、択捉島《えとろふ》、国後島《くなしり》である。特に、水深が深い国後水道（択捉島と国後島のあいだ）は、潜水艦の展開ということを考えてもロシアが絶対に死守したいものでもある。

かくして二〇一六年、ロシアは択捉島、国後島に最新鋭の地対艦ミサイルであるバスチオンとバールをそれぞれ配備し、一八年には択捉島に新鋭戦闘機スホイ35を配備した。ロシアはさらに北方領土の軍拡を進め、最終的には千島列島や北方領土に地対艦ミサイルを増強し、全域を覆って防衛線を作ろうとしている。なお、色丹島《しこたん》、歯舞《はぼまい》諸島にはロシア正規軍は配備されていないはずだが、少なくとも国境警備隊は相当数配備されている。

### 影響力を強めようとする動き

これまで、重点領域としての北極圏について説明をしてきたが、それ以外にもロシアの重点領域は、中南米、アフリカ、中東、アジア・太平洋諸島などに広がっている。これらの地域に影響力を強めようとするインセンティブは、単にロシアの影響圏を拡大しようという思惑にとどまらず、ロシアの米国や中国に対する戦略、特にロシアが何を重視しているかという問題から生じていると言って良い。

ロシアは、中東・アジア・アフリカ・反米的な中南米諸国については、ソ連時代に多くの国とかなり緊密な関係を築いていた。それが、ソ連解体でロシアの国力、とりわけ経済力が弱まり、それらの地域に手が回らなくなったという経緯があったが、近年、できるだけ盛り返そうとしている。

ソ連時代には、東西冷戦に勝利すべく、バラマキなどもしながら、より共産党陣営を拡張し、また友好国を増やそうと努力していた。例えば、コメコン諸国や友好国には、経済的に多くの優遇措置をとり、兵器や石油・天然ガスなども無料もしくは安価で提供していた。同時に、朝鮮戦争、ベトナム戦争、アフガニスタン紛争、アンゴラ内戦などに代表されるような、それら地域の代理戦争に関与し、大量の兵器や資金を援助していた（米国も同様）。

また、ソ連にはパトリス・ルムンバ名称民族友好大学という大学があった（ソ連解体後、一九九二年に「ロシア諸民族友好大学」に改名)。同大学は、ソ連に友好的なアジア、中東、アフリカ、中南米の第三世界諸国からの留学生を受け入れ、共産主義思想とその経済政策を教育する大学であった。一九六〇年に開設されたものの、六一年にアフリカ独立運動の旗手であったコンゴ民主共和国のパトリス・ルムンバを讃えて「パトリス・ルムンバ」という名称を付加していた。この大学が、政治的な意味を持ち、欧米に対抗するためのソフトパワーの源泉とされていたのはいうまでもない。開設当初は約六〇ヵ国のきわめて優秀な学生が六〇〇名前後留学し、その後、彼らが帰国してソ連で学んだことを還元していたことを考えれば、そのソフトパワーとしての影響力はかなりのものであったと推察される。そのような影響力をまた復活させようとしているのである。

## ロシアの中南米重視姿勢

中南米を重視する背景には、当然、米国のお膝元であるという地政学的計算がある。実際、冷戦期にもキューバをはじめとした中南米諸国にソ連はかなり大規模に進出していた。冷戦終結後に、国力の衰退から一時は関与を弱めたものの、近年、ロシアは中南米諸国との関係をふたたび強化している。中南米は、米露双方にとって戦略的に重要な地域なのである。

反米の中南米諸国を取り込むためには、資金援助や技術支援、軍事援助などの手段が多面的に用いられる。軍事援助については、軍事装備品などの供与のみならず、民間軍事会社の軍事要員の派遣、合同軍事演習なども含む。

ロシアにとって、中南米との関係強化は米国とのパワーゲームにおける外交的なメリットがあるが、ロシアはさらにそれら諸国から得られるものを極力得ようとする。例えば、ロシアと敵対関係にあるジョージアのアブハジア、南オセチアの国家承認をさせることなどがその顕著な例になるだろう。二〇〇八年のジョージア・ロシア戦争の後、ロシアは、同年二月のコソヴォ独立宣言を受け、多くの欧米諸国が国家承認をおこなったことへの意趣返しとして、ジョージアの未承認国家であったアブハジアおよび南オセチアを国家承認した。

ロシアはそれらに対する国家承認を増やすため、友好国にも圧力をかけ、ニカラグア、ベネズエラ、シリアの他、太平洋諸島の三ヵ国もロシアの経済援助と引き換えにそれら地域を国家承認したのだった。

ロシアの中南米の反米国に対する外交攻勢は、近年、特に二〇一七年以降、顕著になっている。紙幅の制限から、ニカラグア及び、ベネズエラの事例のみ簡単に概観しよう。

## ニカラグアへの軍事支援

プーチンが最初に注力したのはニカラグアだと言えそうだ。ニカラグアでは、一九八〇年代にソ連の支援を得てニカラグア革命を推進したダニエル・オルテガが、二〇〇七年に一六年ぶりにふたたび大統領として返り咲き、独裁体制をとっているが、ソ連時代から深い関係にあったオルテガが支配するニカラグアはプーチンにとって、米国の牽制に使える存在だと見えたようである。

ロシアによる二〇〇七年から一六年までの援助総額は約一六八億円に及んだが、一六年以降、ロシアの支援は軍事関連にシフトしてゆく。戦車T－72（五〇台）、哨戒艇ミラージュ１４３０（五隻）、ミサイル艦モルニア１２４１（二隻）、高等練習機Y－１３０などが供与された。なお、それらの単価は戦車が一億一〇〇〇万円、哨戒艇は五億五〇〇〇万円、ミサイル艦は四九億五〇〇〇万円、高等練習機は一六億五〇〇〇万円ほどだとされる。一四年にはプーチンがニカラグアを初訪問し、大歓迎を受けたという。

さらに、ロシアの目的をより体現したのが、二〇一五年の合意に基づいて、一七年四月にニカラグアのネハパにロシアが開設したグロナス基地「チャイカ」である。グロナスとは、旧ソ連そしてロシアが開発した「衛星測位システム・グロナス（GLONASS）」であり、米国が開発した「全地球測位システム（GPS）」に対抗するものだ。両システムは元来、軍事目的で開発されたが、現在ではともに、民間でも使用されている。「チャイカ」は「高精度の」衛星信号を受信でき、これにより、ニカラグア国内での災害や船舶の航行、同国政府による麻薬密売業者の取り締まりも支援できるようになるとされているが、その真の狙いは、米国および中南米全体を牽制し、諜報基地として情報を収集することである。なお、ロシアは中南米ではブラジルにも四ヵ所のグロナス基地を保有している。一八年にはニカラグアで大規模な反政府デモが起きたが、ロシアの支援によりその動きを弾圧し、オルテガ政権が生き残ったという経緯がある。

## ベネズエラの米露代理戦争

また、ベネズエラの事例では、ニコラス・マドゥロ大統領とプーチン大統領の良好な関係も手伝って、両国関係は近年、緊密になっている。特に、ベネズエラの経済危機を支えているのは中露に他ならず、ロシアは自国のプレゼンスの拡大もしっかりおこなってきた。ロシアのベネズエラ支援は、あくまでも対米ハイブリッド戦争の一環で行われている。

二〇一七年末からのベネズエラの財政破綻（外国からの債務は一〇〇〇億ドル＝約一一兆円）を受け、ロシアは三〇億ドル（三六〇〇億円）分の負債再編に応じ、バーターでロシアの軍艦三隻がベネズエラの港に一五日間停泊できるようになった。一八年一二月にはマドゥロ大統領が訪露し、ロシアはベネズエラの石油生産で五〇億ドル（約五六〇〇億円）以上の投資、金などの生産にも一〇億ドル以上の投資、さらに軍事システムの修理への技術支援や一九年に穀物六〇万トンの供給などをおこなうことで合意した。

また、二〇一八年一二月一七日には首都・カラカスから北東およそ二〇〇キロメートルのカリブ海のラ・オルチラ島にロシア軍基地が建設されることが決まったという報道が出た。ロシアは一四年からベネズエラでの基地建設を目論んでいたとされ、一八年一二月一〇日には合同軍事演習を名目に、ロシアがベネズエラに戦闘機を複数派遣していたことから、この報道は信憑性をもって受け止められたのであった。

二〇一九年に入り、ベネズエラはマドゥロ政権のもと悪化を続けていた経済がいよいよ壊滅的になり、ハイパーインフレを伴い、暴力と飢えが象徴とされてしまうような深刻な経済危機に陥った。すると、マドゥロに対抗するかたちで、野党指導者のフアン・グアイドが暫定大統領を名乗り、二重権力という状況が生まれてしまうことになった。

米国はグアイドを強力に支援し、トランプ大統領は軍事介入すらちらつかせたが、ロシアがマドゥロを支援し、代理戦争のような様相が生まれた。同年九月にはマドゥロが訪露して、プーチンとともに「対米政策での協調」を確認し、プーチンはマドゥロを支援する姿勢に揺らぎはないと明確に述べていることから、ロシアのベネズエラ支援は当面盤石に思われる。

## 米国と中国を意識――アジアや太平洋諸島の重要性

また、中東やアジア・太平洋諸島、アフリカについては、米国を睨むと同時に、中国を意識していることがうかがえる。特に、中国の一帯一路政策とは、「連携」を約束しつつも、やはりその影響力があまりに拡大するのは望ましくないと考えているようで、中国が進出したアフリカには、近年、一歩遅れてロシアが関与をふたたび深めている（第五章で後述）。さらに、中国がロシアの意向に反して政治・軍事面にまで「深く浸透しすぎた」中央アジアでも、ロシアは挽回のチャンスを虎視眈々と狙っている。

アジア、特に日本、韓国に対しては、日米同盟、米韓同盟に楔を打ち込みつつ、中露の関係の深さを米国、日韓に見せつけて米国に関わる同盟に揺さぶりをかけようとしていると言える。前述のように、ロシアにとって米国の同盟を揺さぶり、できればそれら「同盟国」をロシア側に引き込むことは、ロシアの「現代型戦争」の重要な目標なのだ。

他方、アジアでも東南アジア、南アジアでは、また、太平洋諸島ではロシアがいかにチェスのコマを有利に展開するのかという攻防戦が展開されていると言ってよい。アジアでロシアの動きが興味深く観察できるのがベトナムとインドであるが、ここでは特にインドの事例を取り上げたい。

## インドとロシアの関係深化

インドは、現在、大国政治の「目」ともいうべき存在になっており、ロシアのみならず、米国や中国など大国がインドに必死に接近しようとしている。インドは一九四七年の独立後、しばらくは米ソどちらの陣営にも属さず、中立外交を展開していたが、六二年に中印国境紛争を起こして中国に完敗すると、紛争中も支援を受けていたソ連に接近していった。当時、米国がインドと緊張関係にあるパキスタンと友好関係を結んでいたこともあり、インドはソ連・ロシアとの関係を深めていった。ロシアもインドとは、軍事面などでも協力し、近年までは中国に対して軍事的な技術供与を避けていたにもかかわらず（最近は、中国の兵器のレベルが高くなり、またライセンス料なども支払われるようになったため、ロシアは中国にも軍事的な技術供与や共同開発などをおこなうようになった）、インドとは長年、共同開発などもおこなってきたのである。そしてインドの兵器の七〇パーセントはロシア製である。

だが、二〇一四年にナレンドラ・モディが首相になると、インドは対露関係を尊重しつつも、多極的な外交を展開するようになる。その流れを受け、当時の米国のバラク・オバマ大統領はインドに接近した。台頭する中国を牽制するためには、インドとの関係が不可欠だと考えられたからだ。米国の対印外交攻勢をロシアが看過するはずもなく、ロシアも多面的に対印関係を強化しようとし、またインドもそれに応じた。そのため、インドは、対米接近するなかでも、ロシアとの軍事協力を緊密に続け、ロシア兵器の購入や現地生産などをおこなってきた。一八年一〇月五日のプーチン訪印時に防衛の要として、ロシアの高性能な地対空ミサイルシステムS－400「トリウームフ（大勝利の意）」（同時多目標交戦能力を持つ超長距離地対空ミサイルシステムで、米国のパトリオットミサイルと比して、少なくとも二倍の射程力を持つとされる）を五基（五〇億ドル相当）購入することでロシアと合意した。さらに、同訪問時には、すでに稼働していた二基に続き、新たに六基の原発建設の契約を含む二〇項目の合意がなされた。

他方、モディ首相は米国の立場をしっかり把握し、外交の自由度を最大限活かそうともしている。それを受け、露中米日がインド争奪戦をくりひろげている。それが顕著にあらわれたのが二〇一九年六月に大阪でおこなわれたG20であった。地政学的重要性がきわめて高まっているインドに対し、議長国の日本をはじめ露中米がそれぞれインドに接近を試みたが、インドは四大国を手玉に取りながら、見事なバランス外交を展開したのであった。

それでも、インドの外交のベクトルはロシアに向いているように見える。二〇一九年九月のロシア・極東のウラジオストクで開催された「東方経済フォーラム」に、モディ首相ははじめて参加した。その際、貿易投資及び軍事技術分野、産業・教育、文化分野で両国間の大規模なプログラムパッケージが合意された。ロシアの石油や天然ガスの生産、液化天然ガスのインド向け輸出の拡大に向けた協力などで合意した他、インド初の有人宇宙飛行計画に向けた訓練をロシアでおこなう宇宙協力や、ウラジオストクとインド南部チェンナイ港の間の海運活性化に取り組むことでも一致したのである。さらに、一四五億ドル相当の武器と軍事装備の供給、ロシアの軍事設備と装備のスペア生産をインドにて共同でおこなうことなどの契約が締結され、9K338イグラ-Sのライセンス生産に関する交渉も継続するなど、特に軍事部門では大きな関係深化が見られた。

このように、多くの大国が関係を深めようとしているインドとの関係については、ロシアが一歩リードしているように見える。インドを取り込むことは、米国とのハイブリッド戦争を展開するうえで、重要な鍵となるのである。

意外と盲点となっているのが、ロシアの太平洋諸島への進出だ。米国の影響力が比較的及んでいないところにはロシアの影があることが多い。太平洋諸島は貧困な小国が多いが、ロシアは、ソ連時代から、それら諸国と例えば援助と引き換えに漁業権を得るなどして関与してきた。ソ連解体後はロシアが支援をできなかった時期もあったが、二〇〇〇年代後半から、経済・軍事援助などをおこなうようになっていく。その際、ロシアも「見返り」を要求する。

例えば、中南米とロシアの関係の部分で論じたように、ロシアはジョージアの未承認国家であるアブハジア、南オセチアの国家承認を友好国に対しておこなわせてきたが、その手法を南太平洋諸島における影響力拡大のためにも使ってきた。こうして、太平洋諸島のナウル、バヌアツ、ツバルも、ロシアの経済援助と引き換えにそれら地域を国家承認したのだった（ただし、バヌアツは南オセチアについては国家承認を一度もしていない）。だが、ジョージアとの関係からバヌアツは二〇一三年五月に、ツバルは一四年三月に国家承認を撤回している。

## 地中海に面したシリアの戦略的意義

つぎに中東についてみてみよう。

ロシアの中東への進出は、ソ連時代に培っていたものの喪失していた影響力を復活しようとするものである。中東での覇権を保ちたい米国と新規参入したい中国を制する一方、中東が地政学的に欧州と近いことから、欧州をも睨む、ひいてはＮＡＴＯを牽制することを意味し、ロシアにとってその外交戦略的意義がきわめて高いことがわかる。特に、めだつのがシリア、リビアでの動きである。近年、シリア、リビアでは特にワグネルの動きが活発となっており、ロシアの影響力が強まっている。

ここではシリアの事例についてもう少し踏み込みたい。ロシアにとって、シリア紛争への介入とシリアのバッシャール・アサド政権の維持の意味はきわめて大きい。その結果、イラン、イラク、トルコなど中東の重要諸国との連携を深め、トルコに前出の地対空ミサイルシステムＳ－４００を輸出し、ＮＡＴＯの分断に大きく寄与した。なぜなら、トルコはＮＡＴＯのメンバーであり、トルコのＳ－４００購入に、特に米国が激しく反発したからである。米国はその制裁として、最新鋭ステルス戦闘機Ｆ35のトルコへの売却中止を決定し、売却の準備として訓練をおこなっていたトルコ人パイロットも送還した。米国はＦ35などの機密情報がロシアに漏れることをたいへん警戒しているというが、このことにより、ＮＡＴＯはソ連・ロシアの東地中海への影響力拡大を予防するための防波堤たるトルコを失うことになった。その後ロシアは、Ｆ35の代わりとしてロシアの最新鋭機Su-35の売却をトルコに持ちかけたと報じられている。

また、当然ながらシリア介入には大きな意味がある。前述のように、シリアには多くの民間軍事会社が展開するなど、ロシアのハイブリッド戦争の最前線の一つである。なぜか。

ロシアとシリアはソ連時代から密接な関係を維持し、ソ連解体後もシリアはロシアにとって重要な中東の友好国でありつづけ、その戦略的意義はきわめて高い。ソ連時代、ソ連は海外にも軍事基地をかなり展開していたが、ソ連解体によりその多くを閉鎖したものの、ロシアは旧ソ連諸国外で唯一の自国の軍事基地をシリアに維持しつづけていた。それが、タルトゥース港にあるロシアの海軍基地である。二〇一五年中頃にはシリア内戦においてアサド政権を支援して軍事介入をするためにフメイミム空軍基地も建設し、シリア反体制派に対するロシア空爆作戦の戦略的中核として利用してきた。また、戦車、航空機、対空防衛システム、そして最新鋭の弾道ミサイル等の兵器・武器をシリアに供与してきた。

地中海に面したシリアは、中東のみならず、欧州、アフリカを睨むうえでも有益で、戦略的意義が高い地域となっており、欧米に対抗してゆくロシアの国際戦略のなかで、シリアを確保する意義はとりわけ高いのだ。

## ISISに対する勝利宣言

さらに、ロシアのプーチン大統領とシリアのバッシャール・アサド大統領は、権威主義的ないし独裁的指導者としての利害を共有している。二〇一〇年から一二年にかけてアラブ世界において発生した、前例にない大規模反政府デモを主とした動きであった「アラブの春」の影響がロシアに及ぶことを恐れ、「アラブの春」の影響拡大を抑えることにも神経質になっていた。

しかし、ロシアにとって、シリアとの関係を維持するための負担は決して理想的なものではなかった。なぜなら、ロシアはシリアに武器を売却する際に、武器購入資金としてクレジットを提供しなければならなかったし、ソヴィエト期の約一三四億米ドルにおよぶシリアの債務のうち七三パーセントに相当する九八億米ドルを帳消しにすることも合意しなければならなかったからだ。

また、ロシアのメドヴェージェフ大統領（当時）が二〇一〇年にシリアを訪問した際には、シリアに原子力発電所を建設することを提案しているが、その後進展は見られていない（ロシアの中東における原発建設は積極的に進められており、エジプト、トルコ、イラン、ヨルダンとのあいだでプロジェクトが進行している）。そのため、両国の関係の基盤となっているのは、軍関係者、政府高官、武器・兵器の取引業者などのもっとミクロなレベルの関係だという論者もいる。

そして、ロシアのプーチン大統領が、二〇一三年に米国のバラク・オバマ大統領（当時）のシリア攻撃を思いとどまらせ、世界に影響力の強さをアピールした一方、一五年九月三〇日からのロシア航空宇宙軍によるシリアへの空爆開始を契機に、ロシアはシリアの内戦に軍事的に介入してゆくことになる。

ロシア軍の介入について、ロシアはシリア政府からの要請を受けて、シリア領内でイスラーム国（ISIS）に対する空爆を開始するとしていたが、実際は、特に攻撃の最初の時点では、アサド体制を守るために反アサド勢力に対しての攻撃が主におこなわれていたとされる。とはいえ、最終的にはISISへ攻撃をすることとなる。

途中、トルクメン人への空爆とそれに反発したトルコ軍によるロシアのSu-24戦闘爆撃機の撃墜事件（トルコ側はトルコの領空侵犯があったと主張）が起き、ロシア・トルコ関係が緊張する場面もあったが、最終的にはロシアが最大の功労者となってシリア政府はつぎつぎに重要地点を奪還していった。

そのプロセスのなかで、ロシアは前述のソ連時代からあるタルトゥース基地、攻撃開始に際して建造したフメイミム基地のみならず、四つのシリアの空軍基地（ティヤス〈T－4〉空軍基地、パルミラ〈タドモル〉空港、ハマ空軍基地、シャイラット空軍基地）をロシア航空宇宙軍が使用できるように再建し、ロシア軍が使用してきた（図4－4）。

こうして、一七年一二月にはロシア軍が対ISIS勝利宣言を発表した。ロシアの攻撃により、甚大な民間人の死傷者が出たことで、ロシアに対する批判は少なくないが、そ

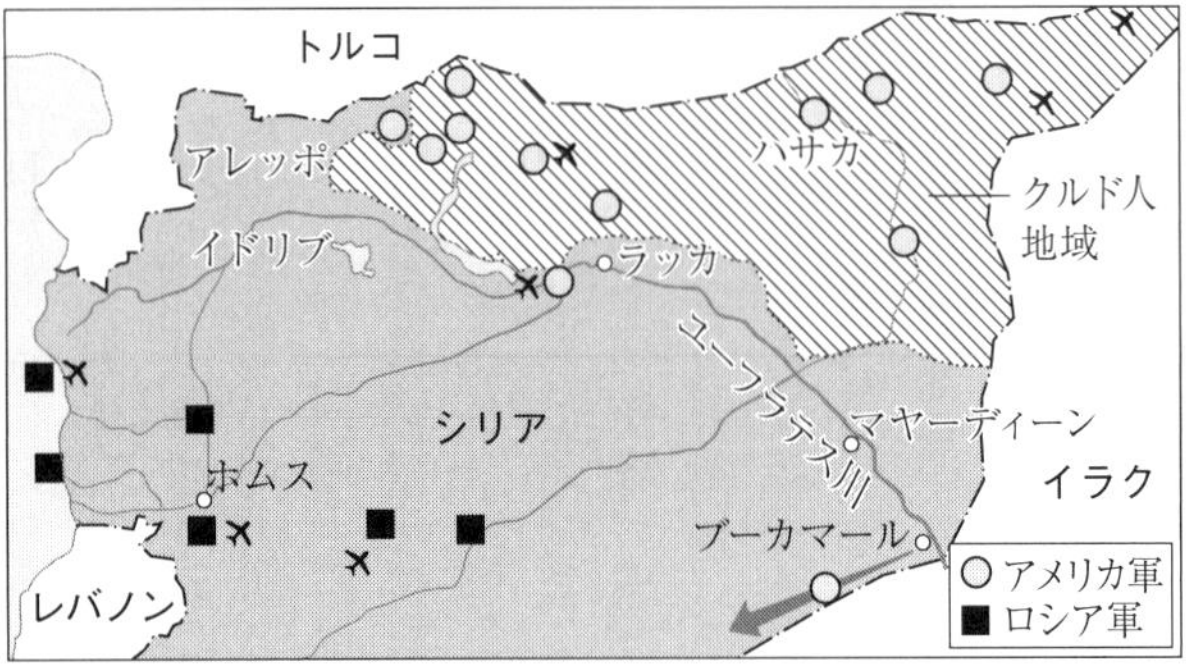


出所：https://www. debka. com/russia-builds-four-new-air-bases-syria-deploys-another-6000-troops/

図4-4　シリアにおけるロシアの軍事拠点

れでも断固たる態度でＩＳＩＳをほぼ壊滅させたことはロシアの地位を中東で高めることになり、対シリア政策では、ロシアは特にトルコ、イランとの共闘で影響力を維持している。

このようにロシアは多数の重点領域を持ちながらも、また使えるリソースが少ないわりには、外交戦略をかなり効率的に進めているように見える。そのことは、第五章で扱うアフリカの事例でも、明らかになるだろう。

なお、本書ではロシアの武器・兵器の展開については特に踏み込まないが、ロシアは武器製造大国として知られてきた。ロシアは、二〇一九年の武器製造大国ランキング、武器販売高では、中国に負け、世界第三位に（ストックホルム国際平和研究所：ＳＩＰＲＩ）なったものの、それまで、米国についで第二位の座を長年守ってきた。

ロシアは通常兵器では米国等にかなり劣るものの、その穴を埋めるために、高性能最新ミサイル防衛システムや「極超音速」（マッハ五以上の超音速で飛行）および「核搭載型」が鍵となる新型兵器を開発してきた。つまり、米国からの防衛を徹底化するとともに、米国のミサイル防衛網を破り、最終兵器としての核能力を拡充するという戦略である。

高性能最新ミサイル防衛システムとしては、前述（二五一頁）のS－400「トリウームフ」（ただし、最近、リビア・シリアでシステムが破られることも続いたと言われる）を中国、インド、トルコ（NATO加盟国なので、米国は本問題でトルコに制裁発動）に販売する一方、史上最高レベルで、米国のパトリオットミサイルをはるかに凌駕するとされる対空ミサイルシステムS－500「プロメテウス」がもはや実戦配備可能なレベルになっているとも言われている。

また、プーチン大統領は、二〇一八年三月の連邦議会への年次報告で、超音速で不規則に飛び、ミサイル防衛システムで捉えられない極超音速滑空体「アバンガルド」や極超音速ミサイル「Kh-47M2キンジャール」、航続距離は無制限とされる原子力推進魚雷「ポセイドン」、事実上無制限の射程を持つ原子力推進巡航ミサイル「ブレベスニク」、長距離射程を持つ新型ICBM「RS28サルマト」などの新型戦略兵器の開発計画をつぎつぎと発表し、すでにいくつかは、実戦配備されている。

これらは欧米にとって大きな脅威となっており、米国も超音速弾頭の開発を急ぐようになった。

ロシアは、これら兵器を国際的に販売してきたが、重点領域に配備したり、特に積極的に販売したりすることで、経済的利益のみならず、安全保障・地政学的なメリットも享受してきたのである。

中東での影響力拡大は、特に、中東が欧州と接する位置にあることもあり、また中東やアフリカの欧米と価値を共有しない国を巻き込み、対米ハイブリッド戦争を展開するうえで、きわめて重要な意味を持つのである。

# 第五章　ハイブリッド戦争の最前線・アフリカをめぐって

## アフリカでの活発な動き

第四章では、ロシアの重点領域を概観したが、本章ではそれら重点領域のなかでも、最もホットな事例としてロシアのアフリカ展開について検討する。本書においてはロシアの「ハイブリッド戦争展開の最前線」かつ「ケーススタディ」としての位置づけになる。その具体的な動きを見ることで、ハイブリッド戦争の実態が浮かび上がるはずである。

最近のアフリカといえば、中国の進出が顕著というイメージを持たれがちだ。だが、近年、ロシアのアフリカにおける動きがじつに活発になっていることはあまり知られていない。本章で後述するように、米国も中露のアフリカ進出を警戒してアフリカへのコミットメントを強化する政策を打ち出したりと、ロシアの勢いを侮るべきではない。近年のロシアの動きを見れば、アフリカが今後ハイブリッド戦争の最前線となりうる可能性が高いこともわかるだろう。

ロシアのハイブリッド戦争といえば、対米国、欧州、旧ソ連、中東で展開されているというイメージを持たれがちだと思うが、一見関係が薄そうなアフリカにおいてもロシアがハイブリッド戦争を展開していることは、ロシアにとっては世界中のフィールドがハイブリッド戦争の対象になりうる場所であると同時に、ロシアが世界を地政学的視点で睨んでいることを示す良い事例になると言えるだろう。
ロシアのハイブリッド戦争でお馴染みのワグネルも第一章六八頁で示されているように、アフリカ進出を進めているのである。

## アンゴラ内戦の経験

第四章で述べたように、冷戦時代、ソ連はアフリカにもかなり進出を果たしていたが、他地域と同様に、ソ連解体後、ロシアはアフリカにあまりコミットできなかった。一九五〇年代半ば以前には、地理的に遠く離れたアフリカはロシア・ソ連にとってあまり重要な地ではなかった。だが、冷戦の深刻化と脱植民地化のプロセスは、世界で二番目に大きく、二番目に多くの人口を抱える大陸の地政学的な意味を劇的に変えることとなった。

その結果、一九五〇年代から八〇年代後半にかけて、ソ連は諸々の大規模な支援を通じてアフリカの政治情勢を再形成するうえで重要な役割を果たすようになった。そして、ソ連はモザンビーク、ソマリア、エチオピア、エリトリア、ジンバブエ、チャド、アンゴラなど、アフリカで発生したほぼすべての主要な地域紛争・内戦に関与し、多くの軍事拠点を置き、米国との「代理戦争」を展開しつつ、アフリカでのプレゼンスを拡大していった。

ソ連の活動は、軍事援助、準軍事援助および経済的、技術的援助と多岐にわたってい た。だが、ソ連の国力の低下により一九八〇年代半ばまでにはアフリカにおけるソ連の存在感はかなり薄くなり、ソ連解体後にはほぼ完全に撤退していた。

アフリカにおけるソ連の影響力を拡大させ、世界にそれを見せつけるうえで重要な意味を持ったのが、アンゴラ内戦（一九七五〜二〇〇二年）であった。アンゴラ内戦は、ソ連、キューバ、SWAPO（ナミビアの「南西アフリカ人民機構」）などの支援を受けたMPLA（アンゴラ解放人民運動）と、米国、南アフリカ、ザイール、中国などの支援を受けたUNITA（アンゴラ全面独立民族同盟）、FNLA（アンゴラ民族解放戦線）による内戦で、典型的な米ソ代理戦争だとされている（MPLAの勝利で終わった）。ソ連の戦略的目標は、「アンゴラを外交および国内政策の双方において、ソ連に完全に依存するアフリカ社会主義国家の雛形にすること」だった。一九七五年から九四年のあいだに、アンゴラで活動したソ連・ロシアの軍人は最大一万一〇〇〇人に達したとされる。ソ連の政治的・軍事的・技術的支援がなかったら、MPLAに勝機はなかっただろうと言われている。

アンゴラ内戦では、ソ連軍や特殊部隊が、妨害行為などを含む非線形戦争を展開しつつ、軍備支援に加え、現地の軍人や民兵の訓練をおこない、コンサルタント役も担ったとされている。この際の経験やスキルの一部が今日のロシアの特殊作戦部隊（公式）および

PMC（非公式）が担うハイブリッド戦争に引き継がれているという。

だが、一九八〇年代後半にはソ連国内の状況が悪化して国際的な活動がきわめて困難になり、アフリカへの関与のレベルは劇的に低下した。さらにロシアは、軍事領域だけでなく、経済金融領域でもアフリカでの戦略で失敗してしまい、後退を余儀なくされたのであった。

## 二〇〇六年という転機

ソ連解体後、ロシアはアフリカへの関与を劇的に低下させ、ソ連時代に用いた三つのツール、すなわち第一に教育・科学交流と人道的結びつきを前提としていた「ソフトパワー」メカニズム、第二に軍事支援、第三に経済援助（対外経済関係委員会によって調整され、さまざまな地域のインフラ・メガプロジェクトでとくに大きな役割を果たしていた）は事実上、機能しなくなっていた。そして、二〇〇〇年代初頭までに、ロシアとアフリカ諸国（特にサハラ以南）との関係は、史上最低レベルに落ち込んだ。

状況が変わったのが二〇〇六年のプーチンのアルジェリア、南アフリカ共和国、モロッコ、エジプトへの訪問である。これら四ヵ国はかねてより親密な関係にあった国々であり、この歴訪はロシアの対アフリカ関係の「失われた一〇年」を取り戻す最初のステップだと考えられている。

だが、ソ連解体後のロシアの対アフリカ政策は、ソ連時代のそれとくらべ、少なくとも表面的には穏やかなものになっている。ロシアに対する忠誠と引き換えに大規模な経済支援を提供しながら、ロシアの経済的・政治的利益、地政学的に有利なポジションを確保してゆくというものだ。

経済的利益とは、主にアフリカの天然資源に起因する。アフリカにはダイヤモンドなど希少鉱物を含む世界の鉱物と鉱業原料の約三〇パーセントが埋蔵されているとされている。さらに採掘コストも、人件費も少なく、（ロシアと比較して）気候条件に恵まれているため、抑えられるという。

また、政治的利益とは主に安全保障・地政学的利益であり、それらは以下の二つのカテゴリーに分類できる。第一に、過激主義や過激イスラム原理主義への対抗であり、第二に、米国の影響力への対抗である。

ロシアのアフリカにおける国家間関係の優先順位は、二つのアプローチからなる。第一に、経済的に発展しており、BRICSメンバーでもある南アフリカとの二国関係であり、第二にアンゴラ、ナミビア、コンゴ民主共和国（DRC）、ガーナ、ジンバブエ、ボツワナ、マリ、ギニア、タンザニア、ナイジェリア、エチオピアとのマルチラテラルな関係である。

アフリカの天然資源などを狙った「地経学的利益」と、国際的な孤立を脱し、世界での立ち位置を高めるため、特に、国連などでアフリカ諸国の「票」を獲得するための「地政学的計算」を得るために、ロシアはアフリカへの関与をふたたび深めてゆくこととなり、二〇一二年頃からは特にその動きを強化させていった。

二〇〇六年のプーチンの四ヵ国歴訪を後押しするかたちになったのが、メドヴェージェフ大統領（当時）が〇九年におこなったエジプト、アンゴラ、ナミビア、ナイジェリアのアフリカ四ヵ国歴訪である。その歴訪には、著名なロシア人ビジネスマンが四〇〇人も同行した。歴訪によって、ロシアとアフリカ諸国の関係は経済及び政治の両面で深まり、ロシアはアフリカに関するアドバイザーの地位を確固たるものにした。

## 原子力発電プロジェクト

ロシアにとってのアフリカの政治的重要性は、二〇一四年のウクライナ危機による国際的孤立によって、ますます高まった。国連で五四票を保持するアフリカ諸国は、ロシアにとって国際的孤立から離脱するための重要なツールであり、欧米諸国が統制する主要な国際機関でロシアのプレゼンスを高める手段だとみなされたのだった。そのため、ロシアは経済協力のみならず、政治関係を緊密化させ、アフリカとの政治協力関係も堅固なものとしようとした。同時に、ロシアは自国が中国と勢力圏争いをしながらも主導する立場にあるBRICSや上海協力機構という組織としての存在感、およびそれらのなかでのロシアのプレゼンスを高めてゆくという意味でもアフリカ諸国を利用したいと考えていた。BRICSメンバーである南アフリカの存在意義は、とりわけロシアにとって大きい。

アフリカとの経済協力は、輸出入とロシアによるサービスやプロジェクトの提供に大別できるだろう。アフリカからの輸入は、鉱物資源、果物や野菜などの農産品が主なものであり、ロシアからの輸出は農産物、武器・兵器、肥料、工業製品、部品などであり、その双方の拡大がめざされた。サービスやプロジェクトについては、ロシアはさまざまなサービス業を展開しようとしているほか、水力および原子力発電プロジェクト、軽工業、パイプライン敷設、衛星、ITなど重要分野における専門知識や技術の提供をおこなってきた。とりわけ力を入れているのが原子力発電プロジェクトである。

ロシアの国営原子力企業であるロスアトムは、アフリカ進出を顕著に進めている。エジプトの二九〇億ドル（ロシアはその八五パーセント相当の約二五〇億ドルを融資し、エジプトは残りの一五パーセントを一三年で返済する）の原子力発電所を建設中である他、ナイジェリア、ウガンダ、コンゴ共和国（ROC）、ルワンダの原子力施設の建設も支援している。二〇一七年にはザンビアとの原子力プロジェクトの予備契約も締結した。なお、アフリカで稼働している原発は、南アフリカのクーバーグ原発のみであり、他方、アフリカの電力需要は年々高まっており、ロシアが入り込む余地はまだまだあるのである。

## 存在感を高めるためのハイブリッド戦争

ロシアは特に二〇一四年以降、アフリカへの接近を強化し、また、アフリカ諸国もロシアへの接近傾向を強めていった。一八年春には、サハラ砂漠以南の五ヵ国、すなわち、マリ、ニジェール、チャド、ブルキナファソ、モーリタニアが、ＩＳＩＳやアルカイダなどのイスラーム過激組織と厳しい戦いを強いられている軍と治安部隊への支援をロシアに要請していた。特にマリは、同国内に数千人規模のフランス軍や国連平和維持軍が駐留しているにもかかわらず、ロシア政府に対テロ戦での支援を求めたのだった。

また、ロシアは、アフリカの全首脳を招待した二〇一九年一〇月以前にジンバブエ、ギニア、スーダン、中央アフリカ共和国、セネガル、アンゴラ、コンゴ民主共和国の指導者たちを招待し、そのうちいくつかは複数回におよんだ。これらのアプローチにはソ連時代のようなイデオロギー的な要素はなく、あくまでも経済的利益の追求が一義的な、そして地政学的利益の追求が二義的な目標となった。そのために、中央アフリカ地域で大規模な資源関連プロジェクトを並行して遂行し、さらに海洋アクセスを確保することも重視する結果、モザンビーク、エリトリア、アンゴラには特に注力してきた。そして、軍事拠点となりうる戦略的な基地を求めており、具体的には、地中海におけるリビアの港湾、紅海におけるエリトリアやスーダンの海軍後方支援拠点などを狙っているという。

ロシアは政治レベルでの関係構築や経済支援に加え、伝統的な兵器の販売やワグネルなどのPMCおよび非正規軍の効果的展開によって、アフリカにおける影響力をますます高めている。

加えて、ロシアはソ連時代から多用されていたような、政治技術者を送り込んだり、偽情報を拡散させたりする手法も並行しておこなってきた。つまり、ハイブリッド戦争の手法がアフリカでも有効に用いられており、かなりの実効性を持っていると言われている。

アフリカには五四ヵ国が存在しているが、アフリカ諸国も一様ではなく、言語や文化の違いやかつてどの国の植民地であったかなどによって性格は異なる。そして、アフリカでの動きで、ロシアが主にコミットするのはかつてフランスかポルトガルの植民地だった国だといわれている。ロシアは、それらの国には依然として旧宗主国の影響力がおよんでいると考えているというが、同時にそれらの国々を、アフリカを「チェス盤」と考えた際の脆弱なプレイヤーであり、浸透しやすいと考えてきた。

アフリカにおけるロシア外交の主要な切り札の一つが「安全保障の輸出」（後述）である。武器・兵器の輸出にとどまらず、反乱鎮圧および対テロ対策のためのコンサルティングと訓練を提供し、アフリカの平和と安定に貢献するというわけである。それらの担い手は、ロシアの軍事関係者（公式）とＰＭＣのコントラクター（非公式）であり、それらが状況に応じて、効果的に配置・展開させられている。また、ロシアのＰＭＣが実際に発生した反政府抗議行動やデモの「暴力的抑圧」に積極的に関与している可能性も強く指摘されている。つまり、単なるコンサルティングや訓練にとどまらず、実働部隊として反乱などを鎮圧している可能性がきわめて高い。

このようにロシアのアフリカ回帰は決定的になったものの、アフリカに対する首尾一貫した戦略は未だになくロシア政府はＰＭＣなどの動きを統制できていないとも言われている。また、ロシアはアフリカへのアプローチを多面的に進めているものの、現状でロシアが得られている成果は、他の主要な世界の大国と比較して微々たるものである。例えば、中国、米国、フランスとくらべ、ロシアは実効性ある経済プロジェクトを提供できておらず、じゅうぶんな「ソフトパワー」も持ち合わせていない。そして、経済について言えば、現状では中国が圧倒的な影響力を確保しており、ロシアの対アフリカ貿易額は、トルコ、ブラジル並だ（しかも、ロシアの大幅な輸出超過）。

## アメリカの警戒心

ロシアは中国のアフリカ進出に刺激されて、アフリカへの再進出のインセンティブを高めたとされている一方、北極圏などでのロシアと中国の関係と同様に、中国のプレゼンスの拡大を気にしつつも、反米戦略の一環として、中国との協力・連携を進める可能性も高いとみられる。特に、二〇一八年一二月一三日にジョン・ボルトン大統領補佐官（当時）が宣言したトランプ政権の対アフリカ新戦略は注目に値する。ボルトンは、中露の対アフリカ経済援助は、米国との競争に優位に立つという目的のためにおこなわれており、「意図的かつ侵略的に」投資するようなきわめて略奪的な援助だと、激しく批判しながら、米国もアフリカに対する経済及び安全保障政策を刷新し、アフリカへの関与を強めていくと宣言した。行政担当者たちは、アフリカ大陸各地で計画への支持を求めた。

さらにボルトンは、西側諸国は中露の対アフリカ戦略の脅威を認識し、アフリカ諸国の経済的自立を促す必要があると訴えた。そして、中露がアフリカで政治的・経済的影響力を強めている状況を憂え、中国による「債務の罠」問題を痛烈に批判し、ロシアについても「法による支配や透明性の高い統治を無視し、アフリカとの政治的・経済的関係を強化している。国連での『票集め』と引き換えに、アフリカ諸国に対する武器やエネルギーの売却を続け、それらの票で政治的影響力を維持し、平和や安全保障を揺るがし、アフリカの民衆の利益を害している」と非難した。さらに、中露の「略奪的な経済援助はアフリカの経済成長を阻害し、経済的自立を脅かし、アメリカの投資機会を妨害し、軍事行動に干渉し、国家安全保障上の利益に重大な脅威を突き付けている」と警鐘を鳴らした。そして米国・トランプ政権は中露に対抗するために、アフリカでの経済的利益と投資の拡大をめざし、「プロスパー・アフリカ」と呼ばれる新戦略を進めると発表した。

## ロシア・アフリカサミットおよびロシア・アフリカ経済フォーラム

ロシアのアフリカへの野心が決定的に示されたのが、二〇一九年一〇月二三〜二四日にロシアのソチで開催された初のロシア・アフリカサミット(以下、サミット)とロシア・アフリカ経済フォーラム(以下、フォーラム)であり、それらはロシアのアフリカ諸国に対するプラグマティズムを体現するものであったと言える。

サミットは、ロシア・アフリカ間の政治、経済、安全保障、文化などの関係の発展を目的に、アフリカ諸国・全五四ヵ国が招待され、全五四ヵ国の代表(うち四三ヵ国からは首脳)が参加した。ロシアのプーチン大統領とアフリカ連合のアブドゥルファッターハ・エルシーシ議長(エジプト大統領)が共同議長を務めたサミットでは、「欧米への対抗」という側面が強調され、米国などを意識したかたちで「国際貿易と経済協力における政治的独裁と通貨による脅しに抵抗する」という文言が宣言に含められた。そして、米ドルやCFAフラン（旧仏領西アフリカおよび仏領赤道アフリカを中心とする多くの国で用いられる共同通貨）に依存した貿易体制からの脱却が謳われた。また、「グッドガバナンス」を求める一方、リベラリズムへの批判や対抗も強調された。

サミットに合わせて開催されたフォーラムでは、プーチンが「この五年間でロシア・アフリカ間の貿易額は二倍以上に成長し、二〇〇億ドル（約二兆一七〇〇億円）を超えた。うち四〇パーセントをエジプトが占めているが、潜在的なパートナーは多く、大きな成長の可能性がある」と述べた。プーチンは現在の貿易額はまだまだ不足であり、今後四、五年間で、額を少なくとも倍増させたいとも発言した。また、ロシアはアフリカ諸国の債務二〇〇億ドル超を帳消しにしてきたということも強調した。さらに、ロシア企業がアフリカでおこなってきたエネルギー資源開発や鉱物資源開発のみならず、原子力分野やデジタル経済の発展を支援していることも強調し、経済連携をより多様化・深化していくことを求めた。

そして、同期間中に合意書、契約書、ＭＯＵ（了解覚書）など、貿易・経済、軍事・安全保障などの分野で双方の関係強化をめざす九二の文書が署名され、その総額は公開情報のみで約一兆七〇六八億円にのぼった。ウクライナ危機、石油価格下落などによって悪化した経済も底を打って、上昇傾向にあったとはいえ、まだ経済が順調とはいえないなかでの大規模契約は、ロシアの意気込みの大きさの表れといえるだろう。

締結された文書のなかで、特に注目すべきなのは、ロシア最大手行・ロシア連邦貯蓄銀行（ズベルバンク）やロシア輸出センターなどによるアフリカ向け輸出への金融支援、エジプトでの穀物ターミナル建設、アンゴラでの尿素プラント建設、エジプトへの鉄道車両供給、ナイジェリアへのサービスロボットの供給などである。また、コンゴ民主共和国（DRC）とコンゴ共和国（ROC）に対するロシアの関心の高さがクローズアップされた。

そして、サミットでは武器輸出や対テロ協力を通じ地域への影響力を強めたいロシアの思惑も明確になった。プーチンは二四日の全体会合で、地域の安全保障への関与を強める意欲を示し、軍事技術協力協定を結ぶ三〇以上の国々への武器輸出や兵士の訓練を拡大することを約束した。加えて、テロ対策としてロシアとアフリカ諸国の情報機関の交流を強化してゆくことも提案した。

## アフリカにとっての新しい選択肢

このように、ロシアの強い意思が感じられるサミットであったが、サミットで決められた中身に対しては厳しい評価の方がめだつ。高額な取引があったと言っても、ＭＯＵが交わされたにすぎず、特に、公企業の契約の実現可能性は低いと考えられている。実際、ガスプロムのような国営企業にとっては、リスクが高いアフリカ投資よりも、欧州や旧ソ連諸国への投資の方が安全であり、インセンティブも高くなる。現状では、ガスプロムはアフリカでは影が薄く、今後も存在感が高まる可能性は近い将来には想定できないとも言われている。

とはいえ、ロシアは、米国や中国との対抗関係のなかで、アフリカとの安全保障上の連携や外交関係の強化を進めつつ、近年、非資源分野を含む経済関係の強化にも注力しはじめ、このサミットは、ロシアの経済面での展開の大きな一歩になったといえるだろう。また、このサミットは、リベラリズムへの対抗軸を明確に打ち出したことでも、ロシアにとって意義がある。

他方、アフリカ側も、近年までは欧米との外交関係に依存するほかなかったが、今では中国、さらにロシアがプレイヤーとして加わってきたために、外交の選択肢が増えたのは確かだ。より主体的な外交ができるようになるかもしれないという転換期を迎えていると言ってよい。アフリカの一部の国にとって、ロシアとの関係強化は欧州や中国に対する交渉カードになりうる。つまり、ロシアは、アフリカ諸国が投資と開発支援を受けるうえでの別チャンネル、すなわち別のパートナーになりうるのだ。スーダンやジンバブエなど、欧米諸国が協力に積極的になれない国は、これまで中国に依存する他なかったが、ロシアという新たなサポーターが生まれたことは、外交的自由度の改善を意味する。

さらに言えば、アフリカ諸国は、グローバルな動きのなかで、大きな力を持つ国の後ろ盾も得られることになる。特に、国防と治安を最大の課題とする国が多いアフリカでは、ロシアが提供する武器・兵器やその他の軍事オプション、そして「安全保障」を享受したい国は少なくないはずだ。

なお、サミットは今後、三年に一度開催されることとなり、サミットがない年も、毎年、ロシア外相とアフリカ連合の前任・現職・後任の議長による政治対話が開催されることとなった。

このようなロシアの動きは、世界にも警戒感を呼び起こしている。例えば、二〇一九年三月に、米国防総省・アフリカ軍司令官の将軍トーマス・ワルドハウザーは、議会で「ロシアはますますやっかいな存在になっており、アフリカではより軍事的なアプローチをとっている」と述べている。

それではつぎに、ロシアが対アフリカ政策の切り札としたいと考えている「安全保障の輸出」戦略について考えてゆこう。ロシアがその存在感を高めるうえでは、この「安全保障の輸出」が、最も効果的なツールになりうると考えられているのだ。

**ロシアの「安全保障の輸出」戦略**

ロシアがアフリカ諸国に安全保障関連で関わりを深めることを重視しているのはまちがいない。ロシアは、軍事政情不安（テロ、内戦、社会不安）に悩まされている戦略的に重要なアフリカ諸国の利害関係国として、「米国、中国、EUとともに全世界の平和と安全を維持することがロシアの責任」であると主張し、いわゆる「安全保障の輸出（eksport bezopasnosti）」を正当化している。

そして、アフリカの顧客に提供される幅広い「製品およびサービス」（武器およびセキュリティ関連サービス）に加え、ロシアは⑴アフリカ諸国の解放と反植民地主義の闘争を支援するために、かつてソ連が（ロシアが言うところの完全に非利己的で何ら利益・見返りを求めない）援助・支援をおこなってきたこと、⑵人種差別やあらゆる形態の差別を拒否する姿勢、という二点を強くアピールしたのである。

ロシアのアフリカでの公の展開を、少なくとも二〇一七年以降、中心的に担ってきたのが、ミハイル・ボグダノフ（Mikhail Bogdanov）である。ボグダノフは、イスラエル大使、エジプト大使、外務次官などを歴任し、一二年以降、中東及びアフリカ特別大統領特使を務めている。ボグダノフはアフリカを頻繁に訪問し、ソチでのサミットやフォーラムでも重責を担った。さらに、特定のアフリカ諸国とロシアとの間の軍事技術協力を締結・促進するために、甚大な働きを国際的に展開してきた。例えば、ボグダノフのロビー活動の結果、ロシアは一七年に、国連の武器禁輸国に指定されている中央アフリカ共和国（CAR）に対して、例外的に武器を輸出することも許可されているのだ。

ロシアのアフリカに対する「安全保障の輸出」メカニズムは、公式には、⑴武器・軍事装備品の輸出、⑵テロリズムや反乱に対抗するための訓練およびコンサルティングサービス、という二つが主軸となっている。

## 群を抜くアルジェリア——ロシアの武器輸出

まず、武器・兵器の輸出については、ソ連時代からの伝統的な顧客である北アフリカのエジプトとアルジェリアを超え、サハラ以南の国々をも顧客として取り込んでゆくことが大きな目標となっている。ストックホルム国際平和研究所（SIPRI）によれば、ロシアは現在、アフリカへの武器・軍事装備品の最大の売り手であり（トータルシェアは三五パーセント）、最大の買い手は、アルジェリア、モロッコ、エジプト、ナイジェリアとなっているが、なかでもアルジェリアが群を抜いている。アフリカ大陸におけるロシアの武器販売全体の八割近くが対アルジェリアだとも言われている。

また、米国の同盟国であるチュニジアも情報や対テロ戦、エネルギーの分野でロシアと緊密な関係を結んでいる。さらに、ブルキナファソも二〇一八年に、ロシア製の軍事輸送ヘリコプターと空中発射式兵器を購入した。米国の同盟国であるはずのエジプトもロシア製武器の重要顧客であり、一八年後半に、ロシア製のジェット戦闘機Su-35を二〇億ドル相当で購入する契約を結んでいた。なお、モロッコとは、軍事的な取引にとどまらず、一般的な経済協力も進めており、自由貿易地帯の創設についても協議中だ。

このように、ロシアが多くのアフリカ諸国と軍事的な関係を構築し、近代的な兵器を装備する手助けをしているとして、欧米はロシアのやり方を批判しているが、ロシアはそれらの事業はすべて国際的な規範や規則に則っていると強気の姿勢を崩さない。

そして、アフリカ諸国は二〇一三年から一七年のあいだに、ロシア全体の武器輸出ポートフォリオの一三パーセントを累積的に占めるようになり、ロシアによる武器輸出地域の兵力バランスにも影響が生じるようになった。重兵器と装甲装備の面では依然として、北アフリカ諸国の方がサハラ以南の国々より優勢であるが、両地域間の差異は縮まってきている。特に近年、サハラ以南の国々が表5－1のような新しく洗練された、より高価な軍事装備品を入手する意欲を高めていることに注意する必要がある。

| | 入手したい兵器名と国家 |
|---|---|
| ヘリコプター | Mi-17V-5（ケニア）、Mi-35M（ナイジェリア、マリ）、Mi-171Sh（ブルキナファソ） |
| 戦闘機 | Su-30K（アンゴラ）、Su-30MK2（ウガンダ） |
| ジェット戦闘機 | MiG-29M（ナイジェリア） |
| 輸送ヘリコプター | Mi-171（ナイジェリア） |
| 戦車 | T-90S（ウガンダ） |
| 防空システム | Pantsyr-S1（赤道ギニア） |

**表5－1　サハラ以南の国々が入手したい軍事装備品**

筆者作成

ロシアはアフリカ諸国に対し、迅速な配送や柔軟な条件を約束することで、武器取引の攻勢をかけている。そして、この戦略は、米国や西側諸国から孤立しているため他に防衛協定を結ぶ代案がほとんどない非民主国家で特に成功しているようである。

## テロや反乱に対抗するための協力

次に、テロリズムや反乱に対抗するための訓練およびコンサルティングサービスという二つ目の主要軸については、北アフリカのチュニジア、アルジェリア、モロッコ、エジプトおよびサハラ以南の諸国のあいだで需要が高まっている。北アフリカに関しては、ロシアと各アフリカ諸国の国防省のあいだで協力関係が深化していることに注目すべきだろう。例えば、二〇一六年一〇月一五～二六日には、ロシアとエジプトの空挺部隊が「Defenders of Friendship 2016」というテロ対策の合同軍事演習をおこなった。概して、北アフリカ諸国においては、テロの脅威がたいへん深刻になっており、対テロ対策でのロシアとの協力はかなり魅力的にとらえられていると言ってよい。また、サブサハラ地域でも対テロ対策を進めたいという動機は近年高まっている。

反植民地運動を経て、多くの新興独立アフリカ諸国は激しい内戦に陥り、その結果が依然として地域の不安定化を継続させるなど、影響を及ぼしつづけている。さらに、元植民地勢力を中心とした欧米諸国や国連を含む国際機関が、アフリカの安定化に失敗してきたなかでの、ロシアの「安全保障を提供する」という立場はかなりの正当性を持つことができたのである。

さらに「ボコ・ハラム（Boko Haram）」に代表されるような土着のイスラーム過激派勢力の勃興やその急速な拡大、さらにＩＳＩＳとの関係樹立・強化は、西アフリカ諸国とナイジェリア、カメルーン、ニジェール、チャド、ベナン、ソマリア、スーダン、ウガンダ、エチオピア、ケニア、マリ、モーリタニア、モザンビーク、タンザニアなどを含む、その他のアフリカ大陸の国々を深刻な危機に陥れた。これら諸国の軍隊が、これらのテロ勢力や非国家主体がもたらす争乱やテロに対処する準備ができていなかったことは、状況をさらに悪化させた。

加えて、アフリカ諸国が抱える「非軍事的な」さまざまな問題、特に貧困と失業、社会生活の問題（例えば、サハラ以南のアフリカ諸国では四八パーセント以上が貧困状態にあり、アフリカ大陸の失業者のうち六〇パーセントが一五〜二五歳の若者である）は、「安全保障のジレンマ」をより深刻化させ、そのことがロシアとの軍事協力関係の樹立・強化のインセンティブにもつながっていったのである。そのため、カメルーンに対しては、「ボコ・ハラム」と戦うために武器を輸出し、コンゴ民主共和国、ブルキナファソ、ウガンダ、アンゴラとは軍事的に提携を強化している。スーダンとは核開発での協力まで進めている。

## 「安全保障のジレンマ」

それでは、「安全保障のジレンマ」とは何か。「安全保障のジレンマ」とは、ロバート・ジャーヴィスが定式化した概念であり、「国際関係において、各国が自国の安全保障を最大とするように行動した場合、仮に各国とも現在より権力を拡大する意志がなかったとしても、結果としては他国に対して対抗的な政策を選択することになるというパラドックス」を意味する。ゲーム理論における「囚人のジレンマ」によってもっともよく説明できる現象であり、実際の国際関係のなかでも多くの実例を観察できる。例えば、日本は軍隊を持たず、あくまでも自衛のための自衛隊を保持しているだけであるが、周辺国、特に北朝鮮、中国、ロシアなどが軍拡したり、ミサイル発射や領空侵犯などをおこなったりしてくれば、日本の安全保障は危うい状態になると考えられ、米国との同盟を強化したり、軍事演習をおこなったり、米国などから高性能の兵器や軍事装備品を購入したりして防衛レベルを上げることになる。そうすれば、周辺国は日米同盟の強化及び日本の軍事力の強化を「脅威」だと考え、さらに軍拡をしてくるため、双方の軍拡がエンドレスに継続するという構図がある。これも「安全保障のジレンマ」の一つの事例と言えるだろう。

そして、アフリカ諸国の場合、「安全保障のジレンマ」は主に、テロ組織や非国家主体、それらの後ろに存在する国家などに対して機能する。アフリカの不安定状態がつづけばつづくほど、アフリカ諸国は、安全保障を提供してくれる存在を求めるようになる。そのようななかで、（これまでアフリカの安定化に失敗してきた欧米諸国や国際機関ではなく）非国家主体との多くの対決で経験を積み重ねてきたロシアはますます望ましい安全保障上のパートナーになっているのである。

例えば、二〇一七年にナイジェリア国防大臣であったマンスール・ダン・アリは、ロシアは中東、特にＩＳＩＳとの戦いにおいて、とても重要な役割を果たしてきたとしたうえで、ナイジェリア軍はテロとの戦いで深刻な問題を抱えており、自国の不安定な地域への対策において、ロシアの支援を求めていると語っていた。

このように、少なくないアフリカ諸国がロシアに安全保障部門で依存し、少なくとも欧米諸国への一辺倒の依存を避けるための「依存を多様化する選択肢」としてロシアを認識しているのである。

さらに、欧米と価値観を共有できないアフリカ諸国、具体的には資源保有国で、非民主的な体制を維持し、国際的に孤立しているような国は、反テロ、反政府勢力に対する抑圧、民衆の反乱の抑圧などで、ロシアの支援を得たいと考えるケースも多い。ただ、このような「国内の抑圧」への支援などは、当然ながら、「通常の国際関係」においては許されざることである。少なくとも、民主的価値観を持つ国にとっては、ある国が他国の暴動などの鎮圧に介入するということは、国際的な手続きなどを抜きにしては想定できないことであろう。そのため、ロシアも「国内の抑圧」などに対する支援については、公式レベルではおこなわない。このような「グレーゾーン」に対する「安全保障の輸出」は、ロシアのPMCなどが担っているのである。

## 「グレーゾーン」への「安全保障の輸出」

ロシアのアフリカにおける関与でじつはきわめて大きな比重を占めているのが、「グレーゾーン」におけるロシアの、PMCなど非国家主体による活動である。特に、天然資源が豊富なサハラ以南のアフリカ諸国において、ロシア国家や企業などの経済的利益のためにおこなう活動がめだつ。これらの活動に、合法的な企業活動が絡むケースも多いというが、「グレーゾーン」での活動やそこから得られる利益については公にすることができないため、あくまでも非公式におこなわれ、名目的にはロシア国家の関与はないことになる。

そして、ロシアが関与する際に望ましいアフリカ国家の条件は、天然資源等に恵まれていること、政治的に不安定ないし非民主主義的体制を堅持しており、国際的に孤立していること、である。他方、そのようなアフリカ諸国にとっても、ロシアは好ましいパートナーだ。なぜなら、欧米諸国と違い、ロシアは⑴アフリカの国内問題、特に人権侵害を批判しない、⑵極秘の政治協議や怪しげな選挙制度などを含む西側が許容しない政治手法に対して何も言わない、⑶（ロシアが関与することで）「他の人がやったのかもしれない」という可能性を担保に言い逃れをし、欧米などから厄介な問題が暴露される心配がほとんどない、という三つの利点を満たしており、非民主的なアフリカの政権にとって都合の良い存在だ。このように、ロシアと非民主的なアフリカ諸国は、双方に利害関係が一致しているきわめて都合の良い関係なのである。

他方、ロシアはこのような協力をするうえで、四つの原則を前提としている。第一に、ソ連時代とは異なってコストと利益のバランスを保つことである。第二に、特に米国を想定しているが、より強力な競合相手との直接対決を回避することである。第三に少なくとも表面的には（本心では中国のアフリカ進出を警戒し、牽制したいのだが）中国と共同歩調をとることである。第四に、ロシアの影響力を最大限に拡大できるように、逆に言えば、「負け戦《いくさ》」はロシアの影響力を弱めるので絶対避けるべく、「戦う戦」を注意深く正確に選ぶということである。

ロシアの「安全保障の輸出」においては、大きく分けて、二つの手段が用いられる。一つは、ある国家の政権（ないし、地方の政権）に対する準軍事的支援であり、いま一つは、情報提供ないし「政治技術者」による「政治技術」の利用である。それらの手段について、以下で詳しく見てゆこう。

**「マイアシーダイバー事件」の波紋――準軍事的支援**

ロシアの準軍事的支援においては、軍事顧問が以下のような手段から方法を選んだり、組み合わせたりしながら、ある政治体制を支援してゆく。

・支配エリートに忠実な地元の軍人や民兵を訓練する
・反政府的な民衆蜂起や反乱の抑圧に参加する
・重要なインフラストラクチャーと主要な資源採掘施設を保護する

・地元の政治エリートや金融エリートに対して、安全保障のサービスを提供する
これらの活動を担うのは、主に、ロシアのさまざまなPMCであるが、一部の業務については国連に承認された「平和維持軍」を構成するメンバーとして派遣された正規軍のメンバーも関与してきた。つまり、一部、正規軍を配備しつつ、密かにPMCなど非合法のメンバーや傭兵などを配備することで、支援をおこなってきたのである。

アフリカにおけるロシアのPMCの活動は、少なくとも一九九〇年代後半に遡る。当時、軍や治安機関の元メンバーで構成された、ロシアの多くの治安関連業者が、アフリカに進出しようとするロシア企業にサービスを提供しようとしたが、大きな成功はなかった。

だが、このような動きの一つの転換点となったのが、二〇一二年一〇月にナイジェリアで起きた、いわゆる「マイアシーダイバー事件」である。「マイアシーダイバー事件」とは、ロシアの「モラン・セキュリティ・グループ」(二〇一一年創設)が所有するマイアシーダイバー号が、兵器密輸の疑いで、ナイジェリアに押収され、乗組員一五名が逮捕され、裁判にかけられた事件である。ナイジェリア海軍によれば、八五九八発の弾薬とAk-47ライフル一四丁、その他のライフル四二丁が見つかったという。

事件発生後、「モラン・セキュリティ・グループ」の代表ボリス・チキンは、アフリカ

市場では「西側のロビー」によって、ＰＭＣの新規参入ができない状態になっており、ロシアには門戸が閉ざされていると公に嘆いたのである。さらに、チキンとそのほかのセキュリティ専門家は、ロシアの民間セキュリティサービス会社のアフリカ進出を促進するために、ロシア国家が主導的な役割を果たす必要があると指摘した。だが、当時、ロシアの外交政策において、アフリカは最も優先順位が低い領域の一つであり、国家としての対応は期待できなかった。

しかし、二〇一四年のウクライナ危機後に、欧米諸国がロシアに対する経済制裁を発動すると、アフリカの重要性が増し、ロシアはアフリカに回帰したのである。アフリカでのプレゼンスを高めるなかで、ロシアは二面的なアプローチをとった。

公式には、前述のボグダノフが重要な仲介役となり、国営の大企業や外務省・国防省を含む公的機関とアフリカ諸国とのコミュニケーションをサポートしている。

他方、非公式には、第一章で述べたロシアの代表的ＰＭＣであるワグネル・グループに出資するエブゲニー・プリゴジンが主たる役割を果たしているようである。

プリゴジンは、二〇一七年後半から一八年はじめにかけて、アフリカへの関与を積極化していき、自身のプライベートジェットで何度もアフリカ諸国を訪れ、以下の国々において、ロシアにとって明確に有益な礎を築いた。それらの国々は、中央アフリカ共和国

（CAR）、スーダン、リビア、マダガスカル、アンゴラ、ギニア、ギニアビサウ、モザンビーク、ジンバブエ、コンゴ民主共和国（DRC）である。これらの国については、注目すべき三つの共通点がある。

第一に、政治社会的に不安定な状況にある。

第二に、戦略的に重要な天然資源を保有している。

第三に、かつて、フランス、ベルギー、ポルトガルなど宗主国の「影響圏」であったが、それら宗主国はロシアの関与に抵抗できないとロシアが考えている。

これらの要素を満たすアフリカ諸国では、ロシアはいわば「やりたい放題」というような状況を享受でき、対象国の宗主国からも妨害を受けることなく、不安定な対象国に（かなりのケースでは当該国のトップから歓迎まで受けて）関与でき、かつ天然資源から利益を得られるのである。

二〇一八年にもプリゴジンは複数回におよび欧州・中東・アフリカへ出張しており、それらには、ドイツ・レバノン・エジプト、およびスーダン・ケニア・チャドの旅程が含まれていたという。プリゴジンの出張には、最低でも二人のワグネル・グループの実働部隊が同行しており、彼らはプリゴジンのボディガードをしていたという。

また、プリゴジンがスーダンの首都・ハルツームに出張した三日後には、ロシア外務省のウェブサイトに「中央アフリカ共和国の状況を安定化するための問題について議論するためにハルツームで会談を開催した」という興味深い情報が掲載された。

## サハラ以南のアフリカで用いているスキーム

サハラ以南のアフリカで、ロシアが用いているスキームは、シリアで用いられたものとほぼ同じパターンであると言ってよい。すなわち、ロシアは秘密裏に国家の指導部と協定を締結し、秘密の軍事支援と引き換えに、対象国の天然資源を獲得するというスキームである。このスキームでは、獲得された利益の一部は、関係する企業や団体を通じて、ロシアの国家予算の一部になるとされているが、ほとんどの利益は、政府と密接に関係している個人に分配されているという。二〇一七年一〇月～一一月に、ロシアの傭兵が中央アフリカとスーダンに送られるという噂が出たが、その後、同じ年に、プリゴジンにつながっているロシアの二企業「ロバイエ・インベスト」と「Mインベスト」が、これらの国々から、金、ダイヤモンド、ウラン、その他の貴重な鉱物の採掘権を獲得したのであった。資源獲得という意味では、ロシアは特に、アルジェリアやアンゴラ、エジプト、リビア、セネガル、南アフリカ、ウガンダ、ナイジェリアといった国々の石油および天然ガスに強い関心を寄せているという。

また、ロシアのＰＭＣがアフリカで急成長していることを示す興味深い事例は、二〇一八年七月にロシア軍の退役軍人組織である「全ロシア将校会議」が発表した「政府に対し、ＰＭＣの完全な合法化を求めた」公開書簡である。同書簡の署名には、かなりの有力退役軍人が多く含まれており、きわめて強い意味を持つものとなっている。なお、その文書では、ロシアのＰＭＣ・傭兵がシリアだけでなく、中央アフリカ共和国、スーダン、イエメン、リビア、その他のアフリカ諸国やアラブ諸国に配備されていることも明確に記していた。

ロシアのアフリカにおけるＰＭＣ・傭兵の動きで、特に興味深いのがスーダン、中央アフリカ、コンゴ民主共和国（ＤＲＣ）およびコンゴ共和国（ＲＯＣ）での活動・関与である。ロシアは多くのアフリカ諸国で暗躍しており、それぞれの国で多様なストーリーがあるため、多くの事例を見てみたいところだが、紙幅の制約があるため、ここではスーダンと南アフリカのケースから、ロシアのＰＭＣの活動を理解してみよう。

## 最も危険で貧困状態にある国――スーダン

スーダンは、紅海へのアクセスが可能で、アフリカ大陸において地理的重要性が高い地に位置しているだけでなく、石油、金、その他の鉱物を保有し、戦略的意義のたいへん高い国であると言ってよい。だが、そのような恵まれた条件にもかかわらず、スーダンは一九八九年以来、世界で最も危険で貧困状態にある国だと位置づけられている。

一九八九年にスーダン軍准将だったオマル・ハサン・アフマド・アル＝バシール（以後、バシールと略記）が軍事クーデターを通じて権力を握り、三〇年にわたり、強権政治をおこなってきた（二〇一八年一二月から住民による強権政治に対する抗議行動が起きていたが、一九年四月一一日に軍部および治安部隊によるクーデターで失脚。その後、数々の汚職で禁固二年の実刑判決が出たほか、〇三年のダルフール紛争での暗躍についても捜査がなされている）。バシール統治下でスーダンはイスラーム過激派にとって、居心地の良い避難所となり（例えば、オサマ・ビンラディンも一九九一～九六年に潜伏）、そして〇三年からはダルフール紛争も始まってしまった（二〇年一〇月三日にアブダラ・ハムドク首相〈一九年八月就任〉と複数の反政府勢力が和平合意に調印したものの、なお二つの主要な反対勢力が合意に参加しておらず、情勢は不透明である。なお、スーダンでは、一九五五～七二年に第一次スーダン内戦、八三～二〇〇五年に第二次スーダン内戦もあった）。

## 反政府デモへの弾圧も

このような状況下で、スーダンは二〇年ほど前からロシアに支援を求め、国際的孤立を打破しようとしてきたが、当初、ロシアはスーダンに手を差し伸べることはなかった。しかし、スーダンは、二〇〇八年のロシア・ジョージア戦争の際には、ロシアの立場に与し、一四年のロシアによるクリミア併合の際には、ロシアを支持する投票を国連でおこなった。そして、ロシア側もスーダンへの関心を強めてゆく。

早くも二〇一七年には、ロシアの情報筋が、ロシアの（準）軍事要員（後に、ロシアのPMC構成員と判明）が、ポートスーダン地域およびその周辺で密かに活動し、地元の軍人を訓練しているという情報を広めはじめた。その事実は、ビデオ映像によっても裏づけられていた。

そのほぼ同時期に、バシールが、反米レトリックを増幅し、「決定的な攻撃拠点をつくる」ことや「ロシアのアフリカ進出の拠点としてスーダンを利用する」ことなどを提案し、ロシアをスーダンに招いたのである。さらに、スーダン側は、スーダン領内にロシアの二つの海軍基地を建設することを勧めた。このことが特に集中的に話し合われたのが、二〇一七年一一月二三日にプーチン大統領、ロシア国防相セルゲイ・ショイグ、そしてバシールのあいだでおこなわれた会談である。

また、バシールは二〇一八年にロシアを訪問し、スーダン領におけるロシアの海軍基地建設について、より具体的なアイデアを示し、積極的に誘致をおこなった。興味深いことに、この会議には、エブゲニー・プリゴジンも出席していた。

なお、この点について、コンフリクト・インテリジェンス・チーム（ＣＩＴ）がおこなった調査によれば、ワグネル・グループ構成員が多数スーダンに配備されただけでなく、ロシアの軍用トラックで、中央アフリカにも同構成員が移送されたという。実際、ウクライナ安全保障局による二〇一九年一月のレポートは、ワグネル構成員は一七年一二月にスーダンに入りはじめ、一八年段階でその数は三〇〇人におよんでいたこと、スーダンが、ロシアが軍事要員（ＰＭＣ構成員）と武器弾薬・軍事装備品を他のアフリカ諸国に輸送するための拠点となっていることを明らかにしている。

他方、『タイムズ』紙は、スーダンに配備されたワグネル・グループ構成員がおこなった任務は、公的に言われている「情報収集、非常に重要なインフラの保護、現地の軍事要員の訓練」だけではなく、バシール政権の依頼で二〇一八年後半にスーダンで発生した一般民衆による反政府抗議デモを激しく弾圧したと報じた。

ロシアはかねてよりスーダンにロシア軍の存在はないと主張してきたが、このような報道を受け、二〇一九年一月には、少なくともロシアの安全保障コンサルタントがスーダンで活動していることだけは認めた。しかし、ロシアの当局者は、これらの安全保障コンサルタントたちは、現地の軍事要員の訓練に従事しているものの、ロシアの公式の国家関連組織や機関とは何ら関係ないと主張する。さらに興味深いことに、クレムリンの広報担当であるドミトリー・ペスコフは、メディアに対し、スーダンにおける安全保障コンサルタントの存在、そして彼らがかなりの長期にわたって仕事をしてきたことを認めつつ、そのことを「二国間合意に基づく絶対的に正当な使命」であると定義したのである。

### ロシアの新しい拠点

前述のように二〇一九年四月のクーデターでバシールは失脚したが、そのことはロシアが居場所を失うことを意味しなかった。まず、リーダーが経済学者で国連出身のアブダラ・ハムドクに代わったからといって、今のところはスーダンの開発の方向性や政治発展（民主化）に劇的な変化が起きていない。国際的孤立を打開するために、非民主主義国との協力関係を維持する以外に、さまざまな選択肢があるのだが、新指導部はまだ明確な方向性を示していないのだ。また、前述の通りダルフール紛争の和平合意が二〇年一〇月三日に結ばれたものの、主要な反対勢力が合意に加わっておらず、多くの不安が残されている。そうだとすれば、新指導部がロシアとの協力を選択する可能性は少なくない。また、スーダンの近隣諸国の動向、特に、ロシアのＰＭＣが提供するサービスに関心を深めているなかでは、新指導部がロシア以外のパートナーを選択する可能性もまた低いと考えられているのである。

二〇二〇年一一月一一日には、ロシア政府がスーダンとのあいだで、紅海に面したポートスーダンに物資の補給や艦艇の修理をおこなうロシアの海軍拠点を設ける協定を結ぶ計画を明らかにした。同拠点は、最大三〇〇人を配備でき、艦艇は四隻まで同時に停泊可能で、原子力潜水艦なども停泊できるかなり大きな規模のものだという。また、ロシアは海軍拠点設置の見返りに、この拠点を守る防空体制の整備に無償で協力するという。

同拠点ができれば、旧ソ連圏外ではシリアに続き、二つ目の拠点となり、アフリカ周辺海域でのロシアの活動の活発化やアフリカでの失地回復の加速化が望めると考えられる。

ロシアのこの動きには二つの背景が考えられる。一つは、スーダンの南方にあるジブチに米軍、仏軍、日本の自衛隊の他、中国軍も拠点を置いているため、それらへの対抗があるだろう。いま一つは、米国のトランプ前大統領が二〇二〇年一〇月一九日に一九九三年にスーダンに対して導入した「テロ支援国家」の指定を解除することを表明しており、対米牽制の意味もありそうだ。

## 激しい内戦――中央アフリカ共和国(CAR)

中央アフリカ共和国(CAR)は、一人当たりGDPという観点からすれば世界で最も貧しく、また不安定な国の一つであるが、かつてフランス植民地だったこのアフリカの内陸国は、地政学的観点から戦略的にとても重要な位置を占めている。CARはアフリカ大陸の「中心」に位置し、大陸の東西間の重要な結節点に位置しているだけでなく、ダイヤモンド、金、ウランなどの非常に貴重な天然資源に恵まれている。

だが、領土の大部分で国家の統制が及んでおらず、腐敗・汚職が蔓延《はびこ》り、また、大規模な密輸ネットワークの存在により、CARの豊かな資源は正しい使われ方がなされてこなかった。無秩序のなかで、犯罪が野放しになり、本来なら国を豊かにしうる資源は犯罪者や一部の既得権益者などに濫用《らんよう》された。

さらに二〇一二年以降、実質的には〇四年以降、CARは激しい内戦に巻き込まれた。本内戦は、多くの勢力のなかでも、とりわけ宗教的に突き動かされた派閥が中心になって進めたものであった。結果、国家の八〇パーセントに相当する領域に政府の統制が及ばなくなった。さらに悪いことに、旧植民地における紛争では、旧宗主国が平和と安定に貢献する例もあるが、CARの場合は、その逆の典型例となってしまい、フランスはCARの安定化には無力であり、また国際社会の平和への努力も実らなかった。

## ロシアの手腕に対する高い評価

そのようにきわめて不安定で、国際社会も何ら対応ができないようなアフリカの国で、ロシアはじつはさまざまなことをおこなってきた。

第一に、前述のように、国連が二〇一三年に諸外国によるCARへの武器輸出を禁じた禁輸措置を、ボグダノフの活躍によって回避することに成功した。さらに、一七年にはロシアは、平和維持活動の一貫だとして、CARに武器輸出をおこなう許可も獲得した。これにより、CARでのロシアの人気とロシアへの信頼は劇的に高まった。

第二に、フランスや他の欧米諸国、国連などとは異なり、ロシア政府は、内戦における二つの主要な派閥を交渉のテーブルにつかせることに成功した。その際、ロシアは「シリアで用いた戦術を使用する」としたが、それは紛争当事者たちにとって非常に説得力があった。交渉はまだ最終合意を迎えてはいないが、内戦が泥沼化していたなかで、交渉を開始させたことだけでも、ロシアの手腕は高く評価されている。

第三に、ロシアはCARの軍人を訓練するために、同国に多数の軍事顧問（公式には一七五人とされているが、五〇〇人という説が有力である）を送り込んだ。そして、軍事顧問のなかには、相当数のPMC構成員が含まれていたとされる。そして、訓練を受けたCARの軍人は一〇〇〇人以上に及ぶとされる。

第四に、ロシア人が大統領の国家安全保障問題顧問を務めている。

なお、CARはこれらの恩恵を受けるために、ロシアに金とダイヤモンドの採掘権を供与しており、ロシアもきちんとベネフィットを得ているのである。

ロシアのCARへの関心が特に高まったのは二〇一八年春だと言われており、同年五月七日に、大型の装甲トラック三台を含む、一八台の大型トラックがスーダン国境からCARに送られると、CARにおけるロシアのPMCの地位はきわめて高まったとされる。また、ロシアのPMCがおこなってきたことが、現地の軍人の訓練・指導だけでは決してないことも、多くの筋から明らかになっている。

このように、ロシアのPMCの活動が活発であることが明らかである一方、その詳細がわからなかったのも事実だった。そのため、違法な武器・兵器などの密輸や鉱山会社ロバイエ・インベストの動向など、CARにおけるロシアのPMCの活動の実態を調査するために、ロシアのジャーナリストグループが現地に取材に行ったのだが、暗殺されてしまった。二〇一八年七月三〇日、ロシアのジャーナリストであるオルカン・ジェマル、映画監督のアレクサンドル・ロストルゲフ、カメラマンのキリル・ラドチェンコがCARでのPMCの活動を追っているあいだに暗殺されたことは、大きな衝撃を生んだ。

なお、この暗殺について、CARの地元当局は「強盗を試みた地元のギャングの一人に殺された」と結論づけた。しかし、ロシアの独立系メディアと調査会社の多くは、その結論を受け入れず、三人はロシアの代表的PMCであるワグネルの構成員に暗殺されたという見解を共有している。しかし、本事件の証拠が不足していること、現地の法執行当局があまりに非協力的であることに鑑み、三人の死の原因、真実を明らかにすることは困難であり、おそらくこれ以上は事件の真実が明らかになることはないだろう。

## 外国人の構成員

また、CARにおけるロシアのPMCの活動に関し、興味深い事実がある。顔識別ソフトにより、PMC構成員にジャンディベク・トゥルゴトフというキルギス人がいることが明らかになったのだ。トゥルゴトフは、二〇一〇年に政変で失脚したクルマンベク・バキエフ元大統領の安全保障を担当する「キルギス国家警備隊」に仕えていたが、バキエフ失脚後に、仏外人部隊（仏陸軍所属の外国人志願兵で構成される正規部隊）に所属した。トゥルゴトフは国家警備隊に属していた時、キルギス代表として、国連の平和構築ミッションの枠組みで多くの海外派遣を経験していた。

トゥルゴトフの存在は、ロシアが外国人、特に旧ソ連の一部の国家で構成され、ロシアが主導する「集団安全保障条約機構（CSTO）」加盟国の国民を、海外でのハイブリッド戦争に動員していくという意図を証明しているように見える。

このことに関連して、ロシア国防省が「軍人のステイタス」についての法について、多くの重要な変更を二〇一七年一〇月四日に提案したことが注目される。そのなかの一つで、ロシアの正規軍だけでなく、「ロシア軍で契約軍人として仕えるつもりの外国人」によるソーシャルネットワークの使用を明示的に禁止しているのである。この一文は、ロシアが外国人を軍で雇用する用意があることを意味していると言える。また、外国人といっても、基本的にはCSTO加盟国の国民が想定されているのはまちがいない。そして、キルギスはCSTO加盟国であり、トゥルゴトフがロシアのために、ましてや公的な軍ではなく、グレーな存在であるPMCに従事することは自然な流れに見える。

## 国際社会への不信という背景

ロシアの合法、および非合法のCARへの関与が一定の歓迎を受けている背景には、同国指導部が、国際社会や特定国家が提供してきた救済策に信頼を寄せていないという事実がある。

例えば、国際社会の救済策としては、二〇一四年四月に国連安保理が決議した「国連中央アフリカ多面的統合安定化（MINUSCA）ミッション」がある。七四ヵ国から要員が派遣され、文民保護、平和プロセスの支援、選挙支援、治安部門改革（SSR）、武装解除・動員解除・再統合（DDR）、本国帰還（DDRR）、人権の促進と保護、法の支配に対する支援など、非常に多岐に及ぶ。一九年一月に一四の武装集団間の交渉がおこなわれ、二月に一応の和平合意が成立するなど、一定の役割を果たしているものの、合意内容の実現には依然として国際社会の協力が必要ということで、一九年一一月に、マンデートの一年延長が決定された。国連のイニシアティブは、一定の成果が出ているものの、不安定な情勢が継続していることから、現地指導部はその実効性に疑いの目を持っているという。

また、特定国家の救済策としては、旧宗主国・フランスが、内戦がたいへん深刻な状況に陥るなか、二〇一三年一二月に一六〇〇人規模の部隊を派兵したサンガリス作戦がある。サンガリス作戦は、短期的に中央アフリカの治安回復や人命保護に役立ったにせよ、中長期的な中央アフリカの平和と安定には大きな貢献とはなっていないという見方がなされる傾向が強く、現地指導部もフランスが旧宗主国として、影響力をふたたび行使・強化してくるのではないかと警戒を強めているという。さらに、駐留フランス部隊の兵士たちが、現地少女に獣姦を強要した事件をはじめ、多数の性的虐待や搾取の疑惑があることも、フランスのアプローチが現地で不評であることの一因となっている。

このように、国際社会やフランスが現地で信頼されない一方、ロシアへの信頼は増していく一方であるように見える。例えば、CARのマリー・ノエル・コヤラ国防・国軍再建相は、二〇一九年一月一〇日に、ロシアの軍事基地がＣＡＲに建設される可能性について述べ、その発言は西側諸国を驚かせた。ただし、それが実現する可能性はきわめて低い。何故なら、ＣＡＲに軍事基地を建設しても、ロシアにそれほど大きなメリットはなく、他方で多大なコストがかかるため、現時点ではロシアは恒久的な基地建設に関心を示していないと考えられるからである。また、現地指導部が、冷戦的なレトリックを使い、フランスとロシアを天秤に掛けてゆく可能性が高いという見解もある。その際、フランスが本気になれば、ロシアに文化的、経済的背景から勝ち目はなく、グレーゾーンでの関与に留めておいた方が、ロシアの面目が潰されないということもありそうである。

## 政治介入の五つの要素

ロシアのアフリカ進出は、経済的、軍事的分野以外でもなされている。具体的には政治介入であり、そこでもＰＭＣが大きな役割を果たしている。

そもそも、冷戦時代には、ソ連のアフリカへの関与は、二つの相互に関連する要素を前提として成り立っていた。すなわち、軍事的な支援と、マルクス・レーニン主義に基づくイデオロギーの輸出である。だが、ソ連解体とロシアの外交政策の「非イデオロギー化」により、後者は大きく変容した。冷戦時代の非軍事的領域におけるソ連の政策は、主にアフリカ人を教育し、反植民地・反西側のスタンスを強化したいという目的のために推進されていたが、現在のロシアは、そのようなソ連時代のアプローチに新しい要素を組み合わせて、アフリカ諸国にアプローチをかけている。特に興味深いのは、政治テクノロジーを用いた心理的扇動や、選挙操作などによる政治介入である。じつは、ロシアのアフリカへの関心は、軍事分野が筆頭に来るとはいえ、経済分野よりも政治分野の方が強いとも言われているのだ。

ロシアはアフリカに対して政治介入をおこなうにあたり、五つの要素を最大限利用してきた。

第一の要素は、アフリカ内の社会的緊張を刺激するということである。この典型的事例を、南アフリカ共和国（RSA）に見ることができる。クレムリンが支援・後援したメディアは、さまざまな民族グループ間の意図的な相互憎悪を煽っている。この戦略におけるロシアの第一の目的は、一九九四年以前、すなわちアパルトヘイト時代と二〇一八年以降、すなわち「補償のない土地の収用」方針をとるようになった時代の両方の展開を利用し、白人と黒人の格差や憎悪を拡大することにある。第二の目的は、RSAの黒人の二つの主要なグループ、すなわち地元住民と近隣の著しく裕福な国からの経済力ある移民とのあいだの緊張に火をつけることである。

第二の要素は、アフリカと欧米のあいだの緊張に火をつけることである。これを達成するために、ロシアは、「反植民地主義」と「反人種差別主義」のスローガンを積極的に利用してきた。その際、ロシアは、歴史的にソ連・ロシアは西側諸国が利用してきた「野蛮な植民地主義」に一切関与してこなかったことを強調してきた。つまり、歴史的な背景を、現代に投影させて、ロシアだけが正統な救世主であるかのようなイメージを醸し出しているのである。

第三の要素は、広報活動と現地政府に対する政治コンサルティング業務である。これを実行しているのは、プリゴジンに近い企業・事業体であるようだ。CAR、DRC、スーダン、リビア、マダガスカル、アンゴラ、ギニア、ギニアビサウ、モザンビーク、ジンバブエにおける選挙に先立ち、各政権に政治コンサルティングをおこなうため、ロシアの政治技術者が一〇〇人から二〇〇人ほど、各国に派遣された。なお、これらの国々の多くは、ロシアと軍事技術協力関係を確立しているか、そのように目されており、ロシアの「軍事顧問」を公然と招いている。現在、アフリカの約二〇ヵ国が多かれ少なかれ、プリゴジン関連の政治コンサルタント・プロジェクトに関係しているという。

このような文脈で、特にわかりやすいのがマダガスカルの事例だろう。ロシアは、マダガスカルに対し、以下三点を含む、多くの情報的・政治的ツールを提供した。

(1) ボットネット：ボットネットとは、攻撃者の指令や遠隔操作などを受け入れるよう、コンピュータウイルスなどに感染させた多数のコンピュータを組織したネットワークである。実際の手法としては、ロシア最大級のSNSで、ロシア語版のフェイスブックやユーチューブと言われる「フコンタクテ（VKontakte）」を介して操作される。

(2) メディア・情報の流れ：プリゴジンが資金提供をしているIRAに密接に関係している「Politika Segodnya（今日の政治）」などをプラットフォームにした、偽情報を含む、さまざまな情報の流れとメディアの利用。

(3) 政治コンサルタント：シリアで経験を積んだものも多数含まれるという。

第四の要素が、教育や技術指導である。ロシアはアフリカの学生にとっては魅力的な学びの地であり、ほぼすべてのアフリカ諸国からの留学生がロシアで学んでいるという。留学生は、各国では優秀な人材であり、それら留学生に教育を施すことは、きわめて強力なソフトパワー戦略になりうる。実際、冷戦時代にソ連で学んだ、当時若者だったアフリカ人が、現在、アフリカ諸国で高官などになっている例も多々あり、そのような人物が、現在のアフリカ・ロシア関係のキーパーソンにもなっているのである。また、ロシアは採掘技術の供与など、鉱業にも協力している。このような技術指導も、アフリカの経済発展と自立に直接つながる貢献であり、アフリカ諸国からは歓迎されているのである。

特にロシアは、赤道ギニア、ウガンダ、ブルンジ、ザンビア、ジンバブエでロシア主導の新しいプロジェクトを立ち上げようとしている。そして、ジンバブエとギニアの鉱業分野では、中国が新興勢力となっていたのだが、最近のロシアの進出の勢いは凄まじいとされる。

第五の要素が、歴史と伝統的な関係である。ソ連時代に構築された関係を再アピールするのはいうまでもないが、それ以前の関係を引き合いに出すこともある。例えばエチオピアに対しては、まさにその戦略が採用された。二〇一八年に、ロシアとエチオピアは外交樹立一二〇周年を祝った。エチオピアが同国の植民地化をめざすイタリアと戦った一八九六年の「アドワの戦い」で勝利した後に外交は締結されたが、この戦いにおいて、ロシア帝国はエチオピアに戦略的支援を提供していたとされる。一九年九月にエチオピアのゲドゥ・アンダルガチョウ外務大臣が訪露した際にも、ロシア企業に東アフリカ諸国への投資を呼びかけ、ラブロフ外相もエチオピアは一二〇年以上にわたり、友情、相互尊重、信頼、支援の伝統に基づく重要なパートナーだったと応え、両国の、外交関係を新たな段階に進めることが約束された。また、技術、航空産業、文化、鉄道・運輸の分野での協力の強化が主要な課題だとされ、アフリカの玄関口となりうるエチオピアにはロシア鉄道も大きな関心を示しているという。ロシアは、「エチオピアを科学的および技術的センターにしたい」という願望を持っているのである。

そして、一九年一一月には、ロシアはエチオピアにロシアが開発した近距離対空防御システムであるパーンツィリ‐S1を供与し、同月には、実り多い結果があったとされる「防衛協力会議」も開催していた。エチオピアはロシアに対し、近代兵器の供与と使用方法の訓練などによる、エチオピア軍の近代化へのサポートを強く求めており、両国の利害が一致している状況だ。

## 非軍事的なアプローチは成功しているか

これらの非軍事的なアプローチは、軍事部門の協力と不可分で、それらを両立させるからこそ、ロシアは効率よく、実効的に進出できると考えられている。例えば、ロシアとアフリカ諸国の政権間の合意をベースに、ロシアの政治コンサルタントと地質学者がアフリカで活動する際、つまりロシアの公的な活動がおこなわれる際には、明らかに、FSBとGRUと緊密に連携するワグネル構成員が彼らを保護していた。

また、マダガスカル、ナイジェリア、南アフリカの選挙には、プリゴジンが関わる企業や団体が関与していたという。

加えて、クレムリンに協力するかたちで、アフリカで暗躍している組織はプリゴジンに関わるものだけではないという説もある。例えば、コンスタンティン・マロフィエフは、「国際主権開発機関」を創設し、二〇一九年にソチでおこなわれたロシア・アフリカサミットに「戦略的パートナー」として参加した。その機関の主要な目的は、アフリカ諸国の経済改革プロセスを促進し、西側世界に対する経済的・財政的依存関係を解消し、「経済主権を伴う、真の主権国家」にさせることにある。

しかし、ロシアの活動は決して成功しているとは言えなそうであり、少なくとも、目覚ましい成果があったというような評価は聞こえてこない。例えば、ロシアはマダガスカルでの選挙に関与したが、ロシアの支援を受けた候補者が誰も勝利できなかったという。ロシアの情報筋によれば、マダガスカルでの失敗は、ロシアの政治コンサルタントの質が悪かったことに起因するという。マダガスカルに送られた政治コンサルタントの経験値はきわめて低く、多くがプーチン政権・与党の「統一ロシア」を支持する青年運動組織「ナーシ」メンバーとしての経歴を持った者だったそうだ。

### トロール工場としてのアフリカ

二〇二〇年三月一二日、フェイスブック（FB）は、ロシアのフェイクニュースに関するフェイクのアカウントやページを二〇〇以上削除したと発表した。具体的には、四九の

FBのアカウント、六九のFBページ、八五のインスタグラムのアカウントが削除された。FBのフォロワーは一万三五〇〇人、インスタグラムのフォロワーは二六万五〇〇〇人で、その六五パーセントは米国人であった。それらはロシアのために組織的な不正行為をおこなっていたという。

それらニュースの主な標的は米国であったが、その発信源は、西アフリカのガーナとナイジェリアであり、そのネットワークはオーディエンス構築の初期段階にあったが、ロシア勢力の意向に基づくものだった。前述の通り、二〇一六年の米国大統領選挙時に、ロシアがフェイクニュースを流した際の発信源はサンクトペテルブルクだったが、「トロール工場」と呼ばれた当時のIRAの事務所はもはやないらしい。そして、気づけば、ロシアはハイブリッド戦争の発信源をアフリカに移していたのだった。アフリカとロシア両方に存在するオンラインページもあった。

また、ツイッターも同日、七一のアカウントを削除したことを発表した。

なお、二〇二〇年九月一日にもFBはロシアのIRA関係の一三のアカウントと関連する二つのページを削除したと発表し、ツイッターもロシア関連の五つのアカウントを停止したと発表した。

これらの消去されたアカウントは、米国をターゲットとして投稿されていたが、選挙や特定の候補者について直接触れてはいなかったという。他方、それらがカバーしていた話題は、黒人の歴史やファッション、有名人などのゴシップ、ＬＧＢＴＱなどであり、フォロワーを増やす狙いで内容も選定されていたようである。これらを発信していたのは「アフリカ解放への障壁撤廃（ＥＢＬＡ）」というガーナのＮＰＯであったが、ＥＢＬＡはＩＲＡとつながっていることが明らかになったのである。

二〇一六年の米国選挙へのロシアの介入があって以降、ＦＢはＩＲＡ関連のアカウントを継続的に削除してきたが、ＦＢ側は、二〇一九年一〇月にはロシアのフェイクニュースの拠点がアフリカに移っていることを明言し、その際には、ＦＢのアカウントが六六、ページが八三、グループが一一、インスタグラムのアカウントが一二削除され、それらのフォロワーは合わせて約一一八万人にのぼったという。これらはすべてＩＲＡと関連があったことが判明している。

## 米国を標的

アフリカでのＩＲＡの展開を担っていたのが、米国から追放されたアレクサンダー・マルケヴィッチだった。特に「独立した研究者、専門家、活動家のコミュニティ」と称する財団「ＡＦＲＩＣ」は、ソチでおこなわれたロシア・アフリカ首脳会談の際にも際立った扱いを受け、マルケヴィッチがアフリカで運営する財団との提携も発表された。だが、FBは今回、「AFRIC」のページやマルケヴィッチの財団のアカウントのうち二つについても削除している。

なお、これらのネットワークが話題にしていたのは、国内外の政治ニュース、マダガスカルやモザンビークの選挙、ロシアのアフリカ政策、西アフリカの旧宗主国であるフランスや、米国への批判などで、特に、ロシアが標的にしたのはマダガスカル、中央アフリカ、モザンビーク、コンゴ民主共和国、コートジボワール、カメルーン、スーダン、リビアだった。この削除のタイミングは、前述の初のロシア・アフリカ首脳会談からわずか一週間後のことであった。

つまり、プリゴジンは二〇一八年頃からアフリカで、ワグネル経由で軍事的工作を、また、IRA経由でフェイクニュース工作を展開してきたといえ、アフリカは「トロール工場」にもなっていたのである。

さらに、ロシアはアフリカのジャーナリストたちに対し、ソーシャル・メディアの「エンゲージメント」（投稿に対する支持。クリック、「いいね」、リツイート、フォロー、コメント、シェアの多さが指標となる）を向上させるための訓練もおこなっているという。この訓練役を担っているのは、ロシアの政府系メディアであるRTとスプートニク・ニュースである。こうしたメディアは、欧米からフェイクニュースの発信源と広く認識されている。これらが政府系メディアであることから、ロシア政府もアフリカ発のロシアのフェイクニュース工作に協力していることがわかる。RTとスプートニク・ニュースは、アフリカのジャーナリストたちに特別講義をおこなうだけでなく、手厚いサポートをしている。ジャーナリストが訪露して講義を受けるとなると多額の費用がかかることから、RTとスプートニクからアフリカ諸国に専門家を派遣し、現地で特別講義をおこなうオプションも用意しているのだ。

ただ、前述した二〇二〇年三月の削除対象となったガーナとナイジェリアでの活動は、他のアフリカ諸国における事例とは、明らかに米国を標的としているという点で、性格が異なることに注目すべきだろう。本件の活動拠点は、ガーナの首都アクラにあるEBLA事務所だったが、EBLAはロシア在住のガーナ人が中心となり、ガーナ人スタッフを集めて作戦を展開していた。さらに、ナイジェリア最大都市のラゴスのシェアオフィスにも拠点を広げていたという。FBやツイッターのアカウントは一九年七月から取得が始められた。それらの具体的な戦略は、あたかも米国人ユーザーであるかのように装い、人種問題や人権問題など論争的なテーマについて議論を吹っかけて、米国社会の亀裂を深めようとするものだった。それは一六年の米国大統領選挙の際にIRAが採っていた基本戦略と同じ路線であり、ここからもIRAの息がかかっていることが見て取れる。

削除対象となったアカウントが騙《かた》っていた米国内の発信地は、大票田であるカリフォルニア州、ニューヨーク州、ワシントン州など、二〇一六年にクリントン氏が勝利した選挙区と、激戦州であるフロリダ州などであった。FB上のフェイクアカウントは、黒人人権活動の「ブラック・ライブズ・マター」などに参加していたという。なお、アクラの拠点は二〇年二月末にガーナ治安当局から外国からの資金提供を受けた過激派活動をおこなった容疑で強制捜査を受け、活動が止まっているという。

## フランチャイズ化

このようにロシアはフェイクニュースの発信源としてもアフリカを利用していたわけだが、多くのメリットを享受できたと分析されている。

まず、ロシアはアフリカで「フランチャイズ」戦略の可否をテストしていたようである。以前はサンクトペテルブルクのみで展開されていた作戦を、グローバルに展開できるかどうかというテストである。そして、フランチャイズ化に成功できれば、主に二つのメリットがある。

第一に、地域からの発信はユーザーにとって印象が強い場合があり、そうすれば、高い信頼性を獲得しうるコンテンツを生み出せる。第二に、拠点が多様化していれば、フェイクニュースキャンペーンが検知されづらくなる。第三に、クオリティの高い英語での発信が可能になるということもある。以前のサンクトペテルブルクからのみの発信だと、書かれる英語のクオリティがきわめて低いことが知られていた。しかし、アフリカでは英語が公用語の国も少なくない。ガーナの公用語は英語で、小学校から授業はすべて英語でおこなわれるため、きちんとした教育を受けている人ならば、きちんとした英語が使える。また、ナイジェリアはれっきとしたイギリス連邦加盟国であり、多くの民族語も民族内では話されているが、ほとんどの人が英語と民族語のバイリンガルだ。そのため、アフリカのいくつかの国からの発信は、流暢な英語でおこないうるのである。

このようにアフリカをフェイクニュースの拠点とすることには、ロシアにとって大きな意義があるのである（本節の多くの部分は平和博「ロシアのフェイクニュースがアフリカ発でやってくる」[65]に依拠）。

## 平和と安定を保障しているのか

アフリカ諸国は五四ヵ国あり、ロシアとの関係についてそれらすべての国の状況を網羅することはできなかったが、本章では、全体傾向といくつかの国の事例から、ロシアのアフリカに対するハイブリッド戦争のあり方を検討してきた。また、ロシアがアフリカをハイブリッド戦争に利用している側面についても論じた。

これまで述べてきたように、ロシアは、近年、アフリカとの関係をソ連時代の深い関係のレベルにまで戻したい、さらに、ソ連時代よりもっと深めたいという希望を持っており、実際にロシアとアフリカのあいだの協力関係は、年々強化されている。

とはいえ、ロシアがアフリカ諸国すべてに満遍なく接近しているわけではなく、ロシア政府とロシアのＰＭＣは、アフリカの最も脆弱な政府、かつ資源を保有する国に接近し、それら国家を武装化し、独裁的な指導者たちを支援しているのである。ロシアは欧米・国際社会と違って、ロシアが平和と安定を保障すると主張しているが、現実は、ロシアが地域情勢をむしろ悪化させているとも言える。

現在のアフリカにおけるロシアの活動は、冷戦時代のソ連によるそれとかなり性格が異なっている。現在の活動は、かなり実利主義になっており、活動内容・対象をそのコスト・ベネフィットと対照させながら考えて厳選している。以前のように多額の資金も使えないため、ロシアが国家として関与すると問題がある政治・軍事領域などではＰＭＣなども用いて、非対称な行動パターンを見せている。

## 三つの柱

また、ロシアはアフリカをグローバルなゲームで活用しようともしている。ロシアの欧米に対する優位性を利用し、米国とのパワーゲームでのポイントを稼ぎたいのである。欧米との対抗においては、ロシアは中国と組むことでより容易にバランスをとりやすくなっている。とはいうものの、じつは、表面的には「同じ方向を向き、連携している」というポーズをとっている中国とも対抗しており、アフリカの「中国一辺倒になりたくない」という心情を巧みに利用して、ロシアのポジションをしっかり確保しているのだ。

とはいえ、ロシアは、より強力な国際的プレイヤー、主に中国、米国、EUと競争するためのじゅうぶんな経済力もソフトパワーも持っていないため、武器・兵器の販売、多面的な「安全保障輸出」メカニズムの利用、情報の効果的利用と政治的アプローチという三つの側面がロシアの対アフリカ戦略の重要な支柱となる。

ロシアはソ連時代に構築していたアフリカ諸国との関係やソ連時代に提供していた兵器などを背骨にして、関係の再構築を図ることができるのである。人材やかつて送り込んだソフトパワーを利用したり、新しく武器・兵器を提供するのみならず、かつて提供した兵器を保守・再装備したり、新しいものに置き換えたりすることで、より太いパイプが作りやすくなる。

「安全保障輸出」メカニズムは、アフリカの多くの国で展開されており、特にCAR、DRC、スーダンがその好例である。これは限定された正規の軍事指導者を送り込むことを含む合法的な技術的支援と、PMCに代表される非合法な組織による支援の融合となり、アフリカでは、非民主的な政権を維持したいという政権サイドの思惑やイスラーム過激派などの脅威との対抗、さらに欧米諸国への失望という観点から、アフリカの現地政権からの需要も高いものとなっている。

情報の効果的利用と政治的アプローチは、非軍事メカニズムを幅広く網羅した総合的な戦略となる。トロールやボットネットで情報を操作したり、インターネットや現地メディアを利用して偽情報を広めたり、政治技術者・政治コンサルタントを送り込んで政治操作をおこなったりしてきたが、これまではあまり大きな成果は出ていないようである。それでも今後、経験値を積み上げ、大きな成果につながる可能性も少なくないと分析されているのである。

これらを総合的に用いた対アフリカ外交は、まさに「ハイブリッド戦争」の要素を総動員したものであると言ってよいだろう。ロシアは、特にシリアなどでの「ハイブリッド戦争」の経験を、アフリカにも利用している。今後、アフリカでの経験が、ロシアのまた別の国家・地域における「ハイブリッド戦争」の展開に利用されていくのかもしれない。

また、アフリカ自体をロシアの「ハイブリッド戦争」の展開に利用していることから、アフリカはロシアのハイブリッド戦争のあらゆる側面が濃縮された非常に興味深いケースだと言えるだろう。

# エピローグ

## パンデミックとロシアの支援外交と

二〇二〇年、新型コロナウイルス感染症（COVID-19）問題は、世界を震撼させたが、ロシアは特に自国がパンデミックに陥る三月以前、コロナ外交ともいうべき、援助攻勢を展開した。多くの国が苦境に陥るなか、支援物資や医療物資、軍関係者、医療従事者などをさまざまな国に送り込んでいるが、その「支援外交」の陰には「ロシアの下心」があるとも言われていた。

具体的には、①情報収集（ロシアでパンデミックが起きた際の対応を考えるうえでの材料集め、NATO軍の動き）、②支援によってロシアが現在発動されている経済制裁を解除・ないし弱めてもらうという目的、③EUやNATO加盟国・加盟候補国などへの支援と宣伝による欧州分断、④友好国との関係深化や友好国の拡大、などがその目的だとされ、また、第二章で述べたように、フェイクニュースの拡散などもあったことから、欧米、特にNAT

Oはロシア（および中国）の支援外交を「ハイブリッド戦争である」として警戒した。

例えば二〇年四月一五日、イェンス・ストルテンベルグNATO事務総長は、「ロシアによる軍事活動が続いているが、NATOの軍および作戦を保護するためのあらゆる必要な措置をとる」と述べ、また、ロシアと中国による攻撃的な宣伝活動への対応を問われると、ハイブリッド戦争への準備の必要性および偽情報には自由で独立した報道が最善の対抗策であると発言した。また、NATO米代表部のケイ・ベイリー・ハッチソン大使は四月一四日の会見で、「ロシアや中国が主張している偽情報を懸念している」と表明したうえで、それらはすべて、中露によるハイブリッド戦争の一部だと主張していた。

とはいえ、これらすべてをハイブリッド戦争ということは適切ではないだろう。ロシアにも良心があったかもしれないし、セルビアなど、実際にロシアの支援に助けられ、ロシアに感謝している国々も少なくないからだ。

しかし、ロシアの動きは、このような一見「善行」と思われるものですら「ハイブリッド戦争」とみなされてしまう。ロシアのハイブリッド戦争がいかに警戒されているかということの表れだとも言えよう。

## ロシアのハイブリッド戦争は成功したのか

ここまで、ロシアのハイブリッド戦争について論じてきたが、それでは、ロシアはハイブリッド戦争で実際に成功してきたと見てよいのだろうか。じつは、ハイブリッド戦争の効果については、評価が分かれる。

実際にハイブリッド戦争で大きな打撃を受けてきた国々が少なくなく、ロシアが仕掛けた作戦が、相手に対してかなり大きな打撃を与えてきたことについては、異論はないだろう。他方、ロシアの成功はあくまでも「印象」であって、ロシアが成し遂げたことが過大評価されているという論者も少なくない。例えば、ロシアはハイブリッド戦争で目的を達成しつつも重い「制裁」を発動されつづけていることは、ロシアの失敗を意味するという主張は説得力がある。どれも正論であり、ロシアの成功については単純に評価することは難しい。

そこで、ロシアにとって確実に歓迎すべき効果があったのか、またそれをどのように評価できるのかをいくつかの事例で考えてみたい。

まず、エストニアに対するサイバー攻撃については、エストニアに多大なダメージを与えることに成功した一方、諸外国の対露警戒心を高めてしまい、多くの国家やNATOなどがサイバー攻撃の対抗策を取るようになってしまった。それでも、ロシアはこれに基づく制裁を受けることはなかったし、ロシアの潜在的脅威を国際的に浸透させることができたのは成功とみてよいのではないだろうか。

ジョージアに対するハイブリッド戦争では、ジョージアのNATO加盟の可能性をほぼなくすことに成功し、南オセチア、アブハジアの独立を認めることで多くの欧米諸国によるコソヴォ独立承認で味わった屈辱への意趣返しも果たせた。ジョージアとの戦いにより、ロシア軍の士気の低さや兵器が時代遅れであった現実を目の当たりにし、後にウクライナ危機で貢献することになる優秀な特殊部隊養成を急いだり、それまでタブーだった海外からの兵器輸入もおこなうなど、ロシア軍を改善する契機を得た。また、ウクライナ危機で開花したロシアのハイブリッド戦争の練習をおこなうこともできた。さらに、この際には、欧米からの制裁もほとんどなかったのも、ロシアにとっては効果が高かったと言えるだろう。

ウクライナ危機、すなわちクリミア併合とウクライナ東部への介入であるが、念願のクリミア併合を成し遂げたうえに、ウクライナのNATO加盟をほぼ不可能にできたのはきわめて大きな成功と言えるだろう。だが、ウクライナ東部の混乱が続き、外交権があるかたちでのウクライナ東部とウクライナ本国との連邦形成など、ロシアにとって理想的な状況になっていないこと、またロシアに対する諸外国によるかなり重い制裁が継続されていることもロシアにとっては深刻であり、これらのことから、差し引きマイナスでロシアが失敗したと評価する論者もいる。

とはいえ、経済制裁はロシアの国内産業を復活させる契機にもなったし、同時期に石油価格下落があったにもかかわらず、ロシア経済は最悪の状況にはならなかったこと、またクリミア併合の熱狂により、少なくとも、年金受給年齢の引き上げを決定した二〇一八年くらいまではプーチンは国民の高い支持を得られていたこと、またクリミアの実効支配が固まりつつある現実を考えると、総合的には成功したと言ってもよいのではないかと筆者は考える。

## 世界を席巻した印象

米国大統領選挙への介入も、米国が対露制裁を発動したことから、ロシアが「勝利したわけではない」と主張する論者もいる。しかし、ロシアの当初の目的は、ヒラリー・クリントンの当選はまちがいないという前提で、クリントンが当選した後に、その当選に疑惑を持たせ、政権運営にグレーなイメージを与えることであり、そのためにヒラリー関係のフェイクニュースを大量に流したという経緯がある。

実際には、蓋を開けてみれば、想定外にもロシアが当選を避けたいと思っていたヒラリーが落選、トランプが勝利してしまい、さらには世界の多くの者があたかもロシアの力でトランプが勝利したと思い込んでしまった。これは、プーチンの世界における影響力の強さを意味することとなり、プーチンは大いに満足したと言われており、結局、ロシアにとっては大成功だったと判断されることが多いと思われる。

例えば、元モスクワ国際関係大学教授（政権批判により失職）ヴァレリー・ソロヴェイは、トランプ陣営が注ぎ込んだ選挙資金は六億一〇〇〇万ドルであった一方、ロシアは「ロシアゲート」に一〇〇万ドルしか使わなかったことから考えても、ロシアが米国選挙に与えた影響は、実際にはきわめて軽微であったにもかかわらず、それが過大評価され、ロシアが米国大統領選挙を動かしたという「印象」だけが世界を席巻したと分析している。[66]なお、トランプの場合、SNSを通じて自分のメッセージを頻繁かつ大量に発信したことが、実際に投入された資金以上に重要な役割を果たしたと分析されている。彼の「メディアただ乗り露出＝earned media coverage」をテレビやラジオコマーシャル費用として換算すると、トランプは通常費用に加え五〇億ドル相当を支出した計算になるという。

また、ロシアのシリア介入については、成功と評価できるのではないだろうか。ＰＭＣや、北コーカサス出身兵を多く現地に送り込んだにもかかわらず、ロシア兵の犠牲も多く、痛手も大きかったのは確かである。だが、当時、世界から批判を浴びていたウクライナ問題から世界の注目を逸らすことに成功し、また、新しい兵器・技術の実験場としても利用でき、海外からのロシア兵器の受注も格段に増加した。さらに、一般人の死傷者も大勢出たことからロシアの空爆などの攻撃には批判も出た一方、ＩＳＩＳに壊滅的打撃を与えることができたのも事実で、トルコ、イランなどと組んで、中東における影響力の拡大に成功したことは、ロシアにとって大きな勝利といえるだろう。さらに、「近い外国」外での作戦成功はロシアの大きな自信になったと思われる。

このように、ハイブリッド戦争の効果や成功を評価することはとても難しい。とはいえ、長年にわたる経済制裁や国際的孤立など、多くのマイナスファクターもありながらも、総合的に見れば、かなり少ないコストで、ロシアに対する脅威感を世界に植えつけ、世界における影響力を高めることができたことはまちがいなく、また、その効果の一部により、国内でも熱狂的な支持を数年にわたり獲得できたことなどを考えれば、ロシアにとっては成功体験としての位置づけになっているのではないかと思われる。

## 一国レベルの対策では不十分

それでは、世界はハイブリッド戦争にどのように対抗すればよいのだろうか。

第二章で触れたように、二〇〇七年にエストニアがロシアから大規模なサイバー攻撃を受けたのを契機に、〇八年、エストニアにNATOサイバー防衛協力センター（CCDCOE: Cooperative Cyber Defence Centre of Excellence）が創設されてから、他のバルト諸国、隣国フィンランドにもハイブリッド戦争の脅威に対抗するためのセンターが作られていった。一二年にリトアニアにエネルギー安全保障を扱うNATOの「エネルギー安全保障センター」（ENSEC COE: NATO Energy Security Centre of Excellence）、一四年にラトビアにフェイクニュースの情報収集を担う「戦略的コミュニケーションセンター」（StratCom: Strategic Communications Centre of Excellence）が設置され、さらに一七年にはフィンランドがホスト国となって「ハイブリッド脅威対策センター」（European Centre of Excellence for Countering Hybrid Threats: Hybrid COE）が設置され、ロシア周辺国で、NATOとEUによるハイブリット戦争への重層的な危機管理体制がとられるようになったのである。

なお、ハイブリッド脅威対策センターの研究者にインタビューしたところによると、これらセンターはロシアによるハイブリッド戦争のみに対抗しているのではなく、近年では中国からの脅威にも対応しているという。だが、欧州諸国のあいだでも、危機感にかなり温度差があり、例えば南欧諸国などは危機感がきわめて薄く、それら諸国に対して、ハイブリッド戦争の恐ろしさを指導することも容易ではないという。しかし、ハイブリッド戦争に対抗してゆくためには、一国レベルでの対策では不十分で、やはり欧州全体での対抗網を構築する必要があるが、そのためにも欧州全体が危機感を共有して協力することが不可欠だという。

### ハイブリッド戦争にどう立ち向かうか

また、ジム・スキアットは、欧米諸国の国家安全保障戦略に直接関わる指導者たちにハイブリッド戦争（書籍では「シャドウ・ウォー」）に勝つ方策について意見を求め、提案された解決策を以下の九点にまとめている。[67] それらを紹介しつつ、筆者の見解も付記したい。

(1) 敵を知る：現在、欧米が地位を喪失しつつあるのは、中露を読み違えたからであるという。筆者も同意見であり、欧米がロシアの「被害者意識」を理解せずに、NATO拡大や「カラー革命」などを展開してきたことは、ロシアのハイブリッド戦争と切り離せないと考える。

(2) レッド・ライン（超えてはいけない一線）を設ける：軍事攻撃については、ロシアはバルト諸国の周辺をレッド・ラインとみなして行動している節があり、バルト諸国はつねに脅威にさらされている一方、その西側はある程度の安心感が保証されている状況にある。しかし、サイバー領域にはそのようなレッド・ラインがないため、かなり強引な攻撃が多方面になされてしまっているという。レッド・ラインについては、シリアなどの事例もあり、必ずしも確定しているとは言えないが、サイバー領域にレッド・ラインを国際的な常識として設定することは、大規模な混乱を予防するためにも必要なプロセスであろう。

(3) 敵が負担すべきコストを引き上げる：攻撃を仕掛けることで、攻撃者(特に中露)が負担することになるコストを引き上げることが肝要であるという。これまで米国は比較的控えめな報復手段に固執してきたが、そのダメージは大きかったとはいえ(例えば、米国がロシアに課した「マグニツキー法」)、相手の行動を変えるには至ってこなかった。そのため、より厳しい制裁を取るなどして、攻撃のコストを高めることが必要だという。そして、攻撃と防衛が密接に結びついていることを理解しつつ、その両者のバランスをうまくとった対抗策を講じることが不可欠だという。たしかに、例えばロシアはウクライナ危機で相当なレベルの制裁を科されてきたが、何とか耐えつつ、むしろそれをナショナリズムの鼓舞に利用し、内需拡大や輸入多角化、汚職廃絶など経済を見直したことで、むしろ利を得た部分すらある。この相手に課すコストの内容・レベルの見極めは今後のハイブリッド戦争への対抗策を取るうえでの重要な鍵となってゆくだろう。

(4) 防衛を強化する：信頼できる防衛こそがハイブリッド戦争に勝つための戦略だという主張はすべての指導者に一致した意見だという。しかし、いかにしっかりした防衛策を講じていても、誰もが犯しうるユーザー・エラーというリスクからは逃れられない。そのため、エストニアが実践する「サイバー衛生」、すなわち、サイバー攻撃者に利するような習慣を変えて、個人が自分の身を守ることが、システム全体の防衛につながるということがきわめて有益であるという。「サイバー衛生」を国民全体に浸透させるためには、国家内の分裂を避けなければならないし、サイバー領域や宇宙領域を含む、さまざまな領域におけるレジリエンス、つまり攻撃を受けても完全に停止することなく持ち堪えることができるようなシステムの構築が必要となるはずだ。エストニアはもともとＩＴ大国であり、国家規模も小さいことから、サイバー衛生が比較的容易に浸透できたが、より大きな国家にとっては国家の分断の修復から始める必要があり、さまざまな障壁がありそうだ。

(5) 攻撃：戦争となる一歩手前の敵対的行為を阻止するためには、信頼できる攻撃能力が不可欠である。ただし、見えない戦争において、必要な対抗力をどれくらい準備すればじゅうぶんなのか、その見極めはたいへん難しいと言えそうだ。そのため、情報活動は肝要であり、相手に大きなダメージを瞬時に与えるのに有効な「インフラへのサイバー攻撃」ができる状況を準備しておくこともポイントになりそうだ。さらに、サイバー攻撃においても、ハードパワーを使う能力と意欲があることを見せるなどした「抑止手段」の配備も重要となるという。また、今後は、宇宙における攻撃力の配備が求められるようになるとも予測されている。

(6)　結果を警告する：効果的な抑止の中核をなすのは、もし攻撃がなされた場合に、どのような結果が起きるのかを事前に明確に伝えておくことだという。そのうえで、敵対国が攻撃をした場合に、最も過酷な結果をもたらすようなシナリオがあったとしても、伝えておかなければ抑止にはつながらない。

(7)　サイバー領域と宇宙のための新たな条約：これまでサイバー領域や宇宙領域には何の規制もなかったため、宣戦布告なしの「戦争」がくりかえされてきた。しかし、ジュネーヴ条約に相当するような条約ができれば、小さな紛争が大戦争に発展する可能性はかなり減じることができるだろう。

(8)　同盟を維持して強化する：米国の指導者は、中露に対抗するために同盟を強化することを特に重要視しているという。本書でも述べたように、ロシアが、米国が結んでいる同盟やNATOへの打撃をつねに最重要の目標としていることを考えれば、本論点はきわめて正鵠を射ていると思われる。

(9)　リーダーシップ：これまで述べてきた解決策のすべてが、トップの明確なリーダーシップなしにはあり得ないと考えられている。ハイブリッド戦争の脅威を広く国民に説明し、認識してもらい、協力を得られる状況を整えることが必要だからだ。

このように、ハイブリッド戦争はかなり厄介な代物であり、対抗するのは容易ではないとは言え、対抗策を講じることはじゅうぶん可能だと思われる。各国が、諸外国と連携しつつ、ハイブリッド戦争に屈しない体制を生み出してゆくことが肝要であろう。

## サイバー攻撃に脆弱な日本

長々とロシアのハイブリッド戦争について論じてきたが、なぜ日本でそんなことを考えねばならないのか、日本は本書が事例として取り上げた国々からは遠いし、ロシア人もそんなに多く住んでいないだろう……と思われた読者もいらっしゃることと思う。

しかし、ハイブリッド戦争は対岸の火事ではなく、つねに日本を覆っている脅威であるだけでなく、すでに被害にあっているにもかかわらず気づいていないだけという側面すらある。

前述のように、筆者は、北方領土問題の近年の展開に鑑み、ロシアが米国に対して仕掛けているハイブリッド戦争の一環で、日本もハイブリッド戦争の対象になっていると考えている。また、日本はロシアから相当なサイバー攻撃を日々受けている。サイバー攻撃は、攻撃を受けても気づかないで終わってしまうケースも少なくないと言われており、実際の被害をすべて把握することは不可能だ。だが、通常の方法ではアクセスできないようになっており、非合法な情報やマルウェア、麻薬などが取引されている「ダークウェブ」では、例えば日本の病院がハッキングされて取得された情報などがかなり売買されているという。私たちが気づかぬあいだにさまざまな被害が生じている可能性はきわめて高いのだ。

特に、インターネットを通じた攻撃では、距離は無関係であり、また一瞬のうちに攻撃することもできる。プロローグで述べたように、二〇二〇年の東京五輪・パラリンピックはロシアのサイバー攻撃の脅威にさらされていたという現実もある。そして、五輪とは無関係に、今この瞬間に日本の中枢がハッキングされ、日本中の電気が落ち、真っ暗になり、大混乱に陥る可能性も否定できないのである。しかも、中国や北朝鮮、イランなども、ロシアと並んでサイバー攻撃の近年の主要アクターとなっているし、個人レベルも含む、潜在的な敵は無数にいると言ってよい。ハイブリッド戦争の脅威はつねに存在していると考えるべきだろう。

だが、日本の現状は、危機意識が薄いだけでなく、実際にハイブリッド戦争に対して脆弱であると言える。

例えば、現状で日本がサイバー攻撃に脆弱であることは間違いなさそうだ。英ソフォス（Sophos）と米ファイア・アイの調査によれば、日本企業はサイバー攻撃の検知能力が一二ヵ国中最低であったという。[68] 他方、日本でのサイバー攻撃の数は年々増えており、脅威は増す一方であると言えるだろう。

また、日本人の情報リテラシーは低く、フェイクニュースなどに踊らされる可能性が高い。欧米では、フェイクニュース対策は、国防戦略の重要な要素となっており、国家戦略としてフェイクニュース対策教育、メディア・リテラシー教育がおこなわれている。だが、日本ではまだそのような必要性が重視されておらず、教育には実質的に盛り込まれていない。本来であれば、このような教育は、子どものうちから刷り込まれることが重要であるはずである。

幸い、日本は島国ということもあり、ロシア周辺国がロシア系住民の多さに悩まされるような現象とも無縁である一方、日本人の危機感の欠如は、日本人のメディア・リテラシーの低下を助長しているようにも思える。日本人はフェイクニュースに惑わされないと言えるだろうか。欧米でおこなわれているような情報リテラシー教育が日本でも必要ではないだろうか。

そして、ハイブリッド戦争に対抗するために諸外国との連携を強化することも必須だろう。日本一国でハイブリッド戦争の脅威に対抗してゆくことはもはや現実的ではないと思われる。

二〇一五年に「内閣サイバーセキュリティセンター」が設立されるなど日本でもハード面の整備は進んでいるが、ソフト面の整備については課題が山積している。日本のサイバー攻撃関係の情報収集能力はまだ未熟であり、国際捜査をおこなうための法執行システムもない。また、サイバー空間の戦いにおいては、攻撃と防御が表裏一体であるため、敵を泳がせることでその動きを見定め、相手の正体を突き止めるような方法も必要となる。サイバー対策では専守防衛を国是とする立場を貫いていては、日本に勝ち目はない。

そのため、政府が二〇一九年にサイバー攻撃対策に「反撃用ウイルス」を保有することを決定したこと、二〇年一二月に、防衛省がサイバー攻撃に対処できる「サイバーセキュリティ統括アドバイザー」(仮称)を二一年度から採用し、次官並みの年収二〇〇〇万円程度で処遇することを発表したことの意義はきわめて大きい。加えて、二一年一月には、東京五輪・パラリンピックの大会組織委員会が、サイバー攻撃に対処する要員「ホワイトハッカー」を民間企業からの出向者を中心として、二二〇人養成したことが報じられた。これらの動きは歓迎されるべきものであり、サイバー対策に対応しうるような法改正と意識改革、そして優秀な人材の確保が急務であろう。

ハイブリッド戦争を現実的な脅威と考え、国民一人一人がしっかりと心算をし、柔軟かつ適切な対応をとってゆくことが日本の安全保障にとってきわめて重要なのである。

## むすびにかえて

本書では、現代ロシアの軍事・外交を支えるものとして、近年のハイブリッド戦争を検討してきた。本書で扱うことができた事例は氷山の一角にすぎず、またプロローグでも申し上げたように、ロシアの核戦略や宇宙戦略、そして近年顕著にその重要性が増しているAIの軍事適用など、現代戦の軍事面については論じることができなかったが、それでもロシアが目的を実現するために、さまざまな手段を複合的に用いていることがおわかりいただけたかと思う。

ロシアは、火種のないところに炎上を起こさせる力はないとされる一方、火種を見つけ、それにつけ込んで炎上させることに長けており、その際、ハイブリッド戦争的な手法はきわめて有効に機能してきた。そして、現在のロシアにとって、ハイブリッド戦争は、まさに外交の重要な手段・部分となっている。

二〇二〇年は新型コロナウイルス問題が世界を震撼させ、またその第二波、第三波が猛威をふるったこと、そしてワクチン接種の浸透にも時間がかかることから、完全な収束にはまだ時間がかかりそうである。そして、コロナ禍では、さまざまな変化が必要不可欠となり、新たな現実が「ニューリアル」として定着する可能性も多く議論されている。同問題収束後の世界を収束前とはまったく違うものに変えてしまうかもしれない。

同様に、このコロナ禍が世界で落ち着いた頃、ロシアのハイブリッド戦争の姿もそれ以前のものと様相が異なってくるかもしれない。二〇二一年に延期された東京五輪へのロシアによるサイバー攻撃の有無なども気になるところだ。ただでさえ、ハイブリッド戦争の定義はなく、その言葉から想起される実態は人によってかなり異なっている。そのような形式が固まっていないハイブリッド戦争が、新しい局面に入ることは自然な流れなのかもしれない。

そうなれば、本書で記した「ロシアのハイブリッド戦争」は歴史の短い一ページになってしまうかもしれない。それでもロシアの外交や軍事のあり方を検討するうえで、ハイブリッド戦争という切り口はきわめて興味深いと考えている。本書が、ロシアのハイブリッド戦争や外交のやり口を知る手がかりになれば嬉しい限りである。


本書はまだ概念としても定まっておらず、研究対象としても成熟していない「ハイブリッド戦争」に取り組んだ野心的試みである。そして、本書執筆中の終盤頃に、アゼルバイジャンとアルメニアの間のナゴルノ・カラバフ紛争が再燃した。じつは、ナゴルノ・カラバフ紛争は、筆者の博士論文で取り扱ったメインテーマであり、そのために筆者は二〇〇〇～〇一年にアゼルバイジャンのバクーで国連大学秋野フェローとして在外研究をおこなった経緯がある。二〇年に再燃したナゴルノ・カラバフ紛争は、かつての第一次紛争とはまったく様相を変え、純然たる「現代戦」に変貌していた。新たな現実に直面し、非常に多くの衝撃を受けたが、改めて「ハイブリッド戦争」を語ることの意義を感じることにもなった。

そもそも、二〇一六年に筆者に「外交から見る現代ロシア」というテーマで新書を書くことを勧めてくださったのは講談社現代新書の坂本瑛子さんであり、筆者もそれで応諾したのだが、筆者がなかなか原稿を書き進めることができず、また、一七年度にフィンランドのヘルシンキ大学アレクサンテリ研究所（Aleksanteri Institute, University of Helsinki）で在外研究をするなかで、ロシアのハイブリッド戦争の問題に特に惹かれるようになり、ロシアの外交を考えるには、ハイブリッド戦争からのアプローチが最適だと思うようになった。そして帰国後に、執筆テーマを変更することをお願いし、ご快諾いただいたのだが、そのタイミングでそれまで筆者を支えてくださっていた坂本さんが産休に入られ、所澤淳さんに編集担当が引き継がれた。その後は、所澤さんに本当にお世話になり、なんとか本書の発行にこぎつけた。坂本さん、所澤さんのお二人にはお礼の言葉もない。本当にお世話になり、心よりお礼申し上げたい。

また、本書の成立にあたっては、アレクサンテリ研究所での研究の成果が大きく、特にお世話になったMarkku Kangaspuro所長、Anna Korhonen国際関係部門長、途中でハイブリッド脅威対策センターに異動となったHanna Smith研究員に心よりお礼申し上げたい。

そして、筆者がサイバーセキュリティ問題で共同研究をおこなっている株式会社ラックの佐藤雅俊ナショナルセキュリティ研究所長をはじめとした皆様にも貴重な研究リソースを提供していただき、また多くの助言を得た。記してお礼申し上げたい。

また、本書のロシアの地政学の部分を書くうえで大変刺激を受けたのが、北岡伸一先生・細谷雄一先生が編者をしてくださった『新しい地政学』（東洋経済新報社、二〇二〇年）の出版プロジェクトの皆々様である。先生方、サントリー文化財団の皆様にも心よりお礼申し上げたい。

加えて、筆者が関わる多くの研究会、特に、国際情勢研究会のロシア研究会、日本国際フォーラムの旧・変容するユーラシア国際戦略環境と日本の対応研究会（主査・渡邊啓貴先生）、地政経学からみたユーラシア・ダイナミズム研究会（主査・渡邊啓貴先生）、米中覇権競争とインド太平洋地経学研究会（主査・寺田貴先生）、国際問題研究所のロシア研究会（主査・下斗米伸夫先生）の皆様からは多くのご教示を受けた。すべての皆様のお名前を記すことはできないが、心よりお礼申し上げたい。

最後に、筆者が日頃お世話になっている慶應義塾大学湘南藤沢キャンパスの同僚や職員の皆様、特に大学院プログラムの「グローバル・ガバナンスとリージョナル・ストラテジー（GR）」の先生方には多くのご教示を賜り、また研究をするうえで、多くのご協力をいただいてきた。心よりお礼申し上げたい。

お世話になった方々のすべてのお名前を書くことができず、また、お礼の言葉は書き尽くせないが、ここに書いた以外の多くの方々にお世話になり、ご教示を受け、本書ができあがった。皆様に心からお礼を申し上げ、感謝の気持ちを常に忘れず、今後も研究に研鑽してゆきたいと思う。

二〇二一年一月吉日

廣瀬　陽子

なお、本研究はJSPS科学研究費JP15KK0130、JP15KT0132、および慶應義塾大学福澤基金（二〇二〇年度）の助成を受けたものです。記して心よりお礼申し上げます。

# 註

1. 森永輔「ロシアのクリミア併合から戦い方が変わった」日経ＢＰ［https://business.nikkeibp.co.jp/atcl/report/16/082800235/111400011/］。
2. 松本太『世界史の逆襲』２０１６年、講談社、20～30頁。
3. Месснер Е. Э., *ХОЧЕШЬ МИРА, ПОБЕДИ МЯТЕЖЕВОЙНУ!*, М.: Военный университет, Русский путь, 2005 および、Mirosław BANASIK, “Russia's Hybrid War in Theory and Practice”, *Journal on Baltic Security*, Vol.2, Issue.1, 2016, pp.157-182.
4. 例えば、ＩＳＩＳがハイブリッド戦争を遂行していることについて良く引用されている記事として、“Confronting Islamic State: The next war against global jihadism,” *The Economist*, 15th September 2014.
5. 小泉悠「ウクライナ危機に見るロシアの介入戦略　ハイブリッド戦略とは何か」『国際問題』六五八号、二〇一七年一・二月号。
6. Murray, Williamson and Peter R. Mansoor eds. *Hybrid Warfare: Fighting Complex Opponents from the Ancient World to the Present*, Cambridge University Press, 2012.
7. Fridman, Ofer, *Russian ‘Hybrid Warfare’: Resurgence and Politicisation*, Oxford University Press, 2018.
8. Арджил Тернер, “Сила России в её коварной кажущейся слабости…,” *KM.RU*, (https://www.km.ru/world/2014/10/15/barak-obama/749670-sila-rossii-v-ee-kovarnoi-kazhushcheisya-slabosti).
9. Владимир Воронов, “«Зеленые человечки» Сталина: «гибридная война» была впервые опробована вовсе не в Крыму,” *Свободная Зона* (http://www.szona.org/gibridnaya-voina/), (Accessed 25 November 2014).
10. Renz, Bettina and Hanna Smith, *Russia and Hybrid Warfare — Going Beyond the Label*, Aleksanteri Papers,

1/2016.

11. Военная доктрина Российской Федерации (https://rg.ru/2014/12/30/doktrina-dok.html).

12. Goble, Paul., "Putin's Strategy in Ukraine — Sow Panic, Provoke, Invade and Then Repeat the Process," *Window on Eurasia* (http://windowoneurasia2.blogspot.jp/2014/11/window-on-eurasia-putins-strategy-in.html), (Accessed 16 May 2018〔現在アクセス不可〕).

13. Герасимов,Валерий., "Ценность науки в предвидении: Новые вызовы требуют переосмыслить формы и способы ведения боевых действий," *Военно-промышленный курьер*. 2013-2-26 (https://www.vpk-news.ru/articles/14632). (Accessed 15 May 2018).

14. 同前。

15. Chekinov, Sergey and Sergey Bogdanov, "the Nature and Content of a New-Generation War," *Military Thought*, October-December 2013.

16. Дубовицкий,Натан, "Без неба," *Русский пцонер*, 12 марта 2014 (http://ruspioner.ru/honest/m/single/413).

17. Pomerantsev, Peter, "How Putin is Reinventing Warfare," *Foreign Policy*, 5 May 2014.

18. Gonchar, Mykhailo. "Hybrid war in Eastern Europe. Energy component," *Centre for Global Studies 'Strategy XXI*,' October 2014.

19. Wigell, Mikael. "Hybrid interference as a wedge strategy: a theory of external interference in liberal democracy," *International Affairs*, 95: 2 (2019), pp.255-275.

20. Kotlyar, Vladimir. "Who is Waging "Hybrid Warfare" in Ukraine?," *International Affairs*, 61:5(2015),pp.77-89.

21. Felgenhauer, Pavel. "Fears of Western 'Hybrid Warfare' and Suppression of the Russian Opposition," *Eurasia Daily Monitor*, Volume: 16 Issue: 115, August 8, 2019.

22. Roberts, James Q., *Maskirovka 2.0: Hybrid Threat, Hybrid Response*, Center for Special Operations Studies and Research, Joint Special Operations University, Jsou Press Occasional Paper, 2015; Bagge, Daniel p, *Unmasking*

*Maskirovka: Russia's Cyber Influence Operations*, Defense Press, 2019.
23. Grygiel, Jakub J. and A. Wess Mitchell, *The Unquiet Frontier*, Princeton University Press, 2016（邦訳：ヤクブ・グリギエル、A・ウェス・ミッチェル著、奥山真司監訳、川村幸城訳『不穏なフロンティアの大戦略：辺境をめぐる攻防と地政学的考察』中央公論新社、２０１９年）。
24. Wilson, Andrew. *Ukraine crisis: What it means for the west*, Yale University Press, 2014.
25. Goble, Paul, "Moscow Exporting 'Political Technologists' Beyond Africa to Europe," *Eurasia Daily Monitor*, Vol.16, Issue 128, 2019.
26. 坂本明他『［図解］民間軍事会社と傭兵』、コスミック出版、２０１６年、82頁。
27. Krahmann, Elke. "Regulating Private Military Companies: What Role for the EU?," *Contemporary Security Policy*, Vol.26, No.1, 2005；坂本明他、前掲書、小泉悠「ロシア謎の民間軍事会社〝ワグネル〟」『軍事研究』２０１９年４月号。
28. Borshchevskaya, Anna. "Russian Private Military Companies: Continuity and Evolution of the Model," *Russia Foreign Policy Papers*, Foreign Policy Research Institute, 2019.
29. 小泉悠「ロシア謎の民間軍事会社〝ワグネル〟」『軍事研究』２０１９年４月号。
30. 真野森作『ルポ　プーチンの戦争』筑摩書房、２０１８年。
31. MacFarquhar, Neil. "Yevgeny Prigozhin, Russian Oligarch Indicted by U.S., Is Known as 'Putin's Cook'," *The New York Times*, 16 Feb 2018［https://www.nytimes.com/2018/02/16/world/europe/prigozhin-russia-indictment-mueller.html］.
32. 小泉悠、前掲論文。
33. 黒井文太郎「「許されざる取材」の記者３人、ロシアに消されたか」『JB Press』２０１８年８月６日、［https://jbpress.ismedia.jp/articles/-/53745］。
34. "Media: Wagner Group commander becomes CEO of Putin's friend's catering business," *UAWire*, November

16, 2017 〔https://uawire.org/wagner-group-commander-becomes-ceo-of-putin-s-friend-s-catering-business〕.

35. 黒井文太郎、前掲記事。

36. Bryjka, Filip. "Russian 'Contractors' in the Service of the Kremlin, " *Warsaw Institute: Special Report*, 2019 (https://warsawinstitute.org/russian-contractors-in-the-service-of-the-kremlin/).

37. 大統領府のＨＰにすべてのやり取りが掲載されている。"Прямая линия с Владимиром Путиным" (http://kremlin.ru/news/20796).

38. "Обращение Президента Российской Федерации" 18 марта 2014 г. (http://www.kremlin.ru/news/20603).

39. 同前。

40. 筆者のウクライナ（キエフ、オデッサ、リヴィウ）でのインタビュー（二〇一四年八月末）、及び、宇山智彦「変質するロシアがユーラシアに広げる不安」『現代思想　特集：ロシア』二〇一四年七月号。

41. 本章では、ジム・スキアット（小金輝彦訳）『シャドウ・ウォー：中国・ロシアのハイブリッド戦争最前線』原書房、二〇二〇年；デービッド・サンガー（高取芳彦訳）『サイバー完全兵器』朝日新聞出版、二〇一九年；小泉悠「ロシアのサイバー戦略」『海外事情』二〇一九年七・八月号、からの情報を多く用いた。

42. 日本語で解説書（中谷和弘、河野桂子、黒崎将広『サイバー攻撃の国際法―タリン・マニュアル２・０の解説』信山社、２０１８年）が出ている。

43. http://dea.gov.ge/uploads/CERT%20DOCS/Cyber%20Espionage.pdf〔現在、アクセス不可〕。

44. https://www.icr.co.jp/newsletter/global_perspective/2012/Gpre2012103.html.

45. https://riafan.ru/page/o-nas.

46. "Evgeny Prigozhin's right to be forgotten: What does Vladimir Putin's favorite chef want to hide from the Internet?," *Meduza* (13 June 2016) 〔https://meduza.io/en/feature/2016/06/13/evgeny-prigozhin-s-right-to-be-forgotten〕.

47. MacFarquhar, Neil. "Yevgeny Prigozhin, Russian Oligarch Indicted by U.S., Is Known as 'Putin's Cook'," *The*

*New York Times*, 16 Feb 2018 [https://www.nytimes.com/2018/02/16/world/europe/prigozhin-russia-indictment-mueller.html].
48. Case 1: 18-cr-00032-DLF Document 1 Filed 02/16/18 , CRIMINAL No. (18 U.S.C. §§ 2, 371, 1349, 1028A), IN THE UNITED STATES DISTRICT COURT FOR THE DISTRICT OF COLUMBIA [https://www.justice.gov/file/1035477/download].
49. 同前。
50. Garrett M. Graff, "Inside the Mueller Indictment: A Russian Novel of Intrigue," *WIRED*, 20 February, 2018 [https://www.wired.com/story/inside-the-mueller-indictment-a-russian-novel-of-intrigue/amp].
51. 米国財務省ウェブサイト [https://www.treasury.gov/resource-center/sanctions/OFAC-Enforcement/Pages/20161220.aspx]〔現在アクセス不可〕。
52. 米国財務省ウェブサイト [https://www.treasury.gov/resource-center/sanctions/OFAC-Enforcement/Pages/20170620.aspx]〔現在アクセス不可〕。
53. 黒井文太郎「中国・ロシアのデマ拡散工作の実態をEUが公表」。「大手製薬会社の陰謀」「そもそも感染は起きていない」『ビジネス・インサイダー』二〇二〇年五月一日。
54. ジェトロ・ビジネス短信　二〇二〇年四月一日　[2ecfb388979ccda2].
55. https://home.treasury.gov/news/press-releases/sm1118.
56. 本章のかなりの部分は、拙稿「プーチンのグランド・ストラテジーと「狭間の政治学」——ロシアと地政学」北岡伸一、細谷雄一編著『新しい地政学』東洋経済新報社（二〇二〇年）をベースに加筆修正したものである。
57. Prizel, Ilya. *National Identity and Foreign Policy: Nationalism and leadership in Poland, Russia and Ukraine*, Cambridge University Press, 1998.
58. Дугин, Александр. (1997) *Основы геополитики: Геополитическое будущееРоссии*, Арктогея.

59. 廣瀬陽子「ウクライナ危機の長い影：ロシアとＮＡＴＯ」『国際問題』№.六六七、二〇一七年一二月。
60. 小泉悠『「帝国」ロシアの地政学　「勢力圏」で読むユーラシア戦略』東京堂出版、二〇一九年。
61. Starr, S. Frederick and Svante E.Cornell eds., *Putin's Grand Strategy: The Eurasian Union and its discontents,* Silkroad Papers and Monographs, 2014. 各項目の解説は筆者による。
62. 下斗米伸夫『プーチンはアジアをめざす　激変する国際政治』ＮＨＫ出版新書、二〇一四年。
63. 「狭間の政治学」については、ＮＨＫ出版より、二〇二一年出版予定の筆者による編著書を参照されたい。
64. Эксперт: "Нет веских оснований полагать, что этнические русские страдают от чрезмерной независимости регионов от центра," *Idel. Реапии*, Август 20, 2019 (https://www.idelreal.org/a/30099843.html).
65. https://news.yahoo.co.jp/byline/kazuhirotaira/20200316-00167941/.
66. 二〇一九年九月一一日にモスクワにてインタビュー。
67. ジム・スキアット（小金輝彦訳）『シャドウ・ウォー：中国・ロシアのハイブリッド戦争最前線』原書房、二〇二〇年。
68. 日経ｘＴＥＣＨ 2019/04/22［https://tech.nikkeibp.co.jp/atcl/nxt/column/18/00001/02040/］.

N.D.C. 390　347p　18cm
ISBN978-4-06-522709-1

講談社現代新書　2607

ハイブリッド戦争《せんそう》　ロシアの新《あたら》しい国家《こっか》戦略《せんりゃく》

二〇二一年二月二〇日第一刷発行　二〇二二年五月二七日第七刷発行

著　者　廣瀬陽子《ひろせようこ》　

発行者　鈴木章一
発行所　株式会社講談社
東京都文京区音羽二丁目一二―二一　郵便番号一一二―八〇〇一
電　話　〇三―五三九五―三五二一　編集（現代新書）
〇三―五三九五―四四一五　販売
〇三―五三九五―三六一五　業務
装幀者　中島英樹
印刷所　株式会社新藤慶昌堂
製本所　株式会社国宝社
定価はカバーに表示してあります　Printed in Japan

## 「講談社現代新書」の刊行にあたって

教養は万人が身をもって養い創造すべきものであって、一部の専門家の占有物として、ただ一方的に人々の手もとに配布され伝達されうるものではありません。

しかし、不幸にしてわが国の現状では、教養の重要な養いとなるべき書物は、ほとんど講壇からの天下りや単なる解説に終始し、知識技術を真剣に希求する青少年・学生・一般民衆の根本的な疑問や興味は、けっして十分に答えられ、解きほぐされ、手引きされることがありません。万人の内奥から発した真正の教養への芽ばえが、こうして放置され、むなしく滅びさる運命にゆだねられているのです。

このことは、中・高校だけで教育をおわる人々の成長をはばんでいるだけでなく、大学に進んだり、インテリと目されたりする人々の精神力の健康さえもむしばみ、わが国の文化の実質をまことに脆弱なものにしています。単なる博識以上の根強い思索力・判断力、および確かな技術にささえられた教養を必要とする日本の将来にとって、これは真剣に憂慮されなければならない事態であるといわなければなりません。

わたしたちの「講談社現代新書」は、この事態の克服を意図して計画されたものです。これによってわたしたちは、講壇からの天下りでもなく、単なる解説書でもない、もっぱら万人の魂に生ずる初発的かつ根本的な問題をとらえ、掘り起こし、手引きし、しかも最新の知識への展望を万人に確立させる書物を、新しく世の中に送り出したいと念願しています。

わたしたちは、創業以来民衆を対象とする啓蒙の仕事に専心してきた講談社にとって、これこそもっともふさわしい課題であり、伝統ある出版社としての義務でもあると考えているのです。

一九六四年四月　野間省一

## 政治・社会

1145 冤罪はこうして作られる　小田中聰樹
1201 情報操作のトリック　川上和久
1488 日本の公安警察——青木理
1540 戦争を記憶する——藤原帰一
1742 教育と国家——高橋哲哉
1965 創価学会の研究——玉野和志
1977 天皇陛下の全仕事——山本雅人
1978 思考停止社会——郷原信郎
1985 日米同盟の正体——孫崎享
2068 財政危機と社会保障——鈴木亘
2073 リスクに背を向ける日本人　山岸俊男 メアリー・C・ブリントン
2079 認知症と長寿社会——信濃毎日新聞取材班
2115 国力とは何か——中野剛志
2117 未曾有と想定外——畑村洋太郎
2123 中国社会の見えない掟　加藤隆則
2130 ケインズとハイエク　松原隆一郎
2135 弱者の居場所がない社会　阿部彩
2138 超高齢社会の基礎知識　鈴木隆雄
2152 鉄道と国家——小牟田哲彦
2183 死刑と正義——森炎
2186 民法はおもしろい——池田真朗
2197 「反日」中国の真実——加藤隆則
2203 ビッグデータの覇者たち——海部美知
2246 愛と暴力の戦後とその後——赤坂真理
2247 国際メディア情報戦——高木徹
2294 安倍官邸の正体——田﨑史郎
2295 福島第一原発事故 7つの謎　NHKスペシャル『メルトダウン』取材班
2297 ニッポンの裁判——瀬木比呂志
2352 警察捜査の正体——原田宏二
2358 貧困世代——藤田孝典
2363 下り坂をそろそろと下る　平田オリザ
2387 憲法という希望——木村草太
2397 老いる家 崩れる街　野澤千絵
2413 アメリカ帝国の終焉　進藤榮一
2431 未来の年表——河合雅司
2436 縮小ニッポンの衝撃　NHKスペシャル取材班
2439 知ってはいけない——矢部宏治
2455 保守の真髄——西部邁

## 経済・ビジネス